Günter Lanitzki · **Schatztaucher**

VEB F. A. Brockhaus Verlag Leipzig

SCHATZTAUCHER

Günter Lanitzki

Mit Zeichnungen von Wolfgang Parschau
nach Vorlagen des Autors

ISBN 3–325–00066–5

1. Auflage
© VEB F. A. Brockhaus Verlag Leipzig, DDR, 1986
Lizenz-Nr. 455/150/3/86 · LSV 5009
Lektor: Erika Kunath
Kartenredaktion: Rüdiger Thomas
Schutzumschlag und Einband: Wolfgang Parschau
Typografie: Hans-Jörg Sittauer
Printed in the German Democratic Republic
Lichtsatz und Druck: (52) Nationales Druckhaus,
Berlin, Betrieb der VOB National
Buchbinderische Weiterverarbeitung:
Interdruck Leipzig
Redaktionsschluß: 28. 2. 1985
Bestell-Nr. 587 231 2

01280

Inhalt

Zur Einführung

Schatzsuche ist ein Zauberwort, das sofort mit mysteriösen Vorgängen ferner Vergangenheit in Verbindung gebracht wird. Liegt es an den spannenden Seeräubergeschichten, die wir als Kinder gierig aufgenommen, später als Erwachsene – sozusagen zur Erinnerung – nochmals »verschlungen« haben? Wie dem auch sei, feststeht, daß seit Menschheitsgedenken aus unterschiedlichen Motiven heraus Gold, Silber, Schmuck, Juwelen oder Geld vergraben beziehungsweise in Flüsse, Seen oder Teiche versenkt worden waren. Seit der Mensch sich aufs Meer hinauswagte, versanken außerdem Tausende von Schiffen mit mehr oder weniger kostbaren Ladungen in den Fluten. Zum anderen hatten vor Einführung der Banknoten und des bargeldlosen Verkehrs viele Schiffe Gold oder Silber an Bord, das einzige universale Zahlungsmittel, mit dem alle Handelsgeschäfte geregelt, der Proviant eingekauft, die Mannschaften entlöhnt wurden. Historiker nehmen heute an, daß etwa ein Zehntel des Weltbestandes an Edelmetallen auf dem Meeresgrund liegt.

Auf einstmals versteckte Schätze stieß man nicht allzuoft. Und wenn dies einmal geschah, dann rein zufällig. Derartige Funde traten auch immer den richtigen Weg an: ins Museum. Völlig anders stellt sich die Situation im Zusammenhang mit im Meer versunkenen Kostbarkeiten dar. Im Gegensatz zu Landfunden – der Entdecker erhält selbstverständlich eine Prämie – erstreckt sich die kostspielige unterseeische Suche und Bergung stets über mehrere Jahre, mitunter sogar Jahrzehnte. Es ist nicht selten, daß solche Unternehmen mit negativem Resultat enden, der Initiator völlig verschuldet sein weiteres Leben fristen muß. Ein Beispiel aus jüngster Zeit dafür:

Im Sommer 1983 stieß vor der isländischen Küste der Reykjaviker Geschäftsmann Kristin Gudbrandsson nach über zwanzigjähriger Suche auf ein vom Schlamm bedecktes Wrack. Er glaubte, endlich die Überreste des 300 Jahre zuvor gescheiterten Ostindien-Seglers HET WAPEN VON AMSTERDAM entdeckt zu haben. Der Fund löste zwischen Island und den Niederlanden eine heftige Kontroverse aus, da das isländische Außenministerium jegliche Ansprüche Den Haags kategorisch zurückgewiesen hatte. Nach dreimonatiger Bergungsarbeit kam die große Enttäuschung: Das vermeintliche Schatzschiff entpuppte sich als der 1903 gesunkene deutsche Trawler FRIEDRICH ALBERS. Die Diplomaten beruhigten sich wieder, für Gudbrandsson dagegen brach eine Welt zusammen.

Der bei einer Schatzbergung zu erzielende mögliche Gewinn – durchschnittlich vierzig Prozent des gehobenen Gutes – stand und steht unwidersprochen im Vordergrund. Deshalb schenkt man in neuerer Zeit den mit wertvollen Ladungen auf dem Meeresgrund ruhenden Schiffen so große

Aufmerksamkeit, zumal die rapide voranschreitende Entwicklung der Tieftauchtechnologie es dem Menschen immer mehr gestattet, auch den Meeresboden zu erobern. Und das wird, zum Leidwesen der gegenüber den Schatztauchern mit nur geringen finanziellen Mitteln tätigen Archäologen, auch künftig der Fall sein.

Nicht immer sind es Gold und Silber, die Profit bei solchen Unternehmungen bringen. So entdeckte zum Beispiel die »Caribe Salvage Inc.« nach jahrelanger Suche am Rande der Silberbank die CONDE DE TOLOSA. Die Galeone war im Juli 1724 zusammen mit der NUESTRA SEÑORA DE GUADELUPE von Cadiz ausgelaufen. An Bord befanden sich neben 400 Tonnen Quecksilber über 200 Passagiere, die in der Neuen Welt ihr Glück machen wollten und daher ihre gesamte Habe mit sich führten. Beide Schiffe gerieten nahe der Silberbank in einen Hurrikan und verloren sich aus den Augen. Der CONDE DE TOLOSA gelang es zunächst, vor der Samana-Bucht zu ankern. Bald brach jedoch die Ankerkette. Die Galeone wurde aufs Meer hinausgetrieben und zerschellte an einem Korallenriff. Von den an Bord befindlichen Personen kamen nur 40 mit dem Schrecken davon.

Die Taucher der »Caribe Salvage Inc.« konnten neben 33 Kanonen 100 mit Quecksilber gefüllte Behälter bergen. Der Erlös aus dem Verkauf des flüssigen Metalls betrug über eine Million Dollar. Sozusagen als Nebenprodukt ihrer Schatzgräberei brachten sie wertvolle Schmuckstücke (goldene Armreifen, Ringe, Broschen, Anhänger, Ketten und Votivbilder sowie Gold- und Silbermünzen) ans Tageslicht. Der Schmuck gehörte einst den reichen Auswanderern und wurde von der »Caribe Salvage Inc.« großzügig dem Nationalmuseum von Domingo übergeben.

Ein anderes Beispiel: Während des zweiten Weltkrieges versenkte manche Besatzung ihr Schiff, um es nicht der anderen Seite zu überlassen. So wurde auch der italienische Frachter FELIA aus dem Seefahrtsregister gestrichen, nachdem ihn seine Crew vor der Westküste des mittelamerikanischen Staates Costa Rica auf den Meeresgrund geschickt hatte. Seitdem kümmerte sich niemand um das Wrack, das nur 800 Meter vor dem Strand von Punta Arenas in etwa 20 Meter Tiefe ruhte – zumal es außerhalb der Fahrrinne lag und den Seeverkehr in keiner Weise beeinträchtigte.

Erst Anfang 1983 machte das ehemalige Handelsschiff wieder auf sich aufmerksam. Ein Kaufmann stieß auf alte Dokumente, die Aufschluß über das Schicksal der FELIA gaben. Aus den Schriftstücken ging hervor, daß sich im Rumpf des Wracks noch die letzte Ladung – 1000 Tonnen feinster italienischer Carrara-Marmor – befinden mußte.

Als Taucher der Sache auf den Grund gingen, bestätigte sich dies. Zur allgemeinen Überraschung waren etwa 80 Prozent der fünf Zentimeter starken Marmorplatten völlig unversehrt. Die im Spätherbst 1983 abgeschlossene Bergung – sie verschlang 750 000 Dollar – machte den Initiator des Unternehmens zum Millionär, da ein Kilogramm dieses Gesteins einen Handelswert von zwölf Dollar hat.

Spätestens an dieser Stelle wird der Leser Auskunft über die Rechtslage bei solchen Bergungen erwarten. In den meisten Fällen ist sie recht eindeutig. So bedarf jede Grabung im Hoheitsbereich der meisten Staaten – darunter aller sozialistischen – der Genehmigung, sind grundsätzlich alle Funde melde- und ab gewissem Wert beziehungsweise Alter abgabepflichtig. Seit dem ersten Drittel des 18. Jahrhunderts verlorengegangene wertvolle Schiffsladungen waren zudem stets versichert worden – mit Auszahlung der Schadenssumme erwarb sich also die betreffende Versicherungsgesellschaft das Eigentumsrecht an der versunkenen Ladung.

Wird aber zum Beispiel eine aus der Neuen Welt abgefahrene, in internationalen Gewässern gesunkene spanische Schatzgaleone aufgespürt, ist die Klärung der Eigentumsverhältnisse recht kompliziert: Die Werte waren bekanntlich aus verschiedenen mittelamerikanischen Ländern geraubt worden.

Daß die Schatztaucherei manchen Regierungen arg zu schaffen macht, ist offenes Geheimnis: In Portugal verlangen die Wissenschaftler staatliche Maßnahmen zum Schutze des noch auf dem Meeresgrund befindlichen nationalen Kulturerbes; in Großbritannien trat 1973 ein »Gesetz zum Schutz von historisch, archäologisch oder künstlerisch wertvollen Wracks« in Kraft; an der US-amerikanischen Floridaküste und im karibischen Raum lassen eiskalt rechnende Schatzjäger-Profis ihre abgegrenzten Bergungsreviere durch schwer bewaffnete Privatarmeen sichern – Gefechte rivalisierender Gesellschaften sind alltäglich, Tote eingeplant. Das ist die bittere Realität heutiger Schatzsuche, ein Wort, dem Geheimnisvolles zugeschrieben, das aber bald seinen Zauber verloren haben wird . . .

Die EGYPT-Millionen

Kollision in der Biskaya
Sandbergs kühne Bergungsidee
Erfolgreiche Suche
Gold!

Kollision in der Biskaya. Am 19. Mai 1922 näherte sich die BRISTOL der Biskaya. Steuerbord – etwa zehn Seemeilen entfernt – lag Kap Finisterre. Vom Land war nichts auszumachen. Dahinjagende Nebelfetzen, die sich irgendwo über der See auflösten, beeinträchtigten mehr und mehr die Sicht. Und auch der seit Stunden wütende Sturm ließ nicht an Stärke nach. Ein Wetter, wie man es hier im Herbst – nicht aber im späten Frühjahr – gewöhnt war. Entsprechend den auf der Washingtoner Konferenz von 1889 empfohlenen Regeln hatte »jedes Schiff bei Dunst, Nebel, Schneefall, heftigen Regengüssen oder ähnlichen Sichtbehinderungen unter sorgfältiger Berücksichtigung der obwaltenden Umstände und Bedingungen mit mäßiger Geschwindigkeit zu fahren«. Demnach durfte die BRISTOL eigentlich nur durch die See schleichen. »Mäßige Geschwindigkeit« bedeutet nämlich nach diesem Gesetz nichts anderes, als solche Fahrt zu machen, in der ein Schiff auf halber Strecke der bestehenden Sichtweite zum völligen Stillstand gebracht werden kann.

Natürlich hielt sich kaum jemand an diese Bestimmungen. Da jeder Kapitän den Fahrplan unbedingt einhalten wollte, war es üblich, Beteuerungen wie »Sicherheit über alles« abzugeben, in Wirklichkeit aber mit voller Kraft aufs Ziel zuzudampfen. Auch der BRISTOL-Kapitän handelte nach dieser Devise, denn sein Schiff wurde am kommenden Tag in London erwartet.

Gegen Mitternacht hatte der Sturm seinen Höhepunkt erreicht. Mühsam quälte sich der Dampfer durch die aufgewühlte See. Von Steuerbord querab rannten die Wogen gegen die BRISTOL. Schwerfällig hob die See den Bug. Das Schiff durchbrach die sich auftürmende Wasserwand und stürzte in das nächste Wellental. Manchmal verschwand die Back in der See, dann hob sich das Achterschiff aus dem Wasser. Um die Masten heulte Rasmus mit mehr als sieben Stärken – er »rasierte« den Rauch vom Schornstein der BRISTOL.

Krachend schlug das Wasser gegen die Bordwände, über das flache Deck brachen schäumende Wellen und zerspritzten an den Aufbauten. Luken und Winschen verschwanden im Gischt, und erst wenn das Schiff den nächsten Wellenberg erklettert hatte, schoß das Wasser in zwei Sturzbächen durch die Seitengänge nach achtern, lief durch die Speigatten zurück ins Meer. Doch die Speigatten sind klein, deshalb war das Eisendeck ständig vom Wasser überspült.

Auf der Brücke wurde wenig gesprochen. John Tomps, der wachhabende Offizier, beobachtete, wie die dunklen schaumgeränderten Mauern aus dem Meer wuchsen und sich höher und höher emporreckten, bis sie tosend zusammenstürzten und den Gischt wie Schnee auf das dunkle Wasser warfen, schon die nächste Welle saugte ihn an sich. Es sah aus, als strömte das Wasser den Wellenberg hinan. Gischt und Schaum türmten sich auf der heranrasenden Woge zu einem mächtigen Kamm, den der Sturm zerfetzte und ins Wellental zurückschleuderte. Nichts war zu sehen in dieser endlosen, düsteren Wasserwüste.

Acht Glasen – Mitternacht. Zitternd hallten die Schläge der Schiffsglocke durch den Sturm. Wachablösung. Frisch und ausgeruht übernahm die neue Wache für die nächsten vier Stunden die Leitung des Schiffes. Sie trug nun die Verantwortung für die Sicherheit der BRISTOL und ihrer Besatzung.

Indessen saß im Funktelegraphenraum McDonald vor seinen Geräten und lauschte aufmerksam in den Äther. Dem regen Funkverkehr konnte er entnehmen, daß wohl noch ein halbes Dutzend anderer Schiffe auf die Biskaya zudampfte. Unermüdlich hämmerten seine Kollegen von den Passagierschiffen Telegramme in die Tasten: Grüße an Angehörige oder Hotelzimmerbestellungen.

Endlich verstummte der Lärm im Kopfhörer – Pressezeit! Langsam und deutlich wurden zuerst die neuesten Tagesereig-

nisse, dann die Börsennachrichten verkündet. Plötzlich neue Töne im Kopfhörer: Die EGYPT sandte ihr Kennzeichen und eine unvollständige Standortbestimmung. Sie bat alle in der Nähe befindlichen Schiffe um ihre Position. Ein eigentümliches Anliegen zu dieser ungewöhnlichen Stunde. McDonald informierte sich beim wachhabenden Offizier über die genauen Koordinaten der BRISTOL, um den Wunsch der EGYPT zu erfüllen.

Kaum hatte er sie angerufen, als von dort in schnellen Zeichen eine unerwartete Antwort kam: »Oh, you are the nearest, please tell your captain to come to our assistance as quick as possible, we have just run in a ship. – Oh, Sie sind am nächsten. Bitte sagen Sie Ihrem Kapitän, daß er uns so schnell wie möglich zu Hilfe kommen soll, wir sind gerade mit einem Schiff kollidiert.«

Aufgeregt stürzte der Funker auf die Brücke und erstattete in hastigen Sätzen Meldung. Der Kapitän wurde gerufen. Nach wenigen Minuten erschien er und übernahm das Kommando.

Sind Menschen in Seenot, gibt es kein Besinnen. Der angegebene Unfallort wurde

Die »Egypt«

in die Karte eingetragen, der neue Kurs ermittelt, einige unmißverständliche schnelle Kommandos erteilt, und schon fuhr die BRISTOL mit voller Kraft ihrem neuen Ziel entgegen.

McDonald funkte sofort zur EGYPT, daß die BRISTOL frühestens in drei Stunden eintreffen könnte. Dann schaltete er sein Gerät wieder auf Empfang.

Ununterbrochen setzte der EGYPT-Funker sein SOS ab. Andere nahe Schiffe antworteten – auch sie begaben sich zum Unfallort. Nach einiger Zeit verstummte der Hilferuf. Genau 25 Minuten nach der Kollision ging erneut eine Lagemeldung durch den Äther: »We have lowered the boats down and put the passengers! – Wir haben die Boote hinuntergelassen, und unsere Passagiere gehen jetzt hinein!«

Und wieder und wieder SOS, bis nach Minuten die Signale ausblieben, nicht wiederkehrten.

War die Funkstation ausgefallen, oder . . .?

Bange Fragen! Viel zu langsam bahnte sich die BRISTOL ihren Weg. Endlich wichen die Schatten der Nacht. Auch die Nebelfetzen hatten sich verflüchtigt. Nur der Sturm peitschte noch immer das Meer. Das von der EGYPT bezeichnete Havariegebiet, in dem doch bereits andere Schiffe eintrafen, war erreicht.

Auf der Brücke starrten der Kapitän und seine Offiziere angestrengt mit starken Doppelgläsern über die Wasserfläche. Nichts war auszumachen – kein schwimmendes Wrackgut, keine Menschen, kein Boot, nur schäumende See, soweit man sehen konnte.

Enttäuschte Gesichter bei den Offizieren. Man war zu spät gekommen. Vorsorglich hatten sie alles zur Aufnahme von Überlebenden vorbereitet. Sollten die Rettungsbemühungen vergeblich gewesen sein?

Von den anderen Schiffen kamen ebenfalls entmutigende Nachrichten.

Noch etliche Stunden suchten die Dampfer das Unglücksgebiet ab. Umsonst. Schließlich verließ einer nach dem anderen diesen Teil der Biskaya, nahm den ursprünglichen Kurs wieder auf.

Kurz bevor die BRISTOL heimische Gewässer erreichte, empfing McDonald die von einer britischen Nachrichtenagentur verbreitete Hiobsbotschaft, daß P & O (Peninsular and Oriental Steam Navigation Company Ltd., London) den Verlust ihres 1897 auf der Greenokwerft am Clyde gebauten 7941 – BRT – Dampfers EGYPT bekanntgab. Nach einer Kollision mit der französischen SEINE ging das Schiff vor der bretonischen Küste – 25 Meilen südwestlich Ouessant – mit 102 Menschen unter. Die EGYPT hatte am Vortag Tilbury-London mit Kurs auf Bombay verlassen. In ihrer Panzerkammer befanden sich unter anderem 1084 Goldbarren sowie Münzen: 165 000 Gold-Sovereigns. Der Wert von umgerechnet 25 Millionen Pfund lag jetzt in einer Tiefe von fünfzig Faden (ein englischer Faden = 1,83 Meter) auf dem Grund der Biskaya.

Einige Wochen später: Im Direktionszimmer der Londoner Agentur der »Liverpool Salvage Association« diskutierten zwei Männer über die EGYPT-Katastrophe. Der eine, der sich seinem Besucher als Kapitän Young vorgestellt hatte, unterbrach die Suche in einem vor ihm liegenden Aktenordner, entnahm einen vergilbten Zeitungsausschnitt und gab ihn seinem Gast zu lesen.

Peter Sandberg, Mitinhaber der Ingenieurfirma »Sandberg & Swinburn«, vertiefte sich in den »Times«-Artikel: »Es war Sonnabend, der 16. März 1912, 4,30 Uhr morgens, als aus dem Dunst, der über dem Wasser lag, der P & O-Liner OCEANA, der mit 41 Passagieren und Stückgut an Bord nach Bombay ausging, der PISAGUA (Reederei F. Laeisz, Hamburg) in den Kurs lief. Jedes Rudermanöver war vergeblich. Krachend bohrte sich der Bug der PISA-

GUA in Höhe des Vormastes rechtwinklig in die Backbordseite der OCEANA und riß zwei große Löcher in die Luken, durch die das Wasser einbrach.

Unter der Mannschaft und den Passagieren der OCEANA drohte Panik auszubrechen. Doch schnell konnten Ruhe und Ordnung wieder hergestellt werden. Schwimmwesten wurden ausgegeben und die Boote zu Wasser gelassen. Das erste Boot kam schlecht ab, kenterte, und sieben Passagiere und Besatzungsmitglieder ertranken. Die einzige, die sich aus diesem Boot retten konnte, war Miß MacFarlane, die Tochter eines bekannten Bankiers unserer Stadt. Sie hielt sich so lange am Kiel des umgeschlagenen Bootes fest, bis sie von der Besatzung eines anderen Rettungsbootes aufgenommen werden konnte. Ihr Vater, den sie auf dieser Reise begleiten wollte, versank vor ihren Augen in den Fluten . . .«

Von Kapitän Young erfuhr Sandberg außerdem: Es handelte sich um den ersten Seeunfall der P & O, bei dem Passagiere ums Leben kamen. Das Kommando über die OCEANA hatte Kapitän Hide. Als klar war, daß das Schiff noch eine Zeitlang über Wasser gehalten werden konnte, wurde alles versucht, um es ins flache Wasser zu bugsieren. Ein Rea-Dampfer und der Schlepper ALERT bemühten sich um den Havaristen. Da die OCEANA vorn sehr tief lag, wurde sie mit dem Heck voran geschleppt – ein gefahrvolles Unternehmen, da das Schiff jeden Augenblick zu sinken drohte. Schließlich stiegen Kapitän Hide und der sich noch an Bord befindliche Lotse sowie die letzten Mannschaftsmitglieder auf die ALERT über. Wenige Minuten später ging die OCEANA südöstlich des Eastbourne-Piers, sechs Seemeilen vor der Küste, unter. Das Meer ist an dieser Stelle 22 Meter tief. Die Masten und Schornsteine des Wracks ragten also aus dem Wasser.

An Bord des verunglückten Schiffes befanden sich 46 Kisten mit Gold, neun Kisten mit Silbermünzen und 1567 Silberbarren im Wert von 747 610 Pfund sowie eine Elfenbeinladung. Die P & O-Linie beauftragte die »Liverpool Salvage Association« schon einen Tag nach der Katastrophe mit der Bergung der Werte – auf Drängen von Lloyd's.

Das ganze Unternehmen erwies sich als recht kompliziert. Das unter Kommando von Kapitän Young stehende Bergungsschiff RANGER lief von Holyhead aus und machte bereits am 18. März am OCEANA-Wrack fest. Heftiger Wind und rauhe See verhinderten zunächst alle Bergungsabsichten. Am Dreiundzwanzigsten ließ der Sturm nach, so daß mit den Vorbereitungsarbeiten begonnen werden konnte. Aber erst am 2. April gestattete das Wetter die Aufnahme der Taucherarbeiten. Zunächst war notwendig, zur Kapitänskajüte vorzudringen, um im Schreibtisch nach den Schlüsseln für die Tür zum Tresorraum zu suchen. Als sich der erste Taucher seinen Weg durch die Wracktrümmer gebahnt und die Kajüte erreicht hatte, wurde er von der Strömung wieder hinausgesogen. Ein zweiter Versuch mißglückte ebenfalls. Endlich, beim dritten Mal, gelang es ihm, sich am Schreibtisch festzuklammern, die Schublade aufzuzwängen und die Schlüssel an sich zu nehmen.

Zum besseren Verständnis für Peter Sandberg machte Kapitän Young deutlich, daß das Tauchen bei vollem Gezeitenstrom im Kanal unmöglich ist – man taucht dort nur bei Stauwasser. Läuft ein zu harter Gezeitenstrom, wie nach Stürmen, ist die Periode des Stillwassers natürlich nur sehr kurz.

Die nächste Aufgabe des Tauchers bestand darin, zum Tresorraum vorzudringen, dessen Tür durch fünf Schlösser gesichert war. Es gelang, drei von ihnen mit den Schlüsseln zu öffnen, die beiden anderen widerstanden allen Anstrengungen, so daß sie mit dem Beil aufgebrochen werden mußten. Als der Taucher den Tresorraum betrat, fand er dort eine Anzahl von Silberbarren und eine Kiste mit 5000 Sovereigns, die er als erste Beute anhieven ließ.

Später wurden die Taucher so eingesetzt, daß sie stets zu zweit arbeiteten – ein Paar am Heck und ein Paar am Bug. Ein fünfter Taucher stand ständig bereit, um im Notfall eingreifen zu können. Behindert durch die Trümmer auf Deck und den chaotischen Zustand im Wrack, war die Durchführung aller Arbeiten äußerst schwierig. An vielen Stellen konnten die Männer nicht aufrecht stehen. Auf Händen und Knien kriechend, mußten sie sich durch die Gänge zwängen und dabei viele Hindernisse überwinden. Immer wieder wechselten sich die Taucher bei ihrer schweren Arbeit ab. Während der eine abstieg und im Wrack die Silberbarren barg, blieb der andere an Deck und sicherte das durch die Wrackgänge gebrachte, in Spezialkörbe gepackte und gehievte Metall. Dabei war kaum real einzuschätzen, wessen Aufgabe die schwerere war: die des Tauchers, der seinen Weg durch die Trümmer im Wrack zum Tresorraum suchen mußte, oder die des Mannes an Deck, der sich mit einer Hand festhielt, um von der Strömung nicht fortgerissen zu werden, während er mit der anderen Hand das Silber, das ihm von seinem in der Tiefe arbeitenden Kameraden heraufgeschleppt wurde, in Empfang nahm.

Bis Ende April hatte die „Liverpool Salvage Association" zwar das gesamte Gold und Silber aus dem Wrack geborgen, doch das Elfenbein befand sich immer noch im Schiffsrumpf.

Am 10. Juni, nachts gegen 2.00 Uhr, wurde die OCEANA erneut gerammt – diesmal von einem großen Dampfer. Der Hauptmast des Wracks wurde dabei beschädigt und nach Steuerbord umgebogen, so daß an ihm die RANGER nicht mehr festmachen konnte. Trotzdem, am 5. Juli – dreieinhalb Monate nach der ersten Kollision – war die gesamte Gold-, Silber- und Elfenbeinladung geborgen.

Lambert, bester Taucher der Hebegesellschaft, stieg mit seinen Gefährten sechsundfünfzigmal in die Tiefe. Die kleinste scharfe Kante eines der vielen eisernen Wracktrümmer hätte genügt, um den Luftschlauch zu beschädigen oder gar zu zerschneiden. Und das hätte den sicheren Tod des Tauchers bedeutet . . .

Während Kapitän Young nach seiner Erzählung den Zeitungsabschnitt wieder einheftete, schaute sich Ingenieur Sandberg aufmerksam das in einer Vitrine untergebrachte detailgetreue Modell des Bergungsschiffes an, lobte die exakte und saubere Arbeit.

Kapitän Young ließ Sandberg wissen, daß man die RANGER vor einiger Zeit abgewrackt und ihm das Modell als Abschiedsgeschenk überreicht hatte. Die Bergung der OCEANA-Schätze war sein letzter Einsatz »vor Ort« gewesen. Unmittelbar danach wurde der bewährte Kapitän von der Direktion der Bergungsgesellschaft mit der Leitung der Londoner Außenstelle beauftragt.

Zu Peter Sandberg, der sich vorgenommen hatte, die Schätze der EGYPT zu heben, sagte Young abschließend: »Ich schilderte Ihnen die Ereignisse um die OCEANA mit voller Absicht so ausführlich. Immerhin bestehen gewisse Parallelen zu denen der EGYPT. Ihre geplante Suche nach dem verlorengegangenen Schiff wird sehr aufwendig werden. Eine eventuelle Bergung der Ladung ist bei dem gegenwärtigen Stand der Technik so gut wie unmöglich. Bedenken Sie in aller Ruhe folgendes: Der genaue Untergangsort der EGYPT ist unbekannt. Zur Wracksuche benötigen Sie mindestens zwei Schiffe, sonst ist sie von vornherein völlig aussichtslos. Und diese Suche kann einige Wochen oder sogar Jahre dauern.

Die EGYPT soll rund neunzig Meter tief auf dem Meeresgrund liegen. Diese Tiefe ist aber gegenwärtig die absolute Tauch-grenze. Und außerdem wissen Sie ja, daß die Biskaya durchaus kein ruhiger Seeab-schnitt ist. Bergungsarbeiten in diesem Ge-biet sind also nur in den wenigen wetter-günstigen Monaten möglich.«

Kapitän Young gab seinem Gast letzt-endlich einen gutgemeinten Rat: »Lassen Sie die Finger von dem Vorhaben! Jedes seriöse Bergungsunternehmen wird Beden-ken äußern oder gar Ihren Plan ablehnen, will es sich nicht lächerlich machen. Und so empfehle ich Ihnen, investieren Sie Ihr Geld anderweitig, nicht aber in ein Aben-teuer, das Ihrer Firma garantiert den Bank-rott einbringen würde . . .«

Sandbergs kühne Bergungsidee. Peter Sandbergs Firmenpartner Swinburn genoß als Akademiker unter Fachkollegen einen guten Ruf, zumal er es verstand, seinen Enthusiasmus auf andere und vor allem auf seinen Teilhaber zu übertragen. So auch in jener Stunde, als ihm dieser den Inhalt des Gespräches mit Kapitän Young wiedergab.

Swinburn wußte aus technisch-wissen-schaftlichen Publikationen, daß bereits ver-schiedene Tauchergeräte entwickelt wor-den waren, mit denen man größere Tiefen erreicht hatte. Es kam seiner Meinung nach nur darauf an zu erfahren, ob sich diese Geräte für ihr Vorhaben eigneten. Das Grundproblem hieß: Mit welchen Mit-teln kann der Mensch dem hohen Druck in neunzig Meter Wassertiefe widerstehen, und welche dieser Mittel sind den zivilen Bergungsgesellschaften zugänig? Am be-sten, man beriet sich mit Berufstauchern – sie wissen am ehesten über alle Neuerun-gen auf ihrem Gebiet Bescheid.

In der Lower Marsh Street im Stadtteil Lambeth befand sich das Restaurant »The Divers Arms«. Über der Eingangstür des Lokals hing ein großer Taucherhelm aus poliertem Messing. Phillips, der erste Besit-zer des Wirtshauses, hatte ihn anbringen lassen. Der damalige Wirt tauchte früher selbst und wartete, ebenso wie seine Ge-fährten auch, in den Kneipen des Austern-fischerhafens Whitstable auf ein lohnendes Geschäft. Die besten Angebote kamen von Lloyd's. Ein Angestellter dieses Unterneh-mens fuhr immer dann nach Whitstable, wenn die Ladung eines gesunkenen Schif-fes, das nicht tiefer als dreißig Meter lag, geborgen werden sollte. Ein guter Taucher verdiente bei Lloyd's ein Pfund je Tag und berechnete außerdem zwei bis drei Pfund Gebühren je Woche für seine Ausrüstung und Hilfskräfte. Manchmal konnten die Taucher noch zusätzlich eine Risikoprä-mie oder einen Anteil am Wert des Ber-gungsgutes vereinbaren.

Phillips zog ein Glückslos. Eine dieser Bergungen für Lloyd's brachte ihm mehr als eintausend Pfund ein. Grund genug für ihn, den Taucheranzug an den Nagel zu hängen und in London eine geruhsamere Tätigkeit aufzunehmen. Sein Lokal »The Divers Arms« wurde bald eine Art Arbeits-vermittlung, denn beim Bau der nahen Westminsterbrücke benötigte man ständig Taucher. Seine ehemaligen »Konkurren-ten« verließen Whitstable, bezogen bei Phillips ständiges Quartier und ließen sich in seiner Wirtsstube anheuern. So wurde das Lokal in der Lower Marsh Street – vor allem unter Phillips Nachfolger Jimmy Armstrong – im Laufe der Jahre ein be-liebter Tauchertreffpunkt.

Auch die Innenausstattung verriet das. Stiche und Drucke aus dem Tauchermilieu schmückten die Wände. Auf einem Bord lagen verschiedenartige Unterwasserfunde. Und in einer Glasvitrine waren sehens-werte Ausrüstungsgegenstände ausgestellt: August Siebes erster offener Taucherhelm, Modell 1819, Henry Fleuß' unförmige Sauerstoffmaske, Sir Robert Davis' Tauch-retter für U-Boot-Fahrer und Miniaturen von Taucherglocken, Caissons und Tau-chern in verschiedenen Anzügen.

Peter Sandberg fühlte sich in »The Divers Arms« schnell heimisch. Mit dem Wirt sprach er über seinen Plan, ein Schiff in größerer Tiefe suchen und die Ladung bergen zu lassen. Er wollte sich bei seinen Gästen erkundigen, ob es wirklich Geräte gäbe, mit denen man Tiefen von neunzig Metern erreichen könnte. Jimmy Armstrong machte ihn daraufhin mit einem Mann bekannt, der ihm einen längeren Vortrag über das Tauchen hielt: »Wie Sie sicherlich wissen, besteht die übliche geschlossene Taucherausrüstung aus dem wasserdichten Anzug, der mit dem Helm, den Gewichten, dem Luftschlauch und einer Pumpe verbunden ist. Panzertaucheranzüge sind keine Anzüge im eigentlichen Sinne. Diese Geräte werden von uns Tauchern nur aus Gewohnheit so genannt. Die Panzertaucherausrüstung ist etwa vergleichbar mit einer geschlossenen Taucherglocke. Sie müssen sich, sehr vereinfacht gesprochen, einen druckfesten wasserdichten Metallbehälter vorstellen, der Rohrstümpfe für Beine und Arme hat. Die Idee, den Menschen gegen den Wasserdruck abzuschirmen, ist ziemlich alt. 1838 hatte man das erste Panzertauchergerät entwickelt, doch es war nicht einsetzbar, wie übrigens die folgenden auch, weil es nicht gelang, die Gelenke zugleich druckfest, leicht beweglich und wasserdicht zu machen. Die Panzertauchergeräte haben gegenüber den Schlauchtauchergeräten den großen Vorteil, daß sich der Taucher unter normalem Atmosphärendruck befindet. Das erste wirklich brauchbare Gerät dieser Art wurde von der ‚Hanseatischen Apparatebaugesellschaft' konstruiert. Inzwischen ist es weiterentwickelt worden. Mit diesem Gerät sind bei Versuchen im Walchensee Tiefen bis zu einhundertsechzig Meter erreicht worden. Der Taucher hielt sich zwei Stunden am Grund des Bergsees auf – er verspürte weder Atemnot noch andere Beschwerden. Sein Ab- und Aufstieg dauerte jeweils nur knapp fünf Minuten. Allerdings sind diese Geräte für unsere Art des Bergungstauchens ungeeignet. Wir besitzen nur mit Kurbelpumpen ausgerüstete Schaluppen oder Prahme, also kleine Basisschiffe. Solche schweren Geräte können eigentlich nur die Marine oder eine Bergungsgesellschaft einsetzen, die über größere und mit moderner Hebetechnik ausgestattete Schiffe verfügen. Mir ist allerdings kein Unternehmen in England bekannt, das derartige Panzertauchergeräte besitzt. Alle Bergungsfirmen arbeiten höchstens bis zu etwa fünfzig Meter Tiefe – und das mit Skaphandertauchern.«

Das Panzertauchergerät, das Sandbergs Gesprächspartner erwähnte, wurde in Kiel von »Neufeldt & Kuhnke« hergestellt. Der Ingenieur nahm sich vor, schnellstens diese Firma um detaillierte Informationen über Einsatzmöglichkeiten und Funktionsweise des Gerätes zu bitten. Er wußte, was von der Antwort abhing: Entweder müßte er den gutgemeinten Rat Kapitän Youngs beherzigen und seine Pläne ein für allemal aufgeben, oder das tägliche Einerlei seiner Büroarbeit würde sich entscheidend verändern.

Der von »Neufeld & Kuhnke« geschickte ausführliche Aufsatz über die Einsatzmöglichkeiten und die genaue Beschreibung des Gerätes auf den beigefügten Zeichnungen ließ hoffen: Peter Sandberg konnte sich das Panzertauchergerät, dessen technische Innenausstattung einer kleinen U-Boot-Zentrale ähnelte, gut vorstellen: Die Arm- und Beinstücke am starren Rumpf waren tatsächlich mit großen Kugelgelenken versehen. Als »Hände« dienten zangenartige Greifer, die der Taucher von innen betätigte. Der Fernsprecher ermöglichte eine Verständigung zum Basisschiff. Im Notfall konnte sich der Taucher auftreiben lassen, indem er die mit Wasser gefüllten Ballasttanks mittels Druckluft entleerte. Das Gerät wurde an einer leichten Sicherheitstrosse hinabgelassen und emporgezogen. Die Trosse konnte – sollte sie sich irgendwo festklemmen – von innen gelöst und abgeworfen werden. Das Panzertauchergerät war mit einer automatischen Luftaufbereitungsanlage ausgestattet. Der Taucher atmete durch eine Maske, von der ein Schlauch zu einer die verbrauchte Luft selbsttätig reinigenden Absorptionspatrone führte. Die zur Auffrischung nötige Sauerstoffzufuhr konnte der Mann im Gerät selbst regeln. Ein Manometer zeigte die erreichte Tiefe, ein Thermometer die Innentemperatur an. Eine Lampe, von einer mitgeführten Batterie gespeist, beleuchtete die Armaturen. Im übrigen arbeitete der Taucher im Licht eines zu ihm herabgelassenen Unterwasserscheinwerfers, der die Umgebung bis auf etwa fünf Meter erhellen konnte. Drei Fenster aus siebeneinhalb Zentimeter starkem Glas, ein großes Bullauge und zwei kleinere, ermöglichten die Sicht nach allen Seiten. Ein Kompaß war ebenfalls vorhanden. Außerdem hing an dem Panzertauchergerät abwerfbarer Ballast. Würde er gelöst, erhielt das etwa 500 Kilogramm schwere Gerät leichten Auftrieb.

Die aus Kiel eingetroffenen ermutigenden Nachrichten veranlaßten »Sandberg & Swinburn«, sich an Lloyd's zu wenden, um die Bergungsrechte für die EGYPT zu erwerben, da der auf dem Grund der Biskaya ruhende Goldschatz nun der Versicherungsgesellschaft gehörte, nachdem sie der P & O den entstandenen Schaden ersetzt hatte. In einem Schreiben an den Lloyd's-Präsidenten erläuterten sie ihre Vorstellungen zur Hebung der Gold- und Silberbarren aus dem gesunkenen Schiff und wiesen darin ausdrücklich auf den Unterschied zu den bislang üblichen Bergungsverfahren hin.

Die Antwort aus dem »Lloyd's-House« ließ nicht lange auf sich warten. Peter Sandberg wurde von Sir Percy Mackinnon, dem Präsidenten der Versicherungsgesellschaft, zu einer Aussprache gebeten. Der Ingenieur erschien noch vor dem vereinbarten Termin in der Lime Street, um sich in dem populären Gebäude etwas umzusehen. Sofort zog ihn in der Empfangshalle eine Schiffsglocke an, die in einem kunstvoll ausgeführten schmiedeeisernen Ornament hing. Es stand auf einem schrankartigen Möbelstück, an dessen Vorderwand viele Zettel hafteten. Daneben ein etwas erhöhtes Pult, von einem Geländer umgeben. Das Pult wurde nur zum Läuten der Glocke betreten. Ertönte sie, wußten alle Anwesenden, daß ein versichertes Schiff als verloren gemeldet wurde. Der »Glöckner« gab anschließend Einzelheiten bekannt und pinnte die Hiobsbotschaft an die Möbelwand.

Die Glocke stammte aus dem Wrack der am 10. Oktober 1799 vor dem niederländischen Eiland Terschelling untergegangenen Fregatte LUTINE. Das Segelschiff hatte eine Goldladung an Bord, die bis jetzt nur zu einem Bruchteil geborgen werden konnte. Lloyd's mußte damals zum ersten Mal sehr tief in die Tasche greifen.

Seit seiner Gründung hatte sich Lloyd's enorm entwickelt: Ende des 17. Jahrhunderts wurden in London zahlreiche Kaffeehäuser eröffnet. Der Besitzer eines von ihnen war Edward Lloyd, ein sehr geschäftstüchtiger Mann. Er verstand es vortrefflich, sein nahe dem Dock St. Katherine in der Tower Street gelegenes Kaffeehaus rasch zum Treffpunkt aller zu machen, die mit der Schiffahrt zu tun hatten. Schiffbauer und Reeder, Verfrachter und Versicherer kamen hier zusammen, um ihre Erlebnisse und Erfahrungen auszutauschen. Wer Nachricht über ein Schiff haben oder sich über die Vertrauenswürdigkeit eines Fahrzeuges unterrichten wollte, dem er eine kostbare Ladung anzuvertrauen gedachte, der wußte: Bei Lloyd würde man es erfahren.

Da die Zahl seiner Kunden unaufhaltsam stieg, verlegte er Anfang des 18. Jahrhunderts seine Tätigkeit aus dem Lokal im Hafenviertel ins Stadtzentrum – in ein

Büro in der Lombard Street. Lloyd's Kaffeehaus war somit schon lange vor dem Beginn der industriellen Revolution und der Einrichtungen der ersten Büros ein Weltzentrum für Versicherungen gewesen. Ab April 1734 gab Lloyd's eine regelmäßig erscheinende Liste heraus, in der die Bewertung der einzelnen Schiffe eingetragen war. Die Versicherungsgesellschaften der Welt erkannten die Angaben als zuverlässig an und legten danach die Versicherungssumme fest.

Aus dieser ursprünglich zweiseitigen Liste entwickelte sich das »Lloyd's Register of British and Foreign Shipping«, das gegenwärtig Mitteilungen über alle Seeschiffe der Erde mit einem Rauminhalt von mehr als 100 BRT enthält. Lloyd's, inzwischen in der Lime Street ansässig, ist im Laufe der Jahre zu einer Art genossenschaftlicher Dachorganisation exklusiver Assekuradeure geworden.

Im Zimmer des Lloyd's-Präsidenten machte Peter Sandberg die Bekanntschaft Sir Joseph Lowrys von der »National Salvage Association«. Man bedeutete dem Ingenieur, daß eine Kommission sein Bergungsersuchen eingehend geprüft habe und seine revolutionierende Idee durchaus realisierbar sei. Sir Percy Mackinnon dazu: »Lloyd's war und ist immer für das Außergewöhnliche zu haben. Ihr Plan scheint uns durchführbar. Deshalb haben wir kurzentschlossen einen entsprechenden Bergungsvertrag vorbereitet.«

Im wesentlichen enthielt die Vereinbarung drei Artikel: Erstens hatte sich Sandberg zu verpflichten, für alle Such- und Hebekosten aufzukommen. Diese konnte er natürlich auf Dritte – also zum Beispiel auf eine Bergungsgesellschaft – übertragen. Mit anderen Worten, er durfte solch eine Gesellschaft prozentual am Gewinn beteiligen, sobald diese bestimmte Kosten selbst übernahm.

Zweitens mußte er bei erfolgreicher Bergung siebenunddreißigeinhalb Prozent des Wertes der gehobenen Ladung an Lloyd's zahlen.

Drittens hatte er die mit Lloyd's kooperierende »National Salvage Association« als Aufsichtsorgan während der gesamten Operation zu akzeptieren.

Der letzte Punkt hieß allerdings nicht, daß sich Sir Lowrys Gesellschaft aktiv an der Schatzhebung beteiligen wollte – dem Bergungsunternehmen fehlten dazu für dieses spezielle Vorhaben die technischen Voraussetzungen. Wären sie vorhanden gewesen, hätte »National Salvage Association« die Bergung des Goldes aus der EGYPT selbst versucht. Die Aufgabe der Gesellschaft bestand vielmehr darin, Sandberg in allen Bergungsangelegenheiten zu beraten und ihm ein geeignetes Unternehmen zu vermitteln. In dieser Sache hatte man bereits mit der französischen Partnerfirma »Union d'Entreprises Sous-Marine« verhandelt, die in Brest ansässig war und über geeignete Suchschiffe verfügte.

Einige Tage später konnte sich Sandberg bereits mit Alain Terme, dem Direktor des französischen Unternehmens, einigen: Die Brester stellten unentgeltlich Schiffe und Taucher für Suche und Bergung zur Verfügung, würden dafür einen fünfzigprozentigen Wertanteil an der geborgenen Ladung erhalten. Das finanzielle Risiko lag demzufolge hauptsächlich bei Alain Terme . . .

Erfolgreiche Suche. Der Direktor der »Union d'Entreprises Sous-Marine« vereinbarte mit der »Gothenburg Salvage and Towage Company«, daß sich ihr gegenwärtig in Brest stationiertes Bergungsschiff FRITJOF an der Suche nach der EGYPT beteiligte. FRITJOF-Kapitän Hedbäck genoß in Fachkreisen wegen seiner Bergungserfolge großes Ansehen. Ihm war es schon oft gelungen, die vermeintliche Position gesunkener Schiffe in mühevoller Kleinarbeit zu berechnen, ehe er sich auf die eigentliche Suche begab.

Die von den Stationen Point du Raz, Mengam und Quessant empfangenen Funksprüche der EGYPT bildeten auch diesmal die Grundlage für seine Überlegungen. Er kam zu dem Schluß, daß sich zum Zeitpunkt der Katastrophe der britische Dampfer auf Position 48° 06′ 05″ N/ 5° 29′ 30 ″ W befunden haben müßte. Kapitän Hedbäck entschloß sich, dieses Seegebiet systematisch abzusuchen. Das geschah folgendermaßen: Die FRITJOF zog an einem Kupferkabel eine Kette aus gleichem Material hinter sich her, an deren Ende ein Hanftau befestigt war und daran wiederum eine eiserne Kette. Gleiten beide Ketten über einen eisernen Schiffsrumpf, entsteht zwischen Kupfer- und Eisenkette eine galvanische Spannung, die an Bord des Basisschiffes ein Relais anziehen läßt. Das schaltet einen Klingelstromkreis ein, und eine Glocke ertönt. Doch bei der Suche nach der EGYPT schlug die Glocke nicht an – nie berührten die Kettenteile ihren eisernen Rumpf. Die Suche blieb erfolglos.

1926 gaben die Franzosen auf. Peter Sandberg wandte sich nun an die in Genua beheimatete SORIMA (La societá di Recuperi Maritimi), eine Bergungsgesellschaft, die seit geraumer Zeit von sich reden machte.

Mit Otto Graft, dem Tauchexperten von »Neufeld & Kuhnke«, fuhr er nach Genua, um SORIMA-Direktor Giovanni Quaglia und seinen Tauchern das Panzertauchgerät vorzuführen. Die Italiener waren begeistert. Sie spekulierten: Führten sie diese Tieftauchtechnik erfolgreich in das Bergungsgewerbe ein, geriet vorerst die Konkurrenz gewaltig ins Hintertreffen. SORIMA würde alle Aufträge erhalten, die andere Gesellschaften wegen unzureichender Ausrüstung ablehnen müßten. Sie witterten die große Chance, schnell zum führenden Bergungsunternehmen der Welt aufzurücken und das große Geld zu machen. Sollte noch dazu das EGYPT-Unternehmen erfolgreich sein, würde ihnen das obendrein zu weiterem Ansehen verhelfen, vor allem aber enormen Gewinn einbringen. Die längst fällige – aus finanziellen Gründen immer wieder hinausgeschobene – Modernisierung des Betriebes wäre möglich, eine damit verbundene Vergrößerung nicht ausgeschlossen. Diese Überlegungen veranlaßten den SORIMA-Direktor, mit Peter Sandberg ein Bergungsabkommen zu treffen.

Giovanni Quaglia ließ zunächst die Panzertaucheranzüge in der Bucht von Rapallo von Alberto Gianni und Alberto Bargellini, den beiden erfahrensten Tauchern seiner Firma, testen. Die Männer drangen zu dem in fünfundneunzig Meter Tiefe liegenden Wrack des amerikanischen Dampfers WASHINGTON vor. Die Panzertauchergeräte bewährten sich infolge ihrer Starrheit unter dem hohen Wasserdruck nicht. Die Taucher kamen damit nur mühsam vorwärts. Man änderte die Konstruktion etwas, so daß die Gelenke beweglicher wurden. Die Greifzangen – auch Manipulatoren genannt – waren ideal.

Auch zwei Elektromagneten bestanden ihre Bewährungsprobe. Direktor Quaglia hatte selbst am Reißbrett gestanden und den für SORIMA günstigsten Magnettyp entworfen, um abgesprengte eiserne Wrackteile schneller als bisher beiseite schaffen und Metall vom Meeresgrund besser bergen zu können.

Siebentausend Tonnen Kupferbarren wurden von den Greifern, Bauteile für Eisenbahnwagen mit dem neuen Elektromagneten aus dem Wrack geborgen. Ganze Wagenachsen mit Rädern hingen wie Trauben an den Magneten, ein durchaus profitables Geschäft, resümierte SORIMA-Direktor Quaglia. Aber er erprobte die Geräte noch bei einem weiteren Bergungsunternehmen – diesmal vor der französischen Mittelmeerküste. Achthundert Tonnen Zink-, Kupfer- und Stahlbarren waren durchaus ein beachtlicher Lohn. Panzer-

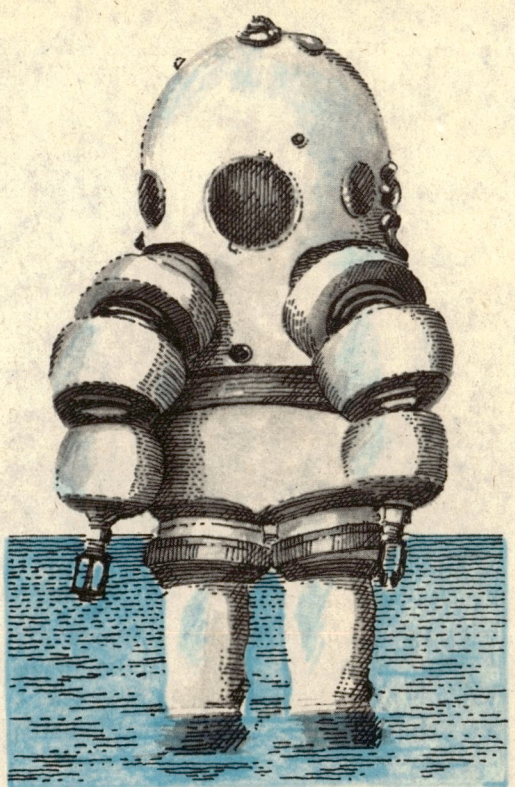

*Panzertauchergeräte, links von der »Sorima«-Gesellschaft,
rechts von Neufeld & Kuhnke*

taucheranzüge und Hebevorrichtungen auf
den Basisschiffen funktionierten einwandfrei.

Quaglia schrieb die erfreuliche Nachricht nach London und bat Ingenieur
Sandberg, nach Italien zu kommen, damit
er sich vom Stand der Vorbereitungsarbeiten für das geplante EGYPT-Unternehmen
überzeuge.

Genua. Eine Stadt, die mit ihren vielen
Kirchen und Palästen terrassenförmig an-
steigt. Wegen des engen Raumes, den sie
einnimmt, und wegen ihrer Lage an den
Hängen sind die meisten Nebenstraßen
eng und steil.

Der geräumige, durch zwei Molen abgeschlossene kunstvoll ausgebaute Buchtha-
fen zählt zu den bedeutendsten Italiens.

Kein Hafen gleicht dem anderen. Und
doch ähneln sie einander. Kaianlagen mit
Schuppen, Kranen, Gleisen und Uferstra-
ßen, dazu Kühl- und Lagerhäuser erscheinen auf den ersten Blick in ihrem nicht enden wollenden Nebeneinander wie ein
Chaos, sind jedoch in Wirklichkeit ein großes, gut funktionierendes Räderwerk.

Kaiarbeiter, Schauerleute, Kranführer,
Festmacher, Kesselreiniger, Barkassen-
schiffer und viele andere Berufsgruppen
sind hier vertreten. An den Kais liegen wie
anderswo Seeschiffe, Schlepper, Bagger,
Barkassen, Hafenleichter, Lotsenboote und
Schwimmkrane mit ihren stählernen Aufbauten.

Im inneren, kleinen Hafen – Darsena
genannt – hatten die SORIMA-Bergungs-
und Taucherschiffe ihren ständigen Liegeplatz. Hier erwartete Giovanni Quaglia den
Briten, um ihm zuerst seine ARTIGLIO zu
zeigen. Das fünfundvierzig Meter lange,
1906 in Hull/England gebaute Schiff fuhr

Die »Artiglio«

ursprünglich unter britischer Flagge als Minensuchboot MACBETH. Nach dem Krieg stand es zum Verkauf. SORIMA erwarb das 300-BRT-Fahrzeug und ließ es zum Bergungsschiff umrüsten, denn die beiden Dock- und Schlingerkiele an jeder Seite dämpften bei grober See wesentlich die Schlingerbewegung. Es war für Taucherarbeiten bestens geeignet: Vor der weiß gestrichenen Kommandobrücke befanden sich zwei Ladebäume. Davor standen drei Kurbelpumpen – sie versorgten die Taucher mit Luft. Am vorderen Mast hatte der große Ladebaum seinen Platz, auf dem Vorschiff die große Trommel mit der Ankertrosse und das Ankerspill. Hinter dem Schornstein war an beiden Seiten ein Rettungsboot festgemacht. Am Heck befanden sich eine große Winsch und ein zusätzlicher Ladebaum, daneben lag ein Greifer vom sogenannten »Polyp-Typ« (nach dem Fassen glitt automatisch eine Hülle über die Greifzähne, so daß der einmal ergriffene Gegenstand beim Hieven nicht wieder wegsacken konnte).

Auf der Back machten sich mehrere Männer an einem etwa zweieinhalb Meter langen Stahlrohrgehäuse zu schaffen, der nach ihrem Erfinder Roberto Galeazzi aus Livorno benannten Galeazzi-Beobachtungskammer.

Peter Sandberg lernte die wichtigsten Männer kennen, die bei der EGYPT-Suche dabei sein werden: ARTIGLIO-Kapitän Giacomo Bertolotto, Chef der Skaphandertaucher Alberto Gianni, seinen Stellvertreter Aristide Franceschi, Kranführer Maurizi Amoretti, seinen Gehilfen Amerigo Ramelli, Maschinist Antonio de Jana, die Matrosen Romaldo Cortopassi, Felice Bresciani, Enrico Tedoldi und Costante Ulivieri sowie schließlich den Funker Luigi de Melgazzi. Zur Bordfamilie gehörte noch Alberto Bargellini, der als Chef der neuen Panzertaucher-Gruppe, die man aus erfahrenen Skaphandertauchern gebildet hatte, auf der ROSTRO arbeitete. Mit letzterem Schiff sah Giovanni Quaglia eine Ausfahrt vor, um dem britischen Ingenieur die umgebauten Taucher- und neuentwickelten Bergungsgeräte vorzuführen.

Die ROSTRO nahm Kurs aufs offene Meer. An einer laut Seekarte fünfundsiebzig Meter tiefen Stelle wurde Anker geworfen. Aufmerksam verfolgte Sandberg, wie Alberto Bargellini in dem Panzertaucheranzug verschwand, wie man ihn über Bord und in die Tiefe fierte. Das Sicherungsseil lief über die Winsch ab und blieb schließlich bei siebenundsiebzig Meter stehen. Schon ertönte die leicht verzerrt klingende Stimme Bargellinis aus dem Deckslautsprecher: »Grund erreicht!«

»Wir lassen jetzt die Eisenstange herunter«, wurde ihm geantwortet. Man erklärte dem Gast, daß der Taucher diese Stange mit seinen Greifern fassen und etwa zwanzig Meter transportieren würde. Danach holte der Elektromagnet sie wieder nach oben. Eine recht eindrucksvolle Demonstration des Bergungsvorganges aus einer Tiefe, die allgemein bisher als schwer erreichbar galt. Peter Sandberg war nun davon überzeugt, in SORIMA den richtigen Teilhaber für das EGYPT-Projekt gefunden zu haben.

Der Brite erkundigte sich, wie unter normalen Bedingungen eine Bergungsaktion ablief. »Im Prinzip ganz einfach«, erläuterte Giovanni Quaglia, »mein Basisschiff, die ARTIGLIO, ist überwiegend in Genua stationiert. Wenn nun eines der drei Suchschiffe ROSTRO, RAFFIO oder ARPIONE ein Wrack geortet und untersucht hat, fährt die ARTIGLIO dorthin, und die eigentlichen Bergungsarbeiten beginnen. In Wirklichkeit ist das natürlich alles viel komplizierter. Fast immer treten unvorhergesehene Schwierigkeiten auf. Oft müssen wir innerhalb weniger Minuten unseren Plan ändern. – Das ist nun einmal unser Risiko.«

Vor seiner Heimreise übergab Ingenieur Sandberg dem SORIMA-Direktor einen Schiffsriß von der EGYPT, den er sich bei Lloyd's beschafft hatte: »Freunden Sie sich mit dem Schatzschiff auf dem Papier an, Sie werden den Plan sicherlich noch eines Tages gebrauchen können . . .«

Im Sommer 1928 trafen die SORIMA-Schiffe ARTIGLIO, ROSTRO und RAFFIO in der Biskaya ein, um die Suche nach dem Wrack der EGYPT, das in Höhe von Camaret liegen sollte, aufzunehmen.

Genaueres wußte nicht einmal der Kapitän der französischen SEINE, von der die EGYPT vor sechs Jahren gerammt worden war. In der damaligen stockdunklen Nacht und bei aufgewühlter See hatten sich die Ereignisse überstürzt, wie sollte man da heute noch wissen, wo das Unglück geschah.

Der Kapitän der SEINE stand neben dem Schiffsführer auf der Brücke der ARTIGLIO – Quaglia hatte ihn hinzugezogen. Nach seinen Angaben wurde ein mehrere Quadratkilometer großes Gebiet durch Bojen markiert und in Einzelfelder unterteilt. Dann begann die Suche. Zwischen den beiden anderen Schiffen wurde eine tiefhängende Stahltrosse über den Meeresboden geschleppt. Sie verfing sich öfter, aber immer waren es nur hochragende Felsspitzen und nicht das ersehnte Wrack, wie die ARTIGLIO-Taucher feststellen mußten.

Man verkürzte die Stahlschleife, die nun zehn Meter über dem Meeresboden hing, damit sich nur größere Objekte verfangen konnten, zum Beispiel Decksaufbauten eines Schiffes. Nachdem man das erste Areal ergebnislos durchkämmt hatte, wurde ein weiteres, neun Quadratkilometer großes, durch Bojen begrenzt und abgesucht – aber das Wrack blieb unauffindbar.

Inzwischen war es Oktober geworden. Stürme kamen auf, der Seegang nahm zu, und die Taucher konnten nicht mehr in die Tiefe.

Quaglia ließ seine Schiffe hinter Belle-Île, zwischen Lorient und Saint-Nazaire Schutz suchen und beschäftigte seine Leute mit Arbeiten an dem Wrack des 1917 von einem deutschen U-Boot torpedierten belgischen 12 000-Tonnen-Dampfers ELISABETHVILLE in zweiundsiebzig Meter Tiefe. Immerhin sollte sich im Safe ein Kästchen mit Diamanten befinden. Der Safe wurde schließlich mit Hilfe eines Scherengreifers heraufgeholt und geöffnet – er war leer, von Diamanten keine Spur.

Dafür fanden die Taucher jedoch in einem Laderaum über acht Tonnen bestes Kongo-Elfenbein. Der Fund brachte die Elfenbeinbörse zum Zusammenbrechen. Die SORIMA-Mannschaft nahm den Aktiensturz zwar zur Kenntnis, aus der Ruhe brachte sie das nicht. Ihr Interesse galt einzig und allein den EGYPT-Millionen.

In den kommenden Monaten blieb genügend Zeit für die Überholung und Verbesserung der Geräte. Alles mußte tadellos funktionieren, sobald die Suche wieder aufgenommen werden konnte. Im Frühjahr begann sie erneut.

Erfolglos wurde das ganze Jahr 1929 hindurch die Stahltrosse über den Meeresgrund geschleppt. Und wieder wurde es Herbst, Stürme setzten ein, und wieder mußten die Bergungsschiffe schutzbietende Häfen aufsuchen.

Alles war wie im vergangenen Winter. Man tauchte entweder zu geschützt liegenden Wracks oder überholte die Geräte.

Von allen wurde das Frühjahr mit Ungeduld erwartet. Aber es brachte auch dieses Mal keinen Erfolg. Selbst der Sommer neigte sich bereits dem Ende zu. Da hakte am 29. August 1930 die Trosse fest, etwa fünf Seemeilen von der Position entfernt, die bisher als Untergangsort der EGYPT vermutet worden war. Zum x-ten Male herrschten Aufregung und Beunruhigung an Deck der ARTIGLIO.

Alberto Bargellini ließ sich im Panzertauchergerät in die Tiefe fieren. Gespannt beobachteten die an Deck stehenden Männer, wie die Trosse über die Seiltrommel am Ladebaum ablief: 20 – 50 – 80 – 95 Meter! So tief waren die SORIMA-Taucher noch nie. Bargellini telefonierte hinauf, man möchte ihn weiter absenken. Auch bei 105 Metern meldete er keine Grundberührung. 112 Meter, 120 Meter. Noch immer konnte Bargellini nicht den Meeresgrund erkennen. Bei 124 Meter kam für die Mannschaft an Deck das erlösende Wort: Grund! Und schließlich setzte der Mann an der Winde den Taucher bei 128 Meter sanft auf den Schlamm. Auf der ARTIGLIO sah jeder jeden beklommen an – hoffentlich ging das gut!

»Etwas anhieven, damit ich aus dem Schlamm komme und mich umsehen kann«, erklang Bargellinis Stimme aus dem Lautsprecher. Vorsichtig wurde er ein Stück nach oben gezogen. Auch für den »Startaucher« war es eine ungewöhnliche Situation. Von der Strömung hin- und hergeschwenkt, durch das Schlingern des Schiffes an seiner Stahltrosse auf- und abgezerrt, um und um gedreht. Er versuchte, sich durch die Sichtscheiben zu orientieren und bemerkte plötzlich die Bordwand eines großen Schiffes, das in horizontaler Lage auf dem Kiel ruhte. »Wrack entdeckt«, meldete er nach oben. Langsam ließ er sich an der Schiffsseite entlangführen. Im Halbdunkel konnte er die ausgeschwungenen Davits erkennen. »Das Schiff hatte Rettungsboote ausgesetzt. Es gibt keinen Zweifel, hier liegt die EGYPT!«

Das war seine Mitteilung, bevor er sich wieder nach oben hieven ließ. Das Wrack war nach sechsjähriger Suche gefunden worden! Von der errechneten Position fünf Seemeilen entfernt, nicht in neunzig Meter, sondern in einhundertdreißig Meter Tiefe. Und SORIMA-Kapitän Marion Tomei vermerkte voller Stolz die Koordinaten des Fundortes im Logbuch: 48° 07′ 45″ N/ 5° 30′ 30″ W.

Gold! Um ganz sicher zu gehen, entschied Quaglia, zunächst den Safe des Kapitäns zu bergen. Der Zugang zur Kapitänskajüte war jedoch durch einen Drei-Tonnen-Ladebaum versperrt. Er mußte zuerst entfernt werden.

Die Taucher hingen an den Trossen. Sie brachten mit den Greifzangen ihres Panzertauchergerätes erst nach vergeblichen Versuchen die von Helfern an Deck des Schiffes herabgelassenen Sprengladungen an.

Nachdem alle Taucher das Wasser verlassen hatten, gab Giovanni Quaglia den Sprengbefehl. Atemberaubende Sekunden folgten, nichts geschah. Niemand auf der ARTIGLIO regte sich oder sagte ein Wort. Nur das leise Plätschern der Wellen gegen den Schiffsrumpf war zu hören.

Dann drang vom Meeresgrund ein kurzer, harter Schlag herauf. Plötzlich schien sich die See unter der ARTIGLIO zu wölben. Das Schiff schlingerte so heftig, daß jeder an Bord nach irgend etwas griff, um sich festzuhalten. Doch in Sekundenschnelle war alles vorbei. Die Wasseroberfläche glättete sich wieder, und die ARTIGLIO wiegte sich ruhig in der sanften Dünung.

Holzteile und andere Bruchstücke des Wracks trieben auf, aber auch Fische, deren Schwimmblasen durch die Detonation geplatzt waren.

Hatte man die Sprengkraft richtig berechnet? War der Ladebaum beseitigt, oder sind durch die Sprengung den Tauchern neue Hindernisse in den Weg gelegt worden? Fragen, die alle bewegten. Schließlich hing der weitere Arbeitsablauf davon ab.

Wieder stieg Cheftaucher Bargellini als erster in die Tiefe. An Bord warteten alle ungeduldig. Nach fast vierzig Minuten wurde die Ungewißheit von ihnen genommen: Sie hatten ganze Arbeit geleistet. Der Ladebaum war abgesprengt, weitere größere Hindernisse gab es nicht. Was jetzt noch zu tun blieb, würde zwar auch viel Kraft und Zeit kosten, doch das bedeutete für sie Routinetätigkeiten.

Wochen vergingen, bis der Zugang zur Kapitänskajüte frei lag und sich die Krallen des Greifers um den Safe schließen konnten. Die Männer im Wrack dirigierten den in die Höhe schwebenden Panzerschrank. Als er auf Deck aufsetzte, wurde er von der jubelnden Mannschaft umringt. Geschafft!

Beobachtungskammer mit Luftregenerationsapparat

Das Bergungsschiff nahm wenig später Kurs auf die Küste und ging im Hafen von Brest vor Anker. Der britische Konsul kam an Bord, und in seiner Gegenwart wurde der Safe geöffnet. Doch welch riesige Enttäuschung! Zwar fand man die Schiffspapiere, die bestätigten, daß das Wrack tatsächlich die lang gesuchte EGYPT war, aber alle Frachtdeklarationen, Akten und Postsendungen des englischen Außenministeriums waren so vom Salzwasser angegriffen, daß es lange dauern würde, bis man diese vielleicht einmal entziffern konnte.

Im oberen Fach entdeckte man einen kleinen, unscheinbaren Schlüssel. An ihm hing ein Metallschildchen mit den geprägten Worten »Strong room«.

Giovanni Quaglia ließ sofort aus seiner Kajüte den Schiffsriß der EGYPT holen. Neugierig beugten sich Quaglia, der Kapitän, der Konsul und die Taucher über den maßstabgetreuen Plan. Unter dem Promenaden-, dem Ober- und dem Hauptdeck war ein kleiner Raum eingezeichnet, den man bisher als bedeutungslos übersehen hatte. »St. R.« – strong room – Stahlkammer stand dort. Hier also lagen die Goldmillionen der EGYPT, zu denen man nun immerhin schon den kleinen Tresorschlüssel in den Händen hielt.

Was ihnen nun bevorstand, wußten alle Beteiligten nur zu gut – eine mühevolle, gefährliche Arbeit von Monaten, vorausgesetzt, alles verlief programmgemäß, das Wetter machte keinen Strich durch die Rechnung, und sie stießen nicht auf allzu große Schwierigkeiten.

Nach kurzer Verschnaufpause im Hafen begannen die Tauchergruppen mit den nicht ungefährlichen Arbeiten. Der SORIMA-Direktor hatte die besten Fachleute der Welt unter Vertrag genommen: Männer, die über jahrelange Erfahrungen als Taucher verfügten. Zuerst mußten sie einen geräumigen Schacht in das Schiffsinnere sprengen. Die abgesprengten Eisenteile wurden mit dem Elektromagneten

heraufgeholt und beiseite geschafft. Buchstäblich Schritt für Schritt bahnten sich die Männer ihren Weg: Zehn Minuten vergingen, bis der Taucher unten ankam, zehn weitere, bis er in der richtigen Lage hing, etwa eine halbe Stunde dauerte es, bis der Sprengstoff herabgelassen und die einzelnen Ladungen angebracht waren, und noch einmal zwanzig Minuten brauchte man, um den Taucher heraufzuholen. Minuten vergingen bis zur Sprengung, anschließend arbeitete der Elektromagnet, von einem in der Galeazzi-Beobachtungskammer tätigen Helfer dirigiert. Dann begann der Rhythmus von neuem. Und dazwischen erzwangen Sturm und Seegang immer wieder tagelange Unterbrechungen der Arbeit. So auch in den stürmischen Herbsttagen des Jahres 1930.

Die SORIMA-Taucher erhielten den Auftrag, in der Zwischenzeit an dem Wrack des 9000 BRT großen amerikanischen Munitionsschiffes FLORENCE zu arbeiten. Es war 1917 in der Bucht von Quiberon bei Belle-Île von einem deutschen U-Boot torpediert worden, lag nur fünfzehn Meter tief und war dem Sog von Ebbe und Flut sowie starken Strömungen ausgesetzt. Das Wrack bedeutete für die Schiffahrt eine sehr große Gefahr und sollte deshalb schon längst vernichtet werden, doch niemand wagte sich an die »Zeitbombe« heran.

Die französischen Behörden nutzten die Anwesenheit der italienischen Bergungsgesellschaft in diesem Gebiet, um das Wrack sprengen zu lassen. Direktor Quaglia nahm auch diesen Auftrag ohne Zögern an, obwohl er genau wußte, daß die Munitionsladung selbst nach dreizehnjähriger Lagerung im Meer nicht unschädlich geworden war.

Bargellini stieg zuerst in seinen Taucheranzug, um das Wrack zu erkunden. Er landete auf der Backbordreling und bewegte sich darauf wie auf einem Dachfirst. Wenn die Grundseen kamen, klammerte er sich

Die Lage von »Egypt« und »Florence«

fest, und in den Pausen tastete er sich weiter, ständig in Gefahr, von einem der ausgefahrenen Davits getroffen zu werden oder abzustürzen. Die FLORENCE lag mit sechzig Grad Neigung auf der Steuerbordseite.

Endlich erreichte Bargellini unbeschadet eine offene Ladeluke und kroch den vor ihm liegenden engen Korridor hinunter. Bald ging es nicht mehr weiter. Er mußte zurück. Das war leichter gesagt als getan, denn in dem schmalen Gang konnte er sich vorerst nicht umdrehen. Außerdem mußte er auf die Sicherheitsleine und den Luftschlauch achten, damit sie sich nicht in den scharfen Stahltrümmern verfingen oder gar beschädigt wurden.

Wieder an Deck, bemerkte er noch weitere Öffnungen, durch die man in den Rumpf hineintauchen konnte. Er hatte genug gesehen und tauchte auf.

Bargellini befreite sich von seinem Schutzanzug und schilderte den neugierig wartenden Mannschaftsmitgliedern ausführlich seine Eindrücke von dem Wrack. Die ihm zuhörenden Tauchgefährten wußten nun, daß sie in ihren Skaphandern mit den schweren Bleischuhen weder auf dem stark geneigten Deck noch auf der nach oben zugekehrten Rumpfseite gehen konnten. Die auf der Backbordseite offene große Ladeluke ermöglichte ihnen einen relativ bequemen Weg in das Schiffsinnere. Sie glaubten, es komme auf sie – gemessen an den Anstrengungen der vergangenen Wochen – eine leichte Arbeit zu. Auch bestand kaum Gefahr, daß sich Schlauch und Leine an den Davits oder den Masten vertörnen, wenn sie im Rumpf arbeiteten. Und auf scharfkantige Trümmerteile zu achten, das waren sie gewohnt.

25

In den nächsten Tagen befestigten die Taucher zahlreiche Sprengsätze im Innern des Wracks und an der äußeren Bordwand, um später die gefährliche Fracht mit Sicherheit vernichten zu können. Danach entfernte sich die ROSTRO langsam von der Arbeitsstelle. Von ihrer Hecktrommel lief das Zündkabel ins Meer. Aus einer Entfernung von etwa einer Seemeile sollten die Sprengladungen im Munitionswrack gezündet werden.

Inzwischen brachte Taucher Alberto Gianni noch eine spezielle Ladung an, um vor der eigentlichen Detonation die Aufbauten des Achterdecks zu beseitigen. Als sich Gianni wieder an Bord der ARTIGLIO befand, fuhr sie dreihundert Meter weiter. Die erste leichte Explosion würde Gianni auslösen. Danach wollte man sich überzeugen, ob sie ihren Zweck erfüllt hatte. Statt der erwarteten harmlosen Detonation ging die gesamte Munitionsladung mit ungeheurer Wucht im Rumpf der FLORENCE hoch. Die ARTIGLIO wurde in Stücke gerissen, Alberto Bargellini, Alberto Gianni und Aristide Franceschi sowie weitere elf Gefährten kamen an diesem 7. Dezember des Jahres 1930 ums Leben. Auch die sich noch in der Nähe aufhaltende RAFFIO kenterte und ging langsam unter.

Direktor Giovanni Quaglia beobachtete von der ROSTRO aus entsetzt das Inferno. Er mußte mit ansehen, wie seine Bergungsschiffe in der von der Explosion aufgewühlten See versanken . . .

Nach der schrecklichen Tragödie kehrte die ROSTRO nach Genua zurück. An Bord weilte auch Mario Raffaelli. Direktor Quaglia hatte ihn zum SORIMA-Cheftaucher ernannt. Er sollte schnellstens ein neues Taucherteam ausbilden, damit im kommenden Frühjahr die Arbeiten an der EGYPT fortgesetzt werden konnten. Neue Taucher anzuwerben dürfte nicht schwierig sein. Bei der in Italien herrschenden Arbeitslosigkeit würde er sie sorgfältig aus-

wählen können. Man hätte aber erwartet, daß den Angehörigen der langgedienten, in der Biskaya tödlich verunglückten Mitarbeiter moralische und finanzielle Unterstützung durch die SORIMA zuteil geworden wäre.

Giovanni Quaglia verhandelte indessen in Saint-Nazaire wegen eines neuen Bergungsschiffes. Schon vor längerer Zeit war ihm die 320 BRT große MAURÉTANIE aufgefallen, die seinen Ansprüchen in vielem entsprach. Mit dem Besitzer wurde er schnell einig, der Kaufvertrag unterschrieben. Dann erledigte er die notwendigen Formalitäten mit der Werft »Chantier de Penhoët«: sie nahm den Auftrag für den Umbau der MAURÉTANIE zum Taucherbasis- und Bergungsschiff an. Das Fahrzeug erhielt nach der Fertigstellung im April 1931 den Namen ARTIGLIO II.

Am 4. Mai wurde sie in Brest an SORIMA übergeben. Dann machte sich die Mannschaft mit dem Schiff vertraut. Auf mehreren Probefahrten wurden die Bergungsgeräte getestet. Alles war nach den Wünschen Quaglias von der Werft realisiert worden und funktionierte einwandfrei.

Am 24. Mai verließ die ARTIGLIO II schließlich Brest. Sie nahm Kurs auf die EGYPT-Fundstelle. Zwei Tage später begannen die Taucher mit ihrer Arbeit. Der von Bargellini, Gianni und Franceschi freigelegte Schacht war inzwischen mit zerbrochenen Stühlen, mit Matratzen, Wandtäfelungen, Stahlplatten und Sand gefüllt: Die See war nicht untätig gewesen. Den Tauchern blieb nichts anderes übrig, als den Schacht »per Hand« mit ihren Greifzangen auszuräumen – eine zeitaufwendige Angelegenheit. Immer wieder stellten sich neue Hindernisse in den Weg, immer wieder spülte die See Sandmassen in den frei gewordenen Raum, und der Erfolg von Tagen wurde oft in wenigen Stunden zunichte gemacht.

Der Sommer verging mit Sprengen und

Erweitern des Schachtes durch drei Decks. Eines Abends – rauher Wind fegte als Vorbote der üblichen Herbststürme über das Wasser – war es endlich soweit: Mario Raffaelli tauchte zum Wrack hinunter, um sich vom Stand der Dinge zu überzeugen. Bald stand er vor einer leicht deformierten Tür. Prüfend ließ er den Lichtkegel seiner Lampe durch den winzigen Türspalt fallen. Da, was war das? Sein Herz schien stillzustehen. Gold! »Gold gefunden!« klang seine Stimme erregt aus dem Decklautsprecher. Nach dieser Meldung ging es an Bord drunter und drüber. Alle waren erregt. Voller Ungeduld erwartete man Raffaelli. Kaum war dieser an Deck gehievt, wollte ihm jeder helfen, damit er aus seinem Gerät steigen konnte. Doch die Mechaniker ließen sich nicht von ihrem Platz verdrängen. Einige Routinehandgriffe, und Mario kletterte heraus. Begierig lauschte man seinen Worten: »Die Decke und eine Seitenwand des Tresorraumes sind durch die bisherigen Arbeiten zum Teil beschädigt, auch die Tür. Ihre Schlösser scheinen jedoch unversehrt geblieben zu sein. Soviel ich ausmachen konnte, ist im Innern der Stahlkammer alles in Ordnung. Wir brauchen nur noch die Tür zu öffnen, dann haben wir das Gold.«

Allerdings war wegen des aufkommenden Sturmes ein weiterer Abstieg nicht möglich. Für ein halbes Jahr vertrieb das schlechte Wetter die Bergungsmannschaften von der Fundstelle.

Als sie im späten Frühjahr 1932 zurückkehrten, bot sich ihnen das gewohnte Bild: Der zwölf Meter tiefe Schacht war bis zum Rand mit Trümmern angefüllt – das bekannte Spiel wiederholte sich ein weiteres Mal.

Taucher und Greifbagger arbeiteten einen Monat lang, um den Schacht freizulegen. Tag für Tag hoben Greifer ihre Trümmerlast aus dem Wasser und entluden sie auf dem Deck des Bergungsschiffes. An ausgespannten Leitseilen »tasteten« sich die Taucher durch die Gänge und Räume der EGYPT. Und erneut standen sie vor der Stahltür des »strong room« – man schrieb den 22. Juni. Alle Versuche, die Tür mit dem winzigen Schlüssel zu öffnen, schlugen fehl. Da konnte nur noch eine Sprengladung helfen. Gelatine-Donarit-Sprengstoff wurde in mehreren kleinen Ladungen an der Tür befestigt, alle Zündkabel in einem Ring zusammengeführt. Ein elektrischer Funke genügte, um die geballte Kraft wirksam werden zu lassen. Von dieser Sprengladung hing alles ab. Sie sollte nur die letzte Barriere, die Stahlkammertür, beseitigen. Auf keinen Fall durften andere Wrackteile mit losgesprengt werden, die Goldbergung würde sich sonst um weitere Monate verzögern.

Schließlich waren sämtliche Sprengkabel mit der Zündmaschine auf der ARTIGLIO II verbunden. Das Schiff brauchte den Standort nicht zu verlassen, die Explosion würde an der Wasseroberfläche kaum zu spüren sein.

Jetzt! Ein dumpfes Grollen ertönte aus der Tiefe. Die See kam leicht in Bewegung, um das Basisschiff wurde das Wasser ein wenig schmutzigbraun. Schwaden stinkender Explosionsgase umhüllten für Minuten die ARTIGLIO II. Hatten sich alle bisherigen Anstrengungen gelohnt? Waren die SORIMA-Taucher am Ziel?

Mario ließ sich als erster in die Tiefe fieren. Auf der Schachtsohle versuchte er mit einiger Mühe, sich in die notwendige Lage zu bringen, um nach oben schauen zu können. Der Schachtmund über ihm mutete klein an, bläulicher Schimmer des spärlichen Tageslichtes drang herunter. Etwas Licht kam von der Lampe des ihm folgenden Kameraden. Es sah gespenstig aus, wie dieser, immer größer werdend, auf ihn zuschwebte. Es konnte nur noch Sekunden dauern, bis er neben Mario stand. Dann wollten sie gemeinsam auf dem ihnen bekannten Weg zum Tresorraum vordringen. Die weggesprengte Tür lag günstig. Sie würde die weiteren Arbeiten nicht behindern. Erstaunt blieben beide in der Stahlkammer stehen. Seidenballen und Holztruhen voll von kostbaren Waffen, die für indische Fürsten bestimmt gewesen waren, boten sich ihren Blicken. Aber da das ersehnte Gold – Gold! Hunderte kleine – zwei bis acht Kilogramm schwere – Barren lagen hier in stabilen Kisten verpackt, dazu Silber und gemünztes Gold, ein Vermögen – ein Millionenschatz.

Mario meldete den Fund nach oben. Ihre Mühen waren nicht vergebens gewesen. Noch am selben Tag begannen die Taucher mit der Bergung der wertvollen Ladung.

Eine aufkommende Schlechtwetterperiode unterbrach erneut die Hebung, die Taucher konnten erst im August weiterarbeiten. Bis Mitte des Monats hoben sie Werte von 20 000 Pfund Sterling und lieferten sie bei einer Bank ab. Ende August waren es weitere 190 000 Goldpfund, die aus dem Wrack geborgen wurden. Anfang Oktober waren insgesamt730 000 Pfund in Sicherheit gebracht.

Von Stürmen und Winterpausen immer wieder unterbrochen, ging die Arbeit nur langsam voran.

Dann trat ein unerwartetes Ereignis ein. Während eines Unwetters wurde die ARTIGLIO II leck. Alle Anstrengungen, das Schiff über Wasser zu halten, waren vergebens. Es mußte aufgegeben werden. Ein Rettungsboot kenterte in der tobenden See. Seine Insassen ertranken – niemand konnte ihnen helfen.

In fieberhafter Eile ließ SORIMA-Direktor Quaglia ein drittes Schiff, die ARTIGLIO III, ausrüsten. Die Goldbergung konnte fortgesetzt werden. Für die Taucher waren die Seetage zum gewohnten Arbeitsrhythmus geworden. Zehn bis zwölf Stunden dauerte für sie jeder wettergünstige Tag. Nichts Ungewöhnliches unterbrach mehr die Routinearbeiten. Aber erst im Herbst des Jahres 1935 vermochten die Männer voller Stolz das Gesamtergebnis ihrer Anstrengungen zu überblicken: Zwanzig Millionen Pfund Sterling in Gold- und Silberbarren, in Säcke verpacktes gemünztes Gold und sämtliche – über zehntausend – Rupien-Banknoten, die dem Meerwasser getrotzt hatten . . .

Die Taucherkollegen bewunderten die Italiener für ihre außerordentliche Tat. Sie hatten die bisher wohl erfolgreichste Schatzbergung aus solcher Meerestiefe vollbracht, die sicherlich Maßstäbe für künftige Unternehmen dieser Art setzte. SORIMA-Direktor Quaglia hatte auch mehr als einmal betont, was seine Taucher physisch und psychisch geleistet hatten. Er aber tat kaum etwas für sie. Der verdiente Mario Raffaelli avancierte zwar zum Chef der Bergungsflottille, die anderen Männer erhielten jedoch nur den ihnen zustehenden Lohn. Und dies, obwohl SORIMA einen Reingewinn von knapp zehn Millionen Pfund Sterling verbuchen konnte.

Lockende Vigo-Schätze

Heimwärts – in die Katastrophe
Begehrtes Gold. . .
Sporttaucher am Werk
Letzte Hoffnung . . .

Heimwärts – in die Katastrophe. Das nordwestspanische Vigo ist eine Mischung aus Vergangenheit und Gegenwart. Der alte Teil zieht sich längs des Fischereihafens hin. Die engen, krummen Straßen mit Kopfsteinpflaster und verwitterten Stein- und Holzhäusern sind von den Resten einer ehemaligen Festungsmauer umschlossen. Halbkreisförmig hat sich um den historischen Kern das neue Vigo ausgebreitet, eine lebhafte, ständig wachsende Stadt mit breiten Boulevards, eleganten Läden und modernen Büro- und Wohngebäuden. In dem ausgedehnten Hafenbecken löschen Frachter ihre Güter oder laden spanisches Eisenerz. An dem langen Pier machen regelmäßig Passagierschiffe fest – vor allem französische und britische. Dann ergießt sich für Stunden ein Touristenstrom in diesen Ort, in dem rund 200 000 Menschen leben. Doch zählt Vigo und Umgebung weder zu den attraktiven Seebädern, noch kann man hier ausgefallene Kunstdenkmäler besichtigen. Was zieht den Fremden hierher? Vielleicht das Fluidum versunkener, geheimnisumwitterter Schatzgaleonen! Dabei geht aus jedem Werbeprospekt eindeutig hervor, daß der Reisende nicht eine einzige den Fluten entrissene Gold- oder Silbermünze zu sehen bekommt. Im städtischen Museum sind lediglich eiserne und bronzene Kanonenrohre, verschiedene Arten von Kanonenkugeln sowie einige Schiffszubehörteile ausgestellt – sie erinnern an die berühmte Schatzflotte von 1702 und an die vielen späteren Bergungsversuche . . .

Cadiz, im Spätsommer 1699. Wieder einmal liefen mehrere Galeonen aus, um nach Mittelamerika zu segeln. Zwei Monate dauerte die glückliche Überfahrt, ehe die »Tierra-Ferma«-Flotte in Cartagena ankern konnte. Ihr Kommandant, General Don Manuel Velasco de Tejada, schickte unverzüglich Boten nach Lima, seine Ankunft dem Vizekönig von Peru zu melden. Dieser ließ sofort alle Kaufleute benachrichtigen und erteilte die notwendigen Anweisungen für den Transport des Goldes und Silbers, das auf dem Seeweg nach Panama und von dort auf Maultieren nach Portobelo zu schaffen war.

Ein reichliches Vierteljahr blieben die Galeonen in Cartagena. Man tauschte Waffen, landwirtschaftliche Geräte, Leinen und Wein – Erzeugnisse, deren Herstellung in den Kolonien verboten und die daher sehr gefragt waren – gegen Gold, Silber oder Perlen ein. Die hier getätigten Geschäfte erreichten einen Geldwert von über vier Millionen Eskudo.

Anschließend fuhr die Flotte nach Portobelo, wo sechs Wochen lang ein großer Markt abgehalten wurde. Europäische Waren im Wert von 20 Millionen Eskudo wechselten mit 25 Prozent Gewinn für das spanische Mutterland den Besitzer.

Die Rückkreiseroute nach Cartagena führte dicht unterhalb der Küste entlang. In jedem größeren Hafen verweilten Don

Manuels Schiffe einige Tage. Der Handel florierte. Schließlich konnten die Galeonen keine Schätze mehr aufnehmen – alle Laderäume waren mit Gold, Silber, Perlen, Smaragden, Amethysten, Vicuñawolle, Kampecheholz und Leder gefüllt. Für Werte von rund 90 Millionen Eskudo zeichnete der Flottenkommandeur verantwortlich.

Aber die Kaufleute waren nicht die einzigen, die Geschäfte abschlossen. Der General, die Admirale, die Kapitäne, die Offiziere und die höhergestellten Beamten hatten ihren Dienstrang gegen beträchtliche Summen beim König »gekauft«, um mit der Flotte nach Mittelamerika fahren zu dürfen. Für den begehrten Rang eines Admirals zahlten sie zum Beispiel bis zu hunderttausend Eskudo. Verständlich, daß jeder bestrebt war, sein »verauslagtes« Geld mit hohen Zinsen zurückzuerhalten. Das bereitete bei dem sinnreich organisierten Schmuggel auch keine allzugroßen Schwierigkeiten. Der Gewinn des einzelnen fiel stets so hoch aus, daß er die mit Strapazen verbundene Seereise kein zweites Mal auf sich zu nehmen brauchte. Mit Sicherheit kann deshalb davon ausgegangen werden, daß die Ladung der Galeonen zumindest doppelt so groß war, wie in den Büchern vermerkt.

Die industrielle Rückständigkeit des feudalabsolutistischen Spaniens brachte es mit sich, daß die in die spanischen Kolonien eingeführten Industrieerzeugnisse hauptsächlich englischen, französischen oder holländischen Ursprungs waren. Der spanische Adel war weniger an der wirtschaftlichen Entwicklung seines Landes interessiert als beispielsweise der englische oder französische. So kam es dann, daß der englische und holländische Handel Spanien und Portugal von den Märkten ihrer eigenen Kolonien verdrängte. Zu bemerken wäre noch, daß im 18. Jh. das Ausmaß des Schmuggels so groß war, daß er den Umfang des legalen Handels überstieg.

Von regelmäßigen Ostwinden begünstigt, fuhr die »Tierra-Ferma«-Flotte im Mai 1700 zum Rio Grande, ließ Jamaika mit seinen vorgelagerten gefährlichen Riffen auf der Steuerbordseite liegen, umschiffte Kap San Antonio und segelte hart am Wind auf Kap Sable (Süd-Florida) zu. Dann wieder einige Seemeilen südwärts, um im Hafen von Habana – der bedeutendsten Festung Westindiens – festzumachen.

Während Don Manuel in Cartagena Handel trieb, belud man in Veracruz die in der »Nueva-España«-Flotte (Neuspanien-Flotte) zusammengefaßten Galeonen mit Edelmetallen, Schmuckwaren, Leder, Koschenille, Indigo und chinesischen Produkten (durch die Manila-Galeone herangeschaffte gold- und silberbestickte Seidenstoffe, Nippsachen aus Jade oder Elfenbein sowie Gefäße aus feinstem Porzellan). Auch diese Fahrzeuge nahmen im Mai 1700 Kurs auf Habana und trafen dort mit der »Tierra-Ferma«-Flotte zusammen.

Eilig überholten Seeleute und Handwerker Schiffsrümpfe und Takelage, denn im Juli sollte die Heimreise nach Spanien beginnen. Obwohl alle Arbeiten zur Zufriedenheit der Kapitäne abgeschlossen werden konnten, kam kein Befehl zum Auslaufen. Im Antillenmeer wimmelte es geradezu wieder einmal von schatzlüsternen Seeräubern. Die von ihnen ausgehende Gefahr, gefürchteter als Stürme, war allgemein bekannt. Zu viele mit Gold und Silber beladene Galeonen wurden bereits von den schnellen und gut bewaffneten Flibustier-Schiffen aufgebracht. Es schien deshalb ratsam, den schützenden Hafen vorerst nicht zu verlassen.

Man wartete und wartete. Endlich zogen sich die Seeräuber in ihre Schlupfwinkel zurück. Doch jetzt war es wegen der beginnenden Hurrikanzeit zur Abreise zu spät. Gerieten die schwerfälligen Galeonen in einen dieser mörderischen Orkane, wäre ihr Schicksal besiegelt. Der von den Spaniern einberufene Kapitänsrat beschloß daher, bis zum nächsten Jahr in Habana zu bleiben, die kostbare Schiffsladung wurde in der Festung untergebracht, die Fahrzeuge abgetakelt und die meisten Matrosen entlassen.

Im Frühjahr trafen mit einem aus dem Mutterland gekommenen Aviso beunruhigende Nachrichten ein: Am 1. November war König Karl II. verstorben. In seinem zweiten Testament hatte der spanische Habsburger den Enkel seiner älteren Schwester (die Gemahlin von Ludwig XIV. von Frankreich) Philipp von Anjou zum Erben aller seiner Reiche eingesetzt. Gegen die drohende Hegemonie der Bourbonen-Dynastie wandten sich die Seemächte England und Niederlande sowie Leopold I., der seinen zweiten Sohn, Erzherzog Karl (später Kaiser Karl VI.), auf dem spanischen Thron sehen wollte.

Die in Madrid herrschende politische Lage war für General Don Manuel alles andere als überschaubar. Er wußte nur soviel, daß sich am Horizont düstere Kriegswolken zusammenballten.

Zu den in der karibischen Inselwelt kreuzenden Piraten kam ein zusätzliches Gefahrenmoment – schwerbewaffnete englische Korsaren lauerten bei den Azoren auf die Silberflotte aus Westindien.

Diese Umstände sowie die Tatsache, daß sich zwischenzeitlich noch mehr Schatzgaleonen in Habana eingefunden hatten, veranlaßte Velasco zum weiteren Verweilen. Er wollte Kuba nicht ohne starken Geleitschutz verlassen. Immerhin befehligte er nunmehr zwanzig Schiffe, die Millionenwerte mit sich führten. Der General sandte deshalb den Aviso nach Madrid zurück, um vom König eine schlagkräftige Eskorte zu erbitten.

Die Zeit verstrich, und das dritte Jahr des Wartens begann. Nach Habana gelangten neue Schätze, die gleichfalls nach Spanien verschifft werden sollten. Die Situation wurde von Tag zu Tag unhaltbarer.

Hier befanden sich märchenhafte Kostbarkeiten aller Art, im Mutterland dagegen mußte die Krone bei Wucherern Kredite aufnehmen, um die Aufstellung des Heeres beschleunigen zu können. Das Schicksal des Reiches hing im wahrsten Sinne des Wortes von der Ankunft der Schätze ab. Auch Ludwig XIV., ebenfalls in Geldnöten, wußte, was auf dem Spiele stand. Als der Gesandte Seiner Katholischen Majestät von ihm ein starkes Geschwader verlangte, »um die reichste Flotte, die je den Fluten anvertraut worden war, zu geleiten und notfalls zu verteidigen«, betraute er unverzüglich Vizeadmiral Graf Château-Renault mit dieser verantwortungsvollen Mission. »Der glücklichste Seemann«, wie man den Grafen ehrfurchtsvoll nannte, ließ in Brest sofort 24 Kriegsschiffe zur Ausfahrt vorbereiten und stach danach mit ihnen westwärts in See. Briten und Niederländer registrierten argwöhnisch die in ihren Augen zweifelsohne der Kriegsvorbereitung dienende Flottenbewegung ...

Gefäß aus getriebenem Gold, ein Werk der Inka-Kultur

Wochen später: Unter donnerndem Salut verließen am 11. Juli 1702 vierundvierzig Schiffe Habana. An der Spitze das Hauptschiff, die JÉSUS-MARIA Y JOSÉ mit General Don Manuel Velasco de Tejada an Bord. Schwerfällig folgten die weit über die Sicherheitsgrenze hinaus beladenen Frachter. Dahinter kamen die beiden Admiralsgaleonen BUFONA (Admiral José Chacon) und ALMIRANTE DE AZOGUEZ (Vizeadmiral Don Fernando Chacon), »um für gute Ordnung zu sorgen und gegebenenfalls den Kampf aufzunehmen.« Den Abschluß bildeten die Linienschiffe und Fregatten des französischen Geschwaders.

Gegen solchen kanonenstrotzenden Geleitzug vermochten die Piraten nichts auszurichten. Sie folgten dem Konvoi in der Hoffnung, daß eine Galeone wegen irgendwelcher Schwierigkeiten aus dem Verband ausscheren würde. Doch die vage Erfolgsaussicht erfüllte sich nicht – es gab keine Jagd auf Nachzügler.

Abgesehen vom Gelben Fieber, das etliche Opfer forderte, verlief die Überfahrt bis zu den Azoren ohne nennenswerte Zwischenfälle. Hier erfuhr General Don Manuel, daß sich sein Land im Krieg befand und Admiral Sir George Rooke seit dem 12. August mit einer aus siebzig englischen und niederländischen Schiffen bestehenden Flotte Cadiz belagerte. Der General berief den Kriegsrat ein, der die Lage erörtern und einen Ausweg finden sollte, denn der Bestimmungshafen Cadiz war jetzt unmöglich zu erreichen.

Château-Renault schlug vor, nach Brest oder La Rochelle zu segeln. Don Manuel entgegnete, daß er »Befehl von seinem König habe, die Flotte in einen spanischen Hafen zu führen«. »Außerdem müssen wir befürchten«, ergänzte José Chacon, »daß uns bei Kap Finisterre ein feindliches Geschwader erwartet, und eine solche Begegnung bedeutet für uns ein zu großes Risiko.« Seine Ansicht fand lebhafte Zustimmung, zumal ein Kapitän zuvor Vigo in Galicien empfohlen hatte: »Dort gibt es eine tief ins Land führende Bucht, deren Einfahrt von Forts verteidigt wird«.

Der sehr vernünftig klingende Vorschlag wurde einstimmig angenommen. Drei Schiffe schickte man mit entsprechender Botschaft nach Santander, die übrigen einundvierzig Fahrzeuge nahmen Kurs auf Galicien. Unterwegs verlor eine französische Fregatte Verbindung zum Konvoi und steuerte daraufhin San Lucar an, das Gros erreichte jedoch am 22. September Vigo.

Zu seinem Leidwesen mußte Don Manuel erkennen, daß die Bucht doch kein so sicherer Zufluchtsort war. Die einzigen Soldaten weit und breit – nur 60 Mann – dienten in der Festung Monte Real. Im Ernstfall konnten sie mit ihren veralteten Kanonen höchstens einige Schüsse abfeuern, da der jährlich zugeteilte Pulvervorrat gerade für die üblichen Salutsalven reichte. In Vigo standen die Kasernen schon lange leer, und in Rande sowie in Corbeyro waren sogar die Batterien unbrauchbar, die Forts verfallen.

Aber noch gab es keinen Grund zur Beunruhigung. Sir Rooke blockierte weiterhin Cadiz. Mit seinem Erscheinen vor Vigo war frühestens in einer Woche zu rechnen. Und auch von Admiral Sir Cloudesly Shovel, der neusten Nachrichten zufolge mit einem starken britisch-niederländischen Geschwader zwischen Kap Finisterre und Kap Ortegal kreuzte, ging vorerst keine Gefahr aus. Der spanische General glaubte, die Schätze binnen acht Tagen in Sicherheit bringen zu können. Um einem eventuellen früher erfolgenden feindlichen Überfall vorzubeugen, brauchte die Schatzflotte nur im hinteren Teil der Bucht festzumachen und dieser Gewässerabschnitt in bestmöglichen Verteidigungszustand versetzt zu werden.

Letztere Aufgabe übernahm Graf Château-Renault in Kooperation mit dem Generalkapitän von Galicien. Der Franzose ließ bei Fort Rande zwanzig Schiffsgeschütze in Stellung bringen und in gleicher Weise das gegenüberliegende Ufer bei Fort Corbeyro befestigen.

Dann fertigten seine Seeleute eine schwimmende Barriere an: Durch Trossen miteinander verbundene Boote, Flöße, Fässer und Baumstämme sperrten die Wasserenge zwischen beiden Forts. Unmittelbar daneben hatte man die beiden Linienschiffe L' ESPÉRANCE und LE BOURBON verankert. Die restlichen Kriegsfahrzeuge gruppierte Château-Renault im Halbkreis hinter die Sperre, so daß die rund einen Kilometer breite Zufahrt zur inneren Bucht ausreichend geschützt schien.

Der Generalkapitän von Galicien blieb ebenfalls nicht untätig: Zu den Schanzarbeiten verpflichtete Bauern mußten rings um die französischen Befestigungsanlagen tiefe, schwer überwindbare Gräben ausheben. Weiterhin rief er die Garnisonen von Túy und La Coruña zu Hilfe, um alle für eine Landung geeigneten Küstenabschnitte in der näheren Umgebung besetzen zu lassen. Schließlich requirierten seine Beauftragten in der Provinz Lebensmittel, Pulver und Gespanne – so waren Heer und Flotte gut versorgt und gerüstet, der Feind konnte kommen ...

Velasco war in der Zwischenzeit einzig und allein darauf bedacht, die ihm anvertrauten Schätze den zuständigen Behörden abliefern zu können. Aber trotz des drohenden feindlichen Überfalls wagte niemand, die Verantwortung für diese elementarste Vorsichtsmaßnahme zu übernehmen. Jeder kannte die eindeutige Bestimmung der Casa de Contratacion: »Alle aus Westindien eintreffenden Schiffe dürfen nur in Cadiz entladen werden – unter unserer Aufsicht.«

Die Casa de Contratacion war im Jahre 1503 in Sevilla gegründet worden und hatte als Behörde der Krone die Aufgabe, den spanischen Handel zwischen Mutter-

Der Goldturm in Sevilla, in dem die Casa de Contratacion ihre Schätze hortete

land und Kolonien zu kontrollieren.

Auch in der gegenwärtigen prekären Lage gestattete die Casa de Contratacion keine Ausnahme. Sie erteilte Order, daß die Flotte so lange in Vigo liegenzubleiben habe, bis sie ihre Reise ohne Gefahr fortsetzen könne.

Diese unverständliche Weisung wurde aus einem einzigen Grund erteilt: Die Herren aus Sevilla wollten auf ihren Anteil an den geschmuggelten Waren nicht verzichten. Würde man zulassen, daß die Schätze woanders an Land gebracht werden, wären die Folgen nicht abzusehen. Da jedes Mitglied der Casa de Contratacion korrupt war, hätte die Ladungskontrolle durch uneingeweihte Beamte unweigerlich einen Skandal ausgelöst.

Deshalb begnügte sich General Don Manuel letztendlich damit, den Hof in Madrid über die Lage der Schatzflotte zu unterrichten. Dort herrschte Ratlosigkeit. Philipp V. konnte keine Entscheidung angetragen werden, er stand mit seinen Truppen in Italien. Und die im Schloß von Aranjuez weilende junge Königin Marie-Louise war in dieser Angelegenheit völlig überfordert. In ihrer Hilflosigkeit wandte sie sich an den Consejo de las Indias, den Indienrat, der den König beriet und seine Interessen durchsetzte. Die Perückenträger überlegten lange, wechselten mit Sevilla mehrere Schreiben und konsultierten diejenigen Kaufleute, denen ein großer Teil der auf den Galeonen geladenen Waren gehörte. Alle Handelsmänner solidarisierten sich mit der Casa de Contratacion. Schließlich wollten sie auch künftig mit ihren »treuen Geschäftspartnern« zusammenarbeiten. Gegenüber dem Indienrat äußerten sie es nicht so deutlich, ihr Argument lautete vielmehr: »Ein Landtransport käme nicht in Frage, da er sehr viel kostete, wodurch der Gewinn des dreijährigen Unternehmens zu gering ausfalle.« Obendrein glaubten sie nicht mehr an den Verlust ihrer glücklich in Spanien angelangten Kostbarkeiten.

Also faßte der Indienrat den klugen Entschluß, nur die dem König gehörenden Edelmetalle (»Königszoll« und Erzeugnisse der Minen) in Vigo ausladen und unter militärischer Bedeckung per Fuhrwerk nach Madrid schaffen zu lassen.

Zwölfhundert Ochsengespanne – jeder Wagen mit vier großen Kisten – beförderten die im Hauptschiff und den beiden Admiralsgaleonen lagernden Schätze für die Krone ins Landesinnere.

Zur gleichen Zeit bewegte sich ein anderer Wagenzug nordwärts – nach Paris. Graf Château-Renault hatte durchgesetzt, daß die dem Sonnenkönig für die Bereitstellung des Geleitgeschwaders zustehenden Werte ebenfalls in Sicherheit gebracht werden. Völlig uneigennützig war des Grafen Forderung allerdings nicht, denn auf einigen Fuhrwerken befand sich sein eigener Schatzanteil ...

Innerhalb von acht Tagen wollte General Don Manuel seine Galeonen entladen haben – welche Illusion! Drei Wochen lag bereits die Silberflotte in Vigo, und nur drei der zwanzig Schiffe hatten ihre Ladung gelöscht.

Doch die Ungewißheit über das weitere Schicksal der Schatzgaleonen sollte nicht lange anhalten. Unverhoffte freudige Kunde traf aus Cadiz ein: Engländer und Niederländer mußten nach schweren Verlusten die Belagerung der Hafenstadt aufgeben. Ein Teil der gegnerischen Flotte hatte sofort Kurs auf Indien genommen, der andere – überwiegend aus beschädigten Fahrzeugen bestehend – war nach England abgesegelt.

Befreit atmete man in Vigo auf. Schnell wurden die schwimmende Sperre beseitigt, an Land stationierte Kanonen auf die Schiffe zurückgebracht und Vorbereitungen zum Auslaufen getroffen. Zum Schanzen herangezogene Bauern machten sich auf den Heimweg, ebenso die zur Hilfe herbeigerufenen Truppenkontingente. Überall feierten die Spanier ihren Sieg – auch in Vigo. Dort unterbrach die Hiobsbotschaft: »Die englische Flotte kommt!« schlagartig den Freudentaumel. Ungläubiges Staunen kennzeichnete die Gesichter. Was war geschehen?

Tatsächlich hatte die britisch-niederländische Flotte geschlagen den Golf von Cadiz verlassen und sich auch in Höhe von Kap São Vicente getrennt. Doch Admiral Sir George Rooke zog mit den reparaturbedürftigen Schiffen nicht sofort nordwärts, sondern warf in einer Bucht bei Lagos Anker. Er wollte im neutralen Portugal den zur Neige gegangenen Proviant ergänzen und die auf den Seglern entstandenen Gefechtsschäden notdürftig ausbessern. Hier erfuhr der englische Admiral, wohin die sehnsüchtig erwarteten spanischen Schatzgaleonen ausgewichen waren. Im Handumdrehen hatte man die gerade erlittene Niederlage vergessen. Sir George bot sich die einmalige Chance, die ihm vor Cadiz zugefügte Schlappe durch einen Sieg über die Silberflotte gutzumachen. So kam es, daß sein Geschwader am Abend des 21. Oktober bei den Cies-Inseln auftauchte und vorsichtig in die Bucht von Vigo vorstieß.

Hektisches Treiben bei den Spaniern und Franzosen: Sie brachten in den eben erst geräumten Batteriestellungen abermals Schiffsgeschütze unter, bauten erneut eine schwimmende Sperre und nahmen die bisherigen Verteidigungspositionen ein.

Zweihundert französische Matrosen und Kanoniere unter Kapitän Sorel, dem Kommandanten der LE VOLONTAIRE, und 150 spanische Soldaten unter dem Befehl des Admirals José Chacon besetzten die Batterien und Befestigungsanlagen von Rande. Bei Corbeyro, am anderen Ufer, verschanzte sich Velasco mit zwei Kompanien und zweihundert eiligst zu den Waffen gerufenen Bauern. Bürgerwehren bewachten gemeinsam mit den wenigen noch verbliebenen regulären Truppen die Mauern von Vigo und die in der Nähe liegenden baufälligen Forts.

Die südwestlich von den San-Simón-Inseln an der Mündung des Ullo ankernden Schatzgaleonen begann man fieberhaft zu entladen, Kiste auf Kiste, jede mit Gold, Silber oder Juwelen gefüllt, wurde an den Strand gebracht. Verzweifelt versuchten die Spanier, mit Fuhrwerken einen Pendelverkehr ins Hinterland zu organisieren. Doch es gab nur noch wenige Wagen, die meisten waren mit den Schätzen für die beiden Könige unterwegs...

Im Morgengrauen des 22. Oktober sichtete Sir George die schwimmende Barriere. Seine Vorhut geriet ins vereinte Abwehrfeuer der Batterien von Rande und Corbeyro und mußte umkehren. Ein abermaliger Versuch, sich der See-Enge zu nähern,

brach wiederum im gegnerischen Kugelhagel zusammen.

Der britische Admiral erkannte, daß zuerst diese beiden Bastionen zum Schweigen gebracht werden mußten. Am frühen Morgen des 23. eröffneten ASSOCIATION am Südufer und ZEVEN PROVINCIES an der gegenüberliegenden Seite das Gefecht. Salve auf Salve hagelte auf die Batteriestellungen und verwickelten L'ESPÉRANCE und LE BOURBON in den Kampf.

Unter Ausnutzung der Flut landete gegen Mittag das Regiment Churchill am Nordufer bei Domayo. Ohne auf Widerstand zu stoßen, marschierte es zügig nach Corbeyro. Ähnliches vollzog sich bei Teis am Südufer. Hier formierte Herzog von Ormond seine viertausend Mann und rückte auf Rande vor.

Über eine Stunde lang tobte der Kampf um die beiden Befestigungsanlagen, dann flatterten auf den Forts die englischen Fahnen im Wind. Das war das Zeichen für die Flotte: Mit vollen Segeln, den Wind von achtern, schoß die vorausfahrende TORBAY auf die Sperre zu. Mit furchtbarem Krachen hob sich ihr Bug, und das schwere Linienschiff passierte mit losgerissenem Bugsprietsegel das Hindernis. Durch die Bresche folgte das gesamte alliierte Geschwader – eine mörderische Seeschlacht nahm ihren Anfang. Zum Manövrieren bot die schmale Bucht kaum Platz. Seite an Seite liegend beschossen sich die Schiffe, brennende Pechfackeln flogen von Bord zu Bord, das Gemetzel auf den Decks ein schauriges Blutbad! Beide Seiten verloren innerhalb zweier Stunden 2800 Mann und hatten fast ebenso viele Schwerverwundete.

Als die Schatten der Nacht wichen, wehten weder spanische noch französische Flaggen an den Masten. Der Sieger hieß eindeutig Admiral Sir George Rooke. Er hatte – abgesehen von einigen Brandern – kein einziges Schiff verloren, der Verteidiger dagegen alle – sie waren entweder aufgebracht, verbrannt oder gesunken.

Begehrtes Gold ... Noch während des Gefechtes unternahm der Angreifer gewaltige Anstrengungen, um die Brände auf den eroberten Galeonen unter Kontrolle zu bekommen. Die Schiffe mit ihrer wertvollen Ladung mußten unter allen Umständen vor der völligen Vernichtung bewahrt bleiben. In einigen Fällen gelang es, in anderen war jede Mühe vergebens. Den unermeßlichen Reichtum vor Augen, stürzte sich so mancher unbesonnene Seemann habgierig in die Flammen und kam in ihnen elendig um. An Land ereilte etliche Niederländer ein ähnliches Los: Als sich die Truppen des Herzogs von Ormond den am Ufer des Ullo aufgereihten Schatzbehältern näherten, füllten aus aufgebrochenen Kisten gerade spanische Bewacher ihre Taschen mit Gold. Das konnten die Soldaten des Herzogs nicht zulassen! Weder todspeiendes Artilleriefeuer noch die verzweifelten Befehle ihrer Offiziere vermochten den vorwärtsstürmenden Menschenhaufen aufzuhalten. Am Flußufer schoß, stach und hieb jeder auf jeden. Der Überlegene raffte sich soviel von dem Edelmetall, wie er tragen konnte, und verschwand im Unterholz – die Spanier auf Nimmerwiedersehen, die Holländer nur so lange, bis sie sich wieder unbemerkt ihrem Regiment anschließen konnten.

Nach der Schlacht begannen Zimmerleute, Segelmacher, Matrosen und Kalfaterer, die beschädigten Schiffe instand zu setzen. Die erbeuteten Galeonen und Kriegsschiffe sollten anschließend nach London und 's-Gravenhage (Den Haag) in Marsch gesetzt werden, um »die Schatzkammer der Krone aufzufüllen und die Flotte zu verstärken«.

Indessen sammelten die siegreichen Soldaten in der Uferregion herumliegende Gold- und Silbermünzen auf, brachten am Strand stehende Schatzkisten auf ihre Schiffe und plünderten von den Bewohnern verlassene Ortschaften. In Redondela entdeckten sie Silberbarren im Wert von 150 000 Pfund Sterling – von den Galeonen stammendes Silber, das man nicht mehr weiter ins Hinterland hatte fortschaffen können.

Allmählich gewann Admiral Sir George Rooke einen vollständigen Überblick über die gemachte Beute: Von den 18 aufgebrachten Schiffen (acht Galeonen, ein Wachschiff, sieben Linienschiffe und zwei Fregatten) würde man lediglich zwei Galeonen und ein Linienschiff nicht mehr reparieren können – sie müßten, nachdem man Ladung und Kanonen geborgen hatte, verbrannt werden.

Den Aussagen gefangener Spanier entnahm der britische Admiral, daß vor der Schlacht kaum mehr als der Könige Anteil abtransportiert und zu Beginn der Nahgefechte alle aus den Laderäumen auf die Oberdecks gebrachten Schatzkisten über Bord geworfen wurden. Und als seine Soldaten – gewissermaßen als Bestätigung dieser Angaben – aus dem Wrack einer im Flachwasser ausgebrannten Galeone mehrere tausend Piaster holten, ließ Admiral Sir Rooke alle Schiffsuntergangsstellen von Nackttauchern absuchen. Da diese aber ohne Taucherglocken arbeiten mußten, blieb ihnen der Erfolg versagt. Was in jenen Tagen auf diese Weise an die Oberfläche kam, lohnte kaum offiziell erwähnt zu werden.

Am 27. Oktober erschien, durch einen Aviso bei Kap Finisterre benachrichtigt, Sir Cloudesley Shovel mit vierzig Schiffen in der Bucht von Vigo. Sir Rookes Seeleute und Soldaten, die immer mehr unter Proviantmangel zu leiden hatten, sollten so schnell wie möglich die Heimreise antreten können. Drei Tage später segelte das siegreiche britisch-niederländische Geschwader auch schon nordwärts. Im Gefolge der Niederländer befanden sich ihre Prisen. Die der Briten waren Sir Shovel anvertraut worden, da sie noch nicht völlig repariert waren. Zehn Tage darauf, man schrieb den 5. November, verließ die englische Flotte den Ort des Geschehens. Beim Passieren der Cies-Inseln lief eine mit Schätzen überladene, von der MONMOUTH geschleppte Galeone auf ein Unterwasserriff und sank binnen weniger Minuten. Sir Shovel war außer sich vor Wut über die »Unfähigkeit der Seeleute, ein Schiff richtig schleppen zu können . . .«

Doch als er im Triumphzug mit den drei noch übrigen Galeonen die Themse aufwärts segelte, schien er den Verlust bereits überwunden zu haben. Ganz England huldigte ihm als Helden! Überall im Lande, besonders in London, berauschte man sich tagelang an den erbeuteten Schätzen, an anderthalb Millionen Pfund Sterling!

Königin Anna bedachte alle an dem Sieg über den »Erbfeind« Beteiligten mit fürstlichem Lohn: Admirale, Kapitäne und Kommandeure der Fußtruppen erhielten tausend Guineen, PEMBROKE-Kapitän Hardy wurde zum Ritter geschlagen und die Hälfte der den Spaniern abgenommenen Münzen unter Soldaten und Matrosen aufgeteilt.

Bald wurde jedoch die Königin gewahr, daß viele ihrer Offiziere nunmehr über Reichtümer verfügten, die nicht von der offiziellen Belohnung herrühren konnten. Dies ließ den einzigen Schluß zu, daß Ihrer Majestät ehrenwerte Kapitäne und Kommandeure der Verlockung des Goldes in Vigo nicht widerstanden hatten . . .

In Vigo erholte man sich schnell von dem Schock, das Leben nahm seinen gewohnten Gang. Nach den Aufräumungsarbeiten in geplünderten Dörfern und den dem Erdboden gleichgemachten Forts widmete man sich intensiv den gesunkenen Schiffen. Taucher und Bergungsfachleute holten mit Hilfe von Flößen, Winden und Ladebäumen »eine nicht unbedeutende Menge an Silber und solche Handelsgüter, die das Meerwasser noch nicht verdorben hatte, sowie Kanonen« herauf. Diese Schätze wurden – ebenso wie die von den Einwohnern Redondelas versteckten und jetzt von rührigen spanischen Polizisten aufgestöberten – nach Segovia transportiert und dort für Philipp V. im Alkazar deponiert.

Soweit die authentischen Ereignisse um die damaligen Schatzgaleonen. Es dürften demnach kaum noch nennenswerte Schätze auf dem Grund der Vigoer Bucht liegen. Diese Version findet man auch in der älteren Literatur. So heißt es zum Beispiel in dem 1771 erschienenen Werk »Die Geschichte der vereinigten Niederlande« (Band XII) von Professor Toze zu Bützow:

»Die Ladung der Gallionen war, bey ihrer Ankunft zu Vigos auf zwanzig Millionen Stücken von Achten an Gold und Silber, und der Werth der Kaufmannswaaren eben so hoch geschätzet worden. Von dem Gelde hatten sie vierzehn Millionen, von den Waaren fünf an das Land gebracht. Vier Millionen Geld und zehn Millionen Waaren sind verbrannt oder verderbt, und ungefähr zwey Millionen Geld, und fünf an Waaren die Beute der Sieger geworden.«

Diese Aussage stimmt allerdings nicht mit zeitgenössischen amtlichen Dokumenten überein. Aber lesen wir zuvor bei Professor Toze weiter:

»Die Niederländische Flotte kam, vor dem Ende des Wintermonats, zurück, und die Staaten ordneten ein Dankfest wegen dieser glücklichen Begebenheit an. Aber die holländischen Kaufleute, die einen grossen Antheil an den Schätzen dieser Flotte hatten, bezeigten mehr Traurigkeit über ihren Verlust, als Freude über den Sieg. Was in dieser Begebenheit ein Glück für den Staat und die gemeinsame Sache war, war ein Unglück für einige Handelsleute, welche daher die Ersetzung ihres Schadens aus der gemachten Beute forderten; und es wurden dreyhundert und fuenfzigtausend Gulden dazu bestimmt. Aber da sie, weil ihr Handel nach America unter dem Namen spanischer Kaufleute gefuehrt war, ihren auf der Flotte gehabten Antheil nicht beweisen konnten; so blieb ihnen nichts als die Geduld bey ihrem Verluste übrig.«

So unglaublich es klingen mag, aber die Hälfte der von Mittelamerika nach Europa verschifften Güter, Edelmetalle und Juwelen gehörten wirklich holländischen Kaufleuten, die ihre Geschäfte über Strohmänner aus Sevilla abwickelten. Das einfache Verfahren, die Bestimmungen des spanischen Handelsmonopols zu umgehen, funktionierte selbst bei kriegerischen Auseinandersetzungen.

Philipp V. war erbost über den Verlust seiner Silberflotte, daß er alle »in Vigo geborgenen Handelswaren, da sie dem Feind gehörten«, konfiszierte. In einem von ihm am 6. Februar 1703 unterzeichneten Dekret steht in diesem Zusammenhang:

»4 000 000 Piaster als Repressalien gegen holländische Kaufleute, 2 000 000 Piaster, um die Schulden der Kaufleute bei seinen Verbündeten abzutragen,

300 000 Piaster für die in diesem Feldzug bereits aufgewandten Kosten,

300 000 Piaster für die Ausrüstung neuer Galeonen.«

(Die zwei Millionen Piaster erhielt Ludwig XIV. für die in Vigo verlorengegangenen Kriegsschiffe.)

Demzufolge wurden von den Spaniern Waren im Werte von 6 600 000 Piastern gerettet. Die offizielle Gesamtbeute der Sieger machte rund 31 400 000 Piaster aus. Welche und wie viele Kostbarkeiten geraubt worden sind, läßt sich heute nicht eindeutig feststellen, sie dürften umgerechnet etwa 5 000 000 Piaster betragen. Wie man den damaligen Ladepapieren entnehmen kann, sie befinden sich im »Archivo General de India«, betrug der Metallwert aller Schätze jedoch 108 000 000 Piaster (in dieser Summe sind die Anteile für beide Königshäuser nicht enthalten!). Die untergegangenen Galeonen nahmen also mindestens Werte von 65 000 000 Piaster

mit auf den Meeresgrund – allein die bei den Cies-Inseln gescheiterte Galeone hatte Gold, Silber und Geschmeide im Wert von ungefähr 8 000 000 Piastern an Bord.

Bleibt offen, weshalb die in jener Zeit lebenden Historiker in ihren Veröffentlichungen so irrige Ansichten ähnlich der des Professor Toze vertraten. Eine befriedigende Antwort zu geben, dürfte schwierig sein. Sicherlich war es den damaligen Autoren kaum möglich, geheime Dokumente der Königshäuser oder der Admiralitäten einzusehen. Ihre diesbezüglichen Informationen stammten höchstwahrscheinlich aus unseriösen Quellen, da offiziell niemand daran interessiert sein konnte, eine breite Öffentlichkeit auf die bei Vigo versunkenen Schätze aufmerksam zu machen.

Außerdem kursierten über einige Bergungsunternehmen die widersprüchlichsten Gerüchte. Einerseits sollten zum Beispiel 1720 »große Mengen an Gold und Silber in Münzen und Barren« gehoben worden sein (mit anderen Worten: In der Bucht von Vigo gibt es nun nichts mehr zu holen!), andererseits lohnte nie der Aufwand, da nur »Wertloses den Fluten entrissen« werden konnte.

Die Fakten sahen allerdings anders aus:

1703 organisierte Petit-Renault eine Hebeoperation, die ausschließlich den gesunkenen französischen Kriegsschiffen galt. 161 geborgene bronzene Geschützrohre nahm er nach Frankreich mit zurück.

1720 erhielt der Schwede Sjöhelm die Erlaubnis, für das spanische Königshaus mit einer Taucherglocke in der Bucht bei den Galeonen zu arbeiten. Er förderte eiserne Kanonenrohre (insgesamt fast 25 Tonnen, d. h. etwa 12 bis 18 Stück), sieben Anker und einige Gold- und Silbermünzen zutage.

1728 stattete der Konzessionär Alexandre Goubert der Bucht einen Besuch ab. Mit vierzig Winden und einem Kostenaufwand von zwei Millionen Francs ließ er ein Wrack ans Ufer ziehen. Die Ausbeute be-

Taucherglocke von William Evans

lief sich auf ein paar Geschützrohre und vier Silbermünzen. Er hatte keine Galeone, sondern die Reste eines französischen Schiffes geborgen.

1732 gelang dem Spanier Don Juan Antonio Rivero ein bescheidener Erfolg: Eiserne Kanonenrohre und 3068 Silberrealstücke (Wert: 383 Piaster).

1766 versuchte Don Bernardino Freyre sein Glück. Vergebens! Im selben Jahr holte der Engländer William Evans mit Hilfe einer Taucherglocke »zahlreiche Kisten« aus einem Galeonenwrack (wahrscheinlich kommen auf sein Bergungskonto Silbermünzen im Wert von rund 3000 Piaster).

Danach wurde es ruhiger um die Schätze von Vigo. Mittlerweile waren die Wracks nicht mehr einfach zu erreichen – sie versanken mehr und mehr im Schlamm ...

Sechs Jahrzehnte später. In Vigo machte die Brigantine ENTERPRISE fest. Ihr Kapitän, Isaak Dickson aus Glasgow, hatte es auf die Schätze abgesehen. Zehn Monate hielt er sich in der Bucht auf. Zu seiner Mannschaft gehörten versierte Taucher, die täglich in einer Glocke auf dem Gewässergrund arbeiteten. Das ging recht geheimnisvoll vonstatten: Sobald man die Glocke an Bord zurückholen wollte, wurden die an den Pumpen eingesetzten spanischen Hilfskräfte durch britische Matrosen abgelöst. Unter fadenscheinigen Gründen schickte Dickson die Spanier unter Deck oder an Land. Lediglich bei sogenannten Erkundungseinsätzen mußten die in Lohn stehenden einheimischen Männer bis zur letzten Sekunde an den Pumpen ausharren. Oft fierten die Engländer ihre Glocke erst bei Dunkelheit in die Tiefe – kein Spanier war bei solchen Manövern jemals zugegen! Auch erwies sich der britische Kapitän als äußerst großzügiger Gastgeber.

Nie zuvor hatten die Spanier einen spendableren Brotherren gehabt – für sie floß der Whisky in Strömen, die Schiffsbesatzung dagegen mußte »dursten«.

Trotz aller Vorsichtsmaßnahmen bemerkten die betrunkenen Galicier mitunter »schwarzangelaufene Barren und Piasterstücke auf Deck«. Doch niemand glaubte ihnen . . .

Eines Nachts segelte die ENTERPRISE heimlich davon. Nahe ihrem bisherigen Liegeplatz blieben am Ufer geborgene eiserne Kanonenrohre, Anker und eine Silberschale von 25 Zentimeter Durchmesser zurück. Das über hundert Jahre alte Gefäß hatte Stunden zuvor einem diensteifrigen Zöllner als Whiskyglas gedient, ehe er seinen Pflichten nachkam und sich neben den Funden schlafen legte, um sie vor nächtens erwarteten Dieben zu beschützen.

Kapitän Dicksons »unheimliche Silberfischerei, die ihm wohl zu beträchtlichem Vermögen verhalf«, wurde lange Zeit in Spanien diskutiert – manche frohlockten hinter vorgehaltener Hand über den gelungenen Streich des Briten, andere forderten lauthals von den Behörden geeignete Maßnahmen, damit Ähnliches sich nicht wiederhole. Bald verabschiedete die Regierung auch ein Gesetz, das die Vergabe der Bergungskonzession regelte. Es gilt im Prinzip noch heute und beinhaltet, daß die Lizenz an Bewerber erteilt werden darf, die finanzielle Bürgschaften leisten können.

Don Angel Perez de la Riva war der erste, dem man die neuartige Konzession ausstellte. Aber er starb kurz darauf, ohne Vigo jemals gesehen zu haben.

Dann bewarb sich der Londoner Kaufmann David Langlands um die Bergungslizenz. 1859 bekam er sie. In den Wracks fand er zwar nichts, dafür kannte er die einzig sichere Methode, aus dem amtlichen Papier Kapital zu schlagen – er verkaufte es, und zwar gleich doppelt.

Zuerst 1867 an M. Saint-Simon Siccard aus Paris. Mit großem Erfolg vertrieb dieser nunmehr Schatzaktien in beträchtlicher Höhe und reiste 1869 nach Madrid. In der spanischen Hauptstadt gewann er seinen Landsmann Ingenieur M. Hippolyte Magen für das Unternehmen. Der mit den landesinternen Verhältnissen bestens vertraute Ingenieur hatte Siccards Angaben über die versunkenen Schätze von verschiedenen befreundeten Archivaren bestätigt erhalten. Er begann, die Bergungsoperation vorzubereiten.

Plötzlich traten unerwartete Schwierigkeiten auf: Von einem Tag auf den anderen entfernte man aus den Archiven sämtliche Vigo-Dokumente; die Zollkontrolleure verschleppten die Einfuhrformalitäten für aus Frankreich eingetroffene Bergungsgeräte; in den Amtsstuben waren langjährige Bekannte für Magen nicht mehr zu sprechen. Das alles diente dem Ziel, des Franzosen Vorhaben hinauszuzögern oder gar zu unterbinden. Die spanische Regierung hatte bereits einem neuen Konzessions-Interessenten Hoffnung gemacht. Dieser, ein gewisser Barth, wollte nämlich an den Staat von den gefundenen Werten mehr als allgemein üblich abführen – 43,5 Prozent!

In jenen Tagen – Isabella II. hatte abgedankt – stand die Pyrenäenhalbinsel ganz im Zeichen der Bürgerlichen Revolution. David Langlands nutzte die Madrider Wirren aus und ließ seine »insgeheim widerrufene« Bergungslizenz erneut bestätigen und verlängern.

Auch diese neue Konzession brachte er mit Gewinn an den Mann: Der zweite Käufer war niemand anders als Colonel Robert Cowen, der durch die Hebung russischer Kriegsschiffe vor Sewastopol berühmt wurde. Um die Franzosen von der Bildfläche zu vertreiben, ließ der Engländer keine Gelegenheit zu Intrigen ungenutzt. Vergebens! Er hatte deren Macht – vor allem deren Finanzen – unterschätzt! Während Colonel Cowen mittels einer Taucherglocke an abgelegenen Stellen der Bucht die

Wracks »erkundete«, gewann Magen allmählich wieder die Oberhand. Zur französischen Mannschaft zählten jetzt bereits
sein Berufskollege Ernest Bazin und sechs
junge, tüchtige Gerätetaucher – alle kamen aus Frankreich. Außerdem standen
der Expedition zwei gemietete Basisschiffe
zur Verfügung: Die dampfangetriebene
GALICIA und der Schoner JULIEN GA-
BRIELLE (ausgerüstet mit Kran, Bagger,
Generator zur Stromerzeugung für die
UW-Scheinwerfer und Elektromagneten,
Pumpe für die Luftversorgung der Taucher).

Im Januar 1870 begannen die Franzosen
mit den Taucharbeiten. Ein älterer Fischer
(der schon 1825 Dickson zur Hand gegan-
gen war) hatte Magen einige Wrackplätze gezeigt, somit blieb ihm die recht
zeitaufwendige Suche nach gesunkenen

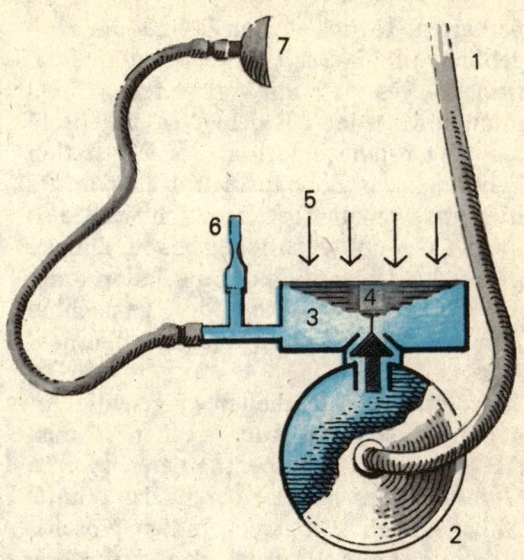

*Rouquayrol-Denayrouse-Apparat. 1 abkoppelbarer Luft-
schlauch, 2 Lufttank, 3 Automat, 4 Membran, 5 hydrosta-
tischer Druck, 6 Entenschnabelventil, 7 Mundstück für
Helmmaske*

Rouquayrol-Denayrouse-Apparat im Einsatz

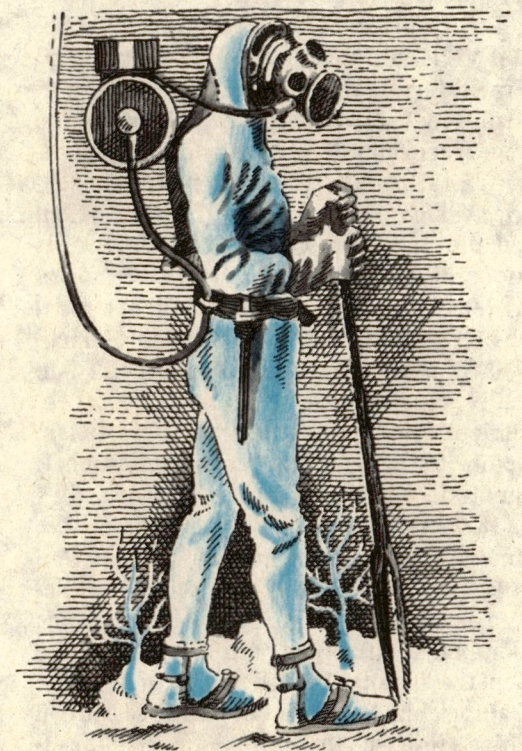

Galeonen erspart. Cowen, mit Glocke den
mit   Rouquayrio-Denayrouse-Apparaten
ausgerüsteten Tauchern sowieso unterle-
gen, wurde vollständig mattgesetzt. Es dauerte nicht allzulange, da gelangten die ersten Funde auf Magens Basis-Schiffe:
Kampesche-, Palisander-, Guajak-, Sandel-
und Rosenhölzer, chinesisches Porzellan,
eine Bleikristallkaraffe, ein Enterbeil, ein
Sack brasilianischer Nüsse, ein reich ver-
zierter Degengriff, eine Silberschale, mehrere Statuetten aus Ton, ein Kanonenrohr
und ein langer, geschnitzter Pfeifenkasten
mit aufgemaltem indianischem Motiv.

Ständig waren wachsame Spanier bei
oder auf Magens Schiffen – man hatte
Dickson nicht vergessen! Die Hüter des
Gesetzes mußten damals sehr aufdringlich
gewesen sein, denn der französische Ingenieur schrieb am 14. April nach Paris
». . . Jedermann läßt seine Phantasie Über-
stunden machen. Aus sichergestellten Indi-
gobehältern werden im Nu silberne Gefäße, und aus wertlosen Eisenbrocken Sil-

berbarren. Täglich suchen Zöllner nach angeblich auf den Schiffen versteckten Geldtruhen – es ist zum Verzweifeln. Dabei mußten wir jeden aus dem Wasser gefischten Gegenstand sofort in der Zollstation abliefern. Das Zollhaus selbst aber durfte niemand von uns betreten. Ich weiß also nicht, was mit den übergebenen Dingen geschieht. Unter diesen Umständen kann ich für die Sicherheit der gemachten Funde keine Verantwortung übernehmen . . .«

Trotz aller Widrigkeiten gingen die Arbeiten zügig voran. Die Taucher nahmen sich ein Wrack nach dem anderen vor. Im Herbst untersuchten sie bereits das zehnte. Außer Edelhölzern kamen Indigo, Koschenille, mehrere Anker, Kanonenrohre, Töpfe, Löffel und Ausrüstungsgegenstände der Bordapotheker und Schiffskanoniere ans Tageslicht. Doch nicht ein einziges Gramm Edelmetall befand sich unter dem Bergungsgut, wenn man von der anfangs entdeckten Silberschale absieht. Allzugern hätten die Taucher einen Goldbarren, einige Goldmünzen oder gar ein perlenbesetztes Schmuckstück aus dem Schlamm herausgeholt – Wünsche, die sich nicht erfüllten.

Etwas anderes fanden sie allerdings: Fünf unscheinbare brotähnlich geformte, etwa sechs Zentimeter dicke Metallklumpen. Nachdem man die mit schwärzlicher Oxidschicht bedeckten Gebilde im Schmelzofen behandelt hatte, wollte der Jubel kein Ende nehmen: Die Klumpen bestanden zu 95 Prozent aus reinem Silber – insgesamt 65 Kilogramm!

Der Silberfund bewirkte zweierlei: Zum einen stieg die Nachfrage nach Schatzaktien so rapide an, daß Siccard kaum noch alle Interessenten berücksichtigen konnte, zum anderen überwachten spanische Zöllner so perfekt das Bergungsgebiet, daß vernünftige Taucherarbeiten nicht mehr möglich waren.

Magen kehrte nach Paris zurück, um mit Siccard ihr weiteres Vorgehen in Vigo zu beraten. Insbesondere wollte er auf die Anschaffung neuartiger Geräte dringen, mit denen man die Ausgrabung beschleunigen konnte. Weder an ihm noch an Siccard lag es, daß die kühnen Bergungspläne Illusionen blieben.

Es war die Zeit des Zusammenbruchs des Kaiserreichs, aber auch der Pariser Kommune und ihrer blutigen Niederschlagung durch die konterrevolutionäre Bourgeoisie mit Unterstützung der preußischdeutschen Interventen. Magen erlebte alles aus nächster Nähe mit. Zwei Tage, bevor die Stadt von der Außenwelt isoliert wurde, erhielt er den letzten Brief aus Spanien: Die Taucher streikten, da sie seit einem Monat keinen Lohn bekommen hatten. In Vigo ruhte die Arbeit! Dieser Umstand und die verworrene Lage der nächsten Wochen veranlaßten Magen, die Leitung des Bergungsunternehmens aus »gesundheitlichen Gründen« niederzulegen.

Im Frühjahr 1872 steuerte der Dreimaster VIGO die gleichnamige Hafenstadt an. Ernest Bazin, von Siccard mit Geld versehen, gedachte die vor anderthalb Jahren abgebrochenen Bergungsarbeiten fortzusetzen. Er fand fünf weitere Wracks, konzentrierte sich aber mit den Baggerarbeiten auf die Schiffsuntergangsstelle, an der sie die fünf großen Silberklumpen gefunden hatten. Gold holten Bazins Männer nicht ans Tageslicht – nur einen kleinen, 600 Gramm schweren Silberbarren. Am 22. November desselben Jahres ließ der Ingenieur die Arbeiten für immer einstellen, denn Siccards Schatzaktiengesellschaft mußte in Konkurs gehen.

1875 war ein schreckliches Jahr für die unterseeische Flora und Fauna in der Vigoer Bucht. Dreißig gewaltige Dynamitladungen wurden von der »Vigo Salvage Company« entzündet, um leichter an die Schätze heranzukommen. Die mit ihrem Dampfschiff DIDO in der Bucht so radikal tätige Gesellschaft besaß keine Bergungslizenz, erhielt aber auf geheimnisvolle Weise jegliche offizielle Unterstützung. Das einzige Ergebnis dieser sinnlosen Methode: Etliche Wracks hatten nun endgültig aufgehört zu existieren.

Anderthalb Millionen Pesetas mußte die »Vigo Bay Treasure« aus Philadelphia als Kaution in Madrid hinterlegen, ehe sie 1885 die begehrte Konzession erhielt. Die Amerikaner gingen in Vigo ganz anders vor: Sie versuchten, von einem Prahm aus mit Hilfe von schweren Winden ein Galeonenwrack zu heben. Bei Abbruch des Unternehmens – nach einem Jahr – ließen die spanischen Behörden verlauten, daß von der amerikanischen Expedition nur ein zerbrochenes bronzenes Kanonenrohr

Pinos Hydroskop

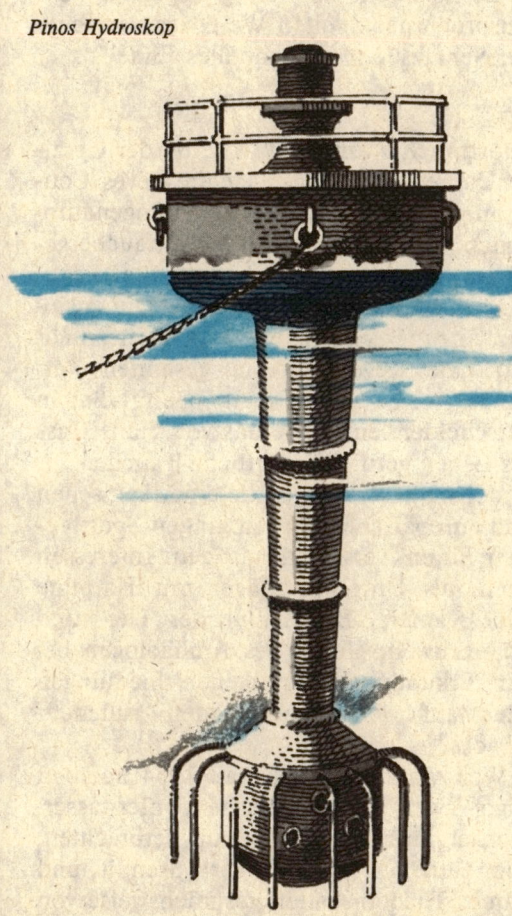

und sieben Palisanderholz-Balken an die Oberfläche geholt werden konnten. Dem standen die Aussagen einiger Fischer entgegen. Sie wollten gesehen haben, wie auf dem Prahm aus der Tiefe stammende glitzernde Gegenstände gelegen hätten.

Bis zum Ausklang des 19. Jahrhunderts bewarben sich noch ein halbes Dutzend Schatzjäger um die Konzession. Die Anträge wurden entweder abschlägig beschieden oder zu solch ungünstigen Bedingungen genehmigt, daß die geplanten Bergungsoperationen wegen erteilter Auflagen bereits in ihren Anfängen scheiterten.

Erst 1903 gab es wieder wirkliche Unterwasserarbeiten in der Bucht von Vigo. Die Hebelizenz lautete jetzt auf den Namen des genuesischen Ingenieurs Giuseppe Pino, der das Vertrauen mehrerer Finanzgewaltiger besaß und auf den sie große Hoffnungen setzten. Der Ingenieur zählte damals zu Italiens bekanntesten Erfindern. Er hatte für eine Bergungsgesellschaft ein Tauchboot (!) mit beweglichen Greifzangen entwickelt (eine einfache hölzerne Apparatur, in der sich wasserdichte Leinensäcke befanden, die unter Wasser mit Druckluft gefüllt werden konnten); dazu verschiedene Verbesserungen an Elektromagneten und ein Hydroskop. Beim letzteren handelte es sich um eine Unterwasser-Beobachtungskammer, die durch einen teleskopartigen Schacht mit einer runden schwimmenden Plattform verbunden war (Vorläufer der Galeazzi-Kammer).

Mit mehreren Schiffen traf die »Société Internationale Pino« in Vigo ein. Doch weder Tauchboot noch Hydroskop brachten den ersehnten Erfolg – mit ihnen in dem trüben Wasser und im Schlamm zu arbeiten erwies sich als zwecklos.

Pino unternahm einen letzten Versuch: Unter Aufsicht des Zerstörers AUDAZ wollte er zwei Galeonenwracks auf konventionelle Art heben. Doch die Schiffsreste brachen unter dem Zugdruck der Ketten auseinander. Schließlich fuhr er nach Italien zurück, um »dort geeignetere Geräte zu erfinden«. Bis 1927 wurde zwar Pinos Konzession noch zweimal erneuert, doch der geschickte Ingenieur schien keine brauchbare Idee gehabt zu haben – er ließ sich jedenfalls nie wieder in Vigo blicken.

1928 nahm eine neue Gesellschaft, die italienische »Impresa Demolizione Ricuperi Affuri Subaquei«, die Schatzsuche bei Vigo auf. Diesmal beteiligte sich sogar ein österreichischer Archäologe, Georg Khevenhüller, an den Ausgrabungen. Während der dreizehnmonatigen Arbeiten spürte man zwanzig Wracks auf, von denen einige bis zu sieben Meter tief im Schlamm lagen. Die magere Ausbeute (Kanonenkugeln, Teile der Takelage, mehrere irdene Töpfe und sieben silberne Schalen) stand in keinem Verhältnis zum betriebenen Aufwand.

Weitere fünf Jahre vergingen, ohne daß jemandem die Bergungserlaubnis ausgestellt worden war. Dann legte die Konstruktionsabteilung des spanischen Kriegsministeriums einen äußerst bemerkenswerten Plan vor: Der leitende Ingenieur Don Manuel Moxó-Durán hatte auf dem Reißbrett einen großen Senkkasten entworfen, der ein ganzes Wrack bedecken kann. Schächte mit Luftschleusen bildeten den Zugang und dienten zur Entfernung des Schlamms und zum Heraufschaffen aller lohnenswerten Gegenstände. Das hoffnungsvolle Projekt konnte nicht verwirklicht werden, da das im Oktober 1934 gebildete reaktionäre Kabinett Lerroux über die zuvor bewilligten Mittel anderweitig verfügte.

Diese Entscheidung traf Moxó-Durán hart. Aber so schnell gab er sich nicht geschlagen. 1935 ließ der Ingenieur einen kleinen Schwimmbagger nach Vigo bugsieren, mit ihm in fünfmonatiger Arbeit ein Galeonenwrack freilegen und es anschließend ans Ufer ziehen. Am Strand wurden die Schiffsreste durchsucht. Zum Vorschein kamen Hunderte Kanonenkugeln, Porzellan- und Tongefäße, ein Geschützrohr – aber nicht ein einziges Silber- oder Goldstück. Entmutigt trat Moxó-Durán die Heimreise an.

1939 genehmigten die Franco-Behörden dem niederländischen Tauchergeräteexperten Van Wienen die Suche nach den Vigo-Schätzen. Der Holländer sorgte damals durch eine von ihm ins Bergungsgewerbe eingeführte Neuerung für Aufsehen. Seine Taucherglocke – eine lange, zylindrisch angeordnete Kammer, die von der Wasseroberfläche aus betreten werden konnte – verkörperte im Miniformat das von den Spaniern ehemals vorgesehene Senkkasten-Prinzip.

Aber auch dieses Unternehmen scheiterte, noch ehe es richtig begann – der Ausbruch des zweiten Weltkrieges machte der Schatzsuche ein schnelles Ende ...

Sporttaucher am Werk. Mitte der vierziger Jahre entwickelten Jacques-Yves Cousteau und Emile Gagan den Lungenautomaten: Das autonome Drucklufttauchergerät war geboren. Damit begann die Eroberung der Unterwasserwelt neue Dimensionen anzunehmen. Das Gerät leitete nicht nur eine Revolution im gesamten Bergungsgewerbe ein, sondern beeinflußte in entscheidendem Maße das von Hans Hass ins Leben gerufene sportliche Tauchen.

Vorwiegend an mittelamerikanischen und europäischen Küsten gingen Sporttaucher ihren verschiedenartigen Interessen nach: als Unterwasserjäger mit Harpune oder Kamera, Beobachter der Tier- und Pflanzenwelt, Helfer des Archäologen bei der Erkundung versunkener Siedlungen oder auf dem Meeresboden ruhender Wracks.

Wen wundert es da, daß 1954 auch in Vigo zwei enthusiastische Unterwassersportler ihren Sommerurlaub verbrachten. Die beiden Belgier Robert Sténuit und Jaques Theodor hatten gesprächsweise von

Lungenautomat (Prinzip)

den dort versunkenen Schätzen gehört und wollten sich an Ort und Stelle vom Wahrheitsgehalt dieser Information überzeugen.

Mit den in der Bucht untergegangenen Schiffen machten sie schneller Bekanntschaft, als gedacht. Zuerst entdeckten sie zwölf eiserne Kanonenrohre und drei große Anker – allerdings nicht im, sondern am Wasser. Diese zurückgelassenen Funde zählten einst zur Ausbeute einer der vielen früheren Bergungsexpeditionen. Geschichtsbewußte Spanier hatten die Zeugnisse vergangener Kultur bei La Regasena (Soutelo) am Strand aufstellen lassen.

Die nächste Begegnung mit der Vergangenheit war für die Belgier noch realistischer: Von freundlichen Fischern zu einigen Wrackstellen geführt, tauchten sie zu den Galeonen hinunter. Welches Bild sich ihnen in der Tiefe bot, beschreibt Sténuit recht eindrucksvoll:

»Zuerst sah ich eine purpurne Masse, die ich für eine Anhäufung von Koschenille hielt; in Wirklichkeit war es ein großer, üppiger Schwamm, der auf starken Balken saß, die als wirrer Haufen aus dem Schlamm ragten. Ein Stück weiter lag, in einer Ebene mit dem Meeresboden, ein Schiffsdeck aus den gleichen, aneinandergefügten Balken. Dann erhob sich eine dicke Holzwand zur Wasseroberfläche, wie der Rest eines Achterkastells. In den Planken steckte ein eiserner Bootshaken, und daran hingen zerrissene Fischnetze, wie

Draperien, die sanft in der Strömung hin und her schwangen.

Ringsumher ein Gewirr von Holz, größtenteils verschlammt und zugedeckt, und hier und da ein paar elfenbeinfarbige Seeanemonen. Riesige Krabben wimmelten dazwischen, ein kleiner Tintenfisch schoß davon wie eine Rakete und stürzte sich in sein Versteck, um dessen Eingang die Überreste seiner Opfer herumlagen. Ich hatte einen kleinen Spaten mitgenommen und fing nun an zu graben, vertiefte die Löcher, drehte Balken und Plankenstücke um. Der Schlamm hatte von allem Besitz ergriffen, alles angefüllt, er wirbelte in dichten Wolken auf, die sofort jede Sicht nahmen. Ich sah nicht mehr die Hand vor Augen . . .«

Urlaub heißt rasten, nicht hasten. Aber dieses Rasten schloß für die beiden Sporttaucher intensive Erkundungsfahrten in der Bucht nicht aus. Vom zeitigen Morgen bis zum Sonnenuntergang waren sie mit ihrem Faltboot unterwegs, um den Abschnitt südlich der San-Simón-Inseln genauer unter die Lupe zu nehmen. Sie führten Tiefenlotungen durch, untersuchten die Beschaffenheit des Gewässergrundes, stellten Stärke und Verlauf von Unterwasserströmungen fest und schufen sich so eine spezielle Seekarte, in der sie als Krönung alle ihnen bekannt gewordenen Wrackstellen vermerkten.

In Bueu suchten sie das Massó-Haus (Nautisches Museum) auf, studierten dort aufbewahrte historische Dokumente und ließen sich Reproduktionen von alten Kupferstichen anfertigen, die von der Seeschlacht bei Vigo handelten. Dann fuhren sie mit dem Zug nach Norden, nur, um im Museum von Pontevedra eine 1793 gedruckte Seekarte zu betrachten. Auf diesem Plan war die Lage von zwölf Wracks eingetragen, die »zwischen Rande und den San-Simón-Inseln eine Gefahr für die Schiffahrt darstellten«.

Für die Belgier vergingen die drei Urlaubswochen wie im Fluge – aber das Resultat ihrer Erkundungen konnte sich sehen lassen. Abgesehen von einigen im Schlamm gefundenen glasierten Tongefäßen aus dem 17. Jahrhundert nahmen sie die Gewißheit mit nach Hause, daß in der Bucht von Vigo die lohnendste, bisher unvollendete Bergungsaufgabe der Geschichte auf ihre Lösung wartete. Ihre Zuversicht beruhte auf durchaus logischen Überlegungen:

Während der ganzen Zeit, als die gesunkenen Galeonen noch leicht zugänglich und gut lokalisierbar auf dem Meeresgrund lagen, verfügte man nicht über die technischen Mittel, um in sie hineinzugelangen. Andererseits waren sie durch Feuer und Explosionen zu sehr beschädigt, als daß man sie – wie damals üblich – zwischen zwei größeren Schiffen hätte heben können. Die Schätze, die man mit Hilfe einer Taucherglocke geborgen hatte, wurden nicht aus den Wracks herausgeholt, sondern neben ihnen gefunden – dort, wo die Glocke auf einer ebenen Fläche aufsetzen konnte.

Als man mit besseren Arbeitstechniken den verlorengegangenen Galeonen zu Leibe rücken wollte, waren die meisten von ihnen bereits mehrere Meter tief im Schlamm eingebettet. Dies hatte zur Folge, daß die allgemein gebräuchlichen und im klaren Wasser bewährten Bergungsgeräte in den Gewässern von Vigo versagten.

Außerdem wäre noch zu berücksichtigen, daß jede Bergungsexpedition nach ihren eigenen Methoden vorging. In keinem Fall wurden die Arbeiten vorangegangener Unternehmen analysiert. Welche Wracks hatte man sich eigentlich vorgenommen? Waren es etwa stets die gleichen gewesen? Verschiedene Anzeichen sprachen für diese These. Weiter: Bekanntlich wurden einige Galeonen 1702 beziehungsweise bei den folgenden Bergungsaktionen total vernichtet, andere von der britisch-niederländischen Flotte aufgebracht und als Prise heimwärts geschickt. Es müßten demnach noch mindestens zehn spanische Segler auf dem Grund der Bucht ruhen. Bei dreien davon könnte es sich um die bereits entladenen Admiralsgaleonen handeln. Also warteten wenigstens sieben Schatzschiffe darauf, ausgebeutet zu werden, da auch die mysteriösen Machenschaften Kapitän Dicksons und der »Vigo Bay Treasure« höchstens mit dem Bruchteil einer Ladung in Zusammenhang gebracht werden können.

Sténuit nahm sich deshalb vor, die historischen Begebenheiten mit dem Ziel zu erforschen, eine exakte Aussage über die noch unter den Wellen begrabenen Schätze zu erhalten. Anderthalb Jahre wertete er Hunderte, in verschiedenen Sprachen abgefaßte Dokumente aus. Verbissen kämpfte er sich durch niedergeschriebene patriotische Prahlereien und diplomatische Lügen hindurch: So wie die Sieger die Bedeutung ihres Sieges und ihrer Beute übertrieben, so verniedlichten die Besiegten ihre Niederlagen; dann die Erklärungen von König Philipp, der einen Teil der geretteten Handelsgüter versteckt hielt, und die der Kaufleute, die ihre Waren zurückforderten; oder die skandalös gefälschten Warenlisten (wegen hemmungslosen Diebstahls oder weil Frachtbriefe »verlorengingen«, stellten bestochene Beamte wiederholt sich widersprechende Bescheinigungen aus); schließlich die für spanische Behörden frisierten Berichte einiger Bergungsgesellschaften, die ihre Funde sorgsam zu verheimlichen wußten.

Alles in allem kam Sténuit zu dem Schluß, daß man seit 1702 in der Bucht von Vigo höchstens Werte von umgerechnet knapp 11 000 000 Piaster geborgen hatte. Weiterhin dürften ungefähr 5 000 000 Piaster Gold, Silber und Geschmeide weit verstreut im Schlamm liegen. Eine Entdeckung dieser Gegenstände wäre rein zufällig. Da aber einst Kostbarkeiten im Wert von 65 Millionen Piaster versanken, lagen in den Wracks immer noch (entsprechend dem damaligen Kurs) für 49 000 000 Piaster Edelmetalle – davon acht Millionen in einer Fracht bei den Cies-Inseln.

Diesen Betrag – auch nur annähernd – in gegenwärtige Währungen umzurechnen, dürfte einem sinnlosen Unterfangen gleichkommen. Immerhin boten Sammler bei internationalen Kunstauktionen allein schon für einen Silberpiaster bis zu 150, für ein Vier-Eskudo-Stück bis zu 3 500 und für eine Golddublone Imperial (Acht Eskudo) bis zu 10 000 Dollar. Und erst des Geschmeides Wert! Damals stellte er kaum mehr als den des Metallgewichtes dar. Heutzutage gelten aber 30 000 Dollar für eine dreihundert Jahre alte Goldkette als ein durchaus angemessener Preis. Der Wert der Vigo-Schätze kann theoretisch also mit 49 Millionen mal einige hundert Dollar angesetzt werden – doch ihn exakt bestimmen vermag niemand.

An diesem Punkt seiner Nachforschungen angelangt, hegte Robert Sténuit keinerlei Bedenken mehr, ernsthafte Vorbereitungen für eine umfangreiche Unterwasserausgrabung in Angriff zu nehmen. Der Brüsseler Taucher wußte aus eigener Anschauung, was auf ihn zukam. Schon mehrmals hatte er größere Operationen für die »Fédération Belge de Recherches et d'Activités Sous-Marines« geplant und durchgeführt: Unterwassersprengungen im Hafen Antwerpen, Erkundung unterseeischer Höhlen (Grotten von Han sowie in Siphons und unterirdischen Flußläufen

Belgiens) sowie komplizierte Taucherexkursionen zu gesunkenen Schiffen (1962 sorgte Sténuit abermals für Schlagzeilen: Gemeinsam mit Jon Lindberg lebte er zwei Tage lang in dem von Ed Link konstruierten »Unterwasser-Haus« in 60 Meter Tiefe auf dem Meeresgrund). Als solche grundsätzlichen Dinge wie Bereitstellung technischer Hilfsmittel und Finanzierung des Unternehmens geregelt waren, stand einem Antrag auf Erteilung der Bergungslizenz nichts mehr entgegen. Doch es sollte ganz anders kommen ...

In den Tageszeitungen erschien folgende, von »The Associated Press« verbreitete Nachricht: »Ein Techniker einer amerikanischen Unterwasser-Forschungsgruppe traf jetzt in Vigo ein. Er beabsichtigt, auf dem Grunde der Bucht nach mehreren spanischen Schiffen zu suchen, die, mit Edelmetallen aus den spanischen Kolonien beladen, 1702 von der englischen Flotte versenkt wurden.« Für Sténuit brach eine Welt zusammen. Entsprach diese Meldung den Tatsachen, waren seine Anstrengungen vergeblich gewesen. Er bat deshalb die spanischen Behörden, ihm die Pressenotiz offiziell zu bestätigen. Die knapp gehaltene Antwort: »Die fünf Jahre gültige Konzession ist am 16. August 1955 dem amerikanischen Ingenieur John Potter erteilt worden« ließ den letzten, noch vorhandenen schwachen Hoffnungsstrahl verglimmen. Der Amerikaner war ihm zuvorgekommen. Aus! Alles aus!

Im Gegensatz zu seinem vom Goldfieber geheilten Gefährten Jaques Theodor dachte Robert Sténuit nicht an Kapitulation. Verzweifelt suchte er nach einer vernünftigen Lösung. Klar war ihm nur eines: Bis 1960 gedachte er mit der Galeonenausgrabung nicht zu warten. Wie aber aus dieser verfahrenen Situation herauskommen? Kurz entschlossen, allerdings mit gemischten Gefühlen, flog der verhinderte Schatzjäger nach Spanien. Die Amerikaner bei ihrer Bergungsarbeit beobachten und mit ihnen ins Gespräch kommen, lautete die Devise – alles weitere würde sich finden.

Indessen hatte die »Atlantic Salvage Company« in der Bucht von Vigo mit den Wrackerkundungen begonnen. Zu Potters Mannschaft gehörten die Sporttaucher Florent Ramaugé (Paris), Michael Gaynor (New York), John P. Nathan (San Francisco) und Owen Lee (New York). Ihre Ausrüstung sowie ihr Verhalten am und im Wasser ließen auf mehrjährige Praxis schließen – Sténuits geheimste Befürchtung, keine Amateure anzutreffen, bestätigte sich.

Der Gesellschaft stand die DIOS TE GUARDE, eine kleine 30-Tonnen-Barkasse mit Kompressor und Hebevorrichtungen, zur Verfügung. Am bemerkenswertesten aber war das Sauggerät. Zwar arbeiteten die Taucher mit einem gewöhnlichen Air-Lift, benutzten jedoch als Schutz gegen Schlammeinbrüche dreieinhalb Meter hohe Stahlblechzylinder von 1,20 Meter Durchmesser. Das System funktionierte nach dem Brunnenbauprinzip: Das erste Zylinderstück wurde senkrecht in den Schlamm gestellt und in ihm der Schlick abgesaugt. Dadurch sackte der Zylinder langsam ab. Sobald sich sein oberes Ende der Schlammschicht näherte, flanschte man ein weiteres Stück an. Auf diese Art erreichten die Männer binnen weniger Stunden den eigentlichen Meeresboden. Hindernisse im Schlamm bedeuteten meist Wrackteile. Nach Abschluß jeder Erkundungsgrabung wurde das Ganze an Bord gehievt, die Flanschverbindungen gelöst, und der Saugvorgang konnte an anderer Stelle von neuem beginnen.

Der Belgier erkannte sofort, daß diese bestens ausgerüstete amerikanische Gruppe das Feld vorerst nicht räumen würde. Eine aufrichtige Unterhaltung mit John Potter schien ihm deshalb angebracht. Sie dauerte einige Stunden. Einer erzählte dem anderen von seinen Recherchen, in vielen Details stellten sie Überein-

stimmung fest. Auch Potter hatte die Archivare vieler Länder mit Fragen gequält, die Geschichte der Schatzflotte zusammengetragen. Und von Robert Sténuits gutem Ruf als Taucher hatte er schon bei anderer Gelegenheit erfahren, so daß das Gespräch auch für ihn vorteilhaft war. Und als sein Brüsseler Gast schließlich äußerte: »Wäre es nicht bedeutend vorteilhafter, unsere Ideen, unsere Kräfte, die Ergebnisse unserer Forschungen und unsere finanziellen Mittel zusammenzutun, um einen gemeinsamen entscheidenden Angriff auf den Schatz zu unternehmen, statt einander mit beschränkten Mitteln abzulösen und sich zu wiederholen, was so viele andere vor uns getan haben?« bot er ihm an, sich an dem Unternehmen aktiv zu beteiligen. So wurde Robert Sténuit plötzlich Teilhaber, Aktionär und Taucher der »Atlantic Salvage Company«.

Potter plante, zunächst das in Betracht kommende Gebiet zwischen Rande und den San-Simon-Inseln eingehend zu sondieren. Er kannte zwar ein gutes Dutzend Wrackplätze, wußte jedoch in den meisten Fällen nichts Konkretes über das dort gesunkene Schiff. Theoretisch müßten die Taucher eine Galeone aus rotem Zedernholz leicht von den aus Eiche gebauten französischen Seglern unterscheiden können – aber nicht alle Fahrzeugteile bestanden aus der gleichen Holzart! Außerdem deuteten mitunter bloß einzelne Stücke auf eine Untergangsstelle hin.

Auch die Lage der Wracks genügte nicht, um sie nach historischen Tatbeständen zu identifizieren: Unmittelbar vor dem Gefecht blockierten bekanntlich französische Kriegsschiffe die Enge von Rande, während alle Galeonen im Innern der Bucht ankerten. Das Problem bei der Wrackanalyse bestand darin, daß beide Admiralsgaleonen am Kampf teilgenommen und einige Schiffe während der Schlacht ihren Liegeplatz verlassen hatten. Außerdem mußten die Männer berücksichtigen,

daß vor und nach 1702 in der Bucht noch
andere Wasserfahrzeuge verlorengingen:
Fischerboote, Kutter, Barkassen . . .

Breiten Raum in den Überlegungen der
Schatzjäger nahmen die Wasser- und
Grundverhältnisse ein: Welche Wracks lagen relativ frei zugänglig in der Strömung,
welche im Schlamm vergraben? Letztere
verlangten naturgemäß größeren Kraftauf-
wand, da ihr Schlickbett im Laufe der Zeit
bis auf zehn Meter angewachsen war.

Obendrein ließ die Gezeitenströmung
das Absenken des ersten Zylinders nur bei
Stau zwischen Ebbe und Flut zu. Die Arbeit im »Röhren-System« war zudem alles
andere als angenehm. Mit dem Kopf nach

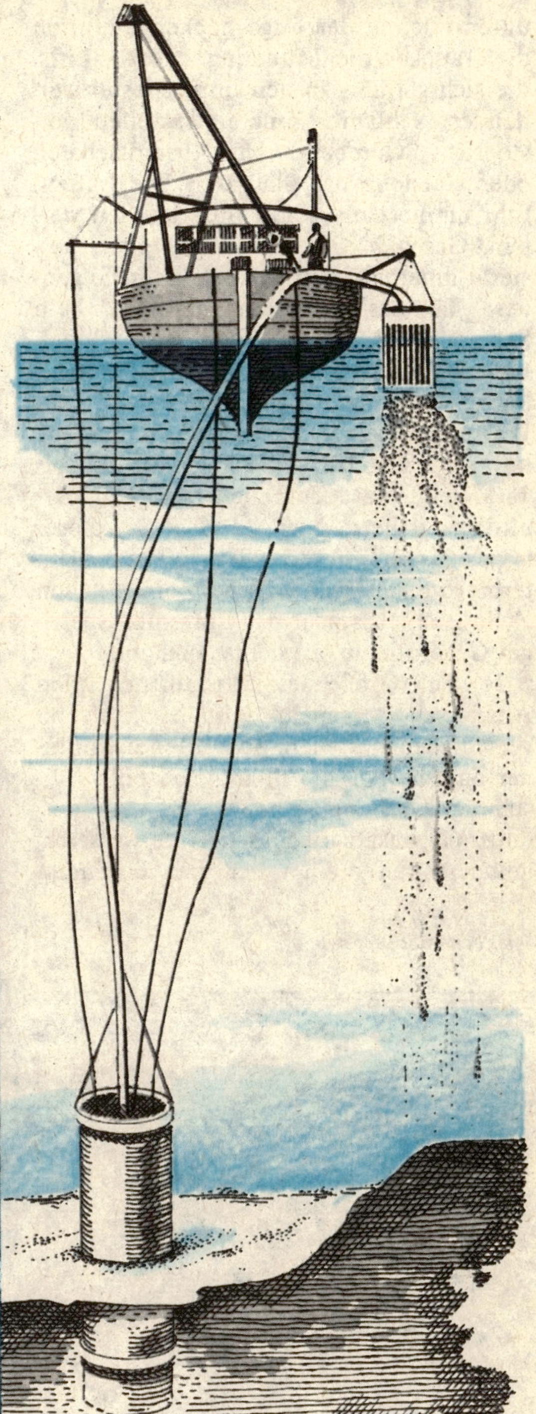

*Potters Basisschiff mit Sauggerät. 1 Licht, 2 Signalstange,
3 Saugschlauch, 4 Warmwasserschlauch, 5 Luftschlauch
für den Taucher*

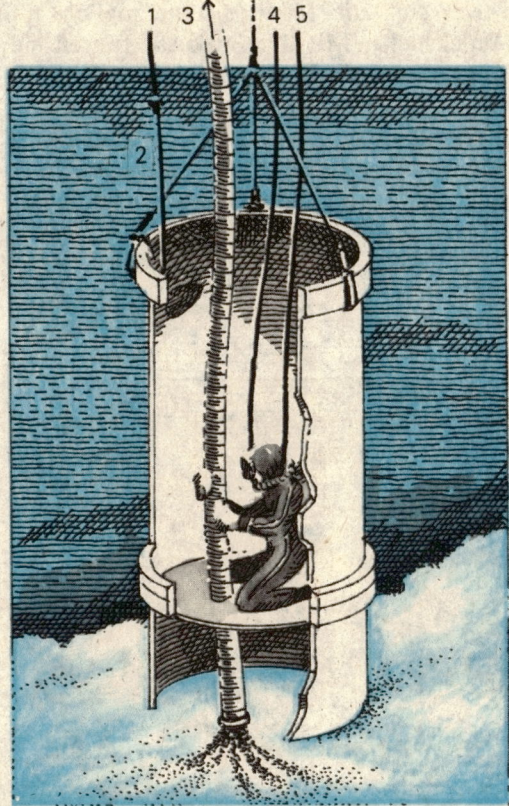

unten oder in der Enge hockend, führten die Taucher die Mündung des Air-Lifts, die sich gefräßig in den immer fester werdenden Schlamm senkte. Zuweilen verstopften Klumpen von Austernschalen oder Holzteile das Saugrohr. Die Luftzufuhr mußte dann sofort unterbunden werden. Geschah dies nicht rechtzeitig, passierte innerhalb weniger Sekunden folgendes: In das Saugrohr gelangte kein Schlammwasser mehr, sondern nur noch Luft. Der Schlauch, im Nu ein gewaltiger Schwimmkörper, schoß peitschend zur Wasseroberfläche – den Mann im Schlepp mit sich ziehend. Und das aus 12 bis 18 Meter Tiefe! Jede Taucherschicht in der »Röhre« dauerte zwei Stunden. Bei dieser strapaziösen Tätigkeit gab es nur zwei Unterbrechungen: das Aufsetzen eines neuen Zylinderstückes oder das Entfernen sperriger Gegenstände aus dem Saugkopf.

Je nach Größe des zu untersuchenden Areals saugte man an zehn bis fünfzehn verschiedenen Stellen. So hofften die Männer am ehesten zu erfahren, ob eine vollständige Grabung lohne.

Im Gegensatz zu diesen Unterwasserarbeiten waren die an den frei liegenden Wracks völlig unkompliziert. Den Tauchern bot sich immer wieder das gleiche Bild: der etwa 80 Zentimeter im Quadrat messende Kiel, daran das Spantenwerk mit einzelnen Decksbalken, Außen- und Innenhautplanken. Stets handelte es sich um die untere Rumpfpartie. Der damals mitgeführte Ballast – grober Kies und Steine – zeigte sich jetzt als eine einzige vermörtelte Masse, fest mit dem Grundbalken verbunden. Ringsum lagen die unterschiedlichsten Hölzer, Hunderte Kanonenkugeln (alle mit dicker Oxidschicht versehen) sowie Keramikscherben – ab und zu sogar ein ganz gebliebenes Tongefäß. Dazwischen wimmelte es von Schlangensternen und Krabben. Überall Muscheln, Schnecken, Schwämme und Algen.

Ausnehmend gute UW-Sichtverhältnisse herrschten selten in der Bucht. Zeigte sich das Meer aber von seiner besten Seite, begaben sich die Männer unverzüglich auf Wracksuche. Mit der Barkasse fuhren sie langsam den in Betracht kommenden Gewässerabschnitt ab, Streifen um Streifen. Im Schlepp ein Brett, das dem Taucher als Höhenruder diente: Eine einfache Bewegung mit den Handgelenken nach vorn,

John Potters Schleppbrett

Potters Schiff »Dios te Guarde«

und das Brett senkte sich. Wollte man aufsteigen, mußte umgekehrt verfahren werden.

An einem dieser schönen Tage probierte Potter den gerade aus seiner Heimat eingetroffenen Metalldetektor aus. Das »beste und teuerste Gerät dieser Art, das in den USA entwickelt worden war«, sollte absolut wasserdicht sein. Der Hersteller hatte gar nicht so unrecht! Aus dem innerhalb weniger Minuten vollgelaufenen Instrument verabschiedete sich erst nach wochenlangem intensivem Trocknungsprozeß der letzte Wassertropfen – der versiegelte elektronische Teil funktionierte nicht mehr!

Während »Salvage Atlantic Company« Holz, Kanonenkugeln, Keramikgefäße, Holzlöffel und allerlei andere Dinge aus der Tiefe herausholte, überwachte das Marine-Kommando von Vigo aus nächster Nähe argwöhnisch die Bergungsarbeiten. Sobald die DIOS TE GUARDE in der Bucht Anker warf, war auch schon ein Wachboot zur Stelle. Die Spanier statteten den schon zur Routine gewordenen Höflichkeitsbesuch ab, musterten dabei diskret die Ausrüstung, warfen einen langen Blick in den Laderaum, sahen sich eingehend auf Deck um und erkundigten sich nach dem Fortgang der Operation. Grund des

Mißtrauens: ein gefundenes 12,5 Kilogramm schweres Bleigewicht! Es hatte die Form einer achteckigen Eichel und wies die Ziffern XXV auf (25 Pfund). Diese an und für sich harmlose Entdeckung wurde von der spanischen Barkassenbesatzung als »Silberfund«-Meldung an die örtliche Presse verkauft. Da kein Dementi erfolgte – das sowieso kaum geglaubt worden wäre –, sorgte die Zeitungsnotiz für reiche Abwechslung im monotonen Dienstbetrieb der Marinestation.

Unabhängig von den praktischen Bergungseinsätzen werteten Sténuit und Potter weiterhin zeitgenössische Dokumente aus, korrespondierten mit Archivaren und Wissenschaftlern. Sie suchten neue Anhaltspunkte, um die georteten Wracks richtig einordnen zu können. Das Resultat ihrer Forschungsarbeit erwies sich als äußerst mager. Alle Fundstellen mußten auch den früheren Bergungsexpeditionen bekannt gewesen sein. Lediglich in zwei Fällen gab es einen Hoffnungsschimmer. Bei den in Betracht kommenden Wracks hatte man damals vermutlich die untersten Schiffspartien nicht erreicht. Mit anderen Worten: In ihrer bisherigen Bestandsaufnahme waren die garantiert mit Schätzen untergegangenen Galeonen nicht enthalten – diese ruhten nach wie vor irgendwo unter dem meterdicken Schlamm.

Unerwartet bekamen sie ihre Theorie bestätigt. Der österreichische Archäologe Khevenhüller sandte an Potter einen äußerst aufschlußreichen Brief:

»... nach langen und kostspieligen Voruntersuchungen verfaßte ich vor knapp dreißig Jahren einen Bericht über unsere Ausgrabung.

Danach kann heute in den Galeonen vor Redondela kein wertvolles Metall mehr sein. Bis auf wenige verstreute Stücke ist sicher längst alles gefunden worden. Das war technisch leicht. Die Wracks lagen in so geringer Tiefe, daß man sie von der Oberfläche aus erkennen konnte. Zur Zeit der Schlacht blies ein steifer Nordwind, der die Schiffe an der Südküste auf den Grund setzte. Durch Lotungen stellten wir in mühsamer Arbeit die genaue Lage der Wracks fest und legten sie dann bis zum Boden durch Baggern frei. Wir fanden keine Spur von Silber oder Münzen. Nur Kanonenrohre, je paarweise zusammengebunden, wie man sie früher als Ballast benutzte.

Leider fanden wir keine Bronzekanone. Die vielgerühmten Silberplatten waren eine billige Legierung. Wir entdeckten sie zufällig, nicht weit von den Weinkrügen. Wahrscheinlich ist früher ein kleines Boot beim Abtransport dieser Dinge gekentert, so daß die Ladung im Schlamm versank.

Auf dem Boden eines Wracks fanden wir eine Bleisohle von einem früheren Taucher und einen Porzellanteller mit der Handelsmarke einer französischen Firma von 1867. Das war eine ungewöhnliche Visitenkarte der Bazin-Expedition 1872.

Ich schreibe Ihnen das, um Ihnen zu zeigen, wie genau frühere Expeditionen gearbeitet haben. Ein Wrack war technisch gesehen das schwierigste, weil es sechzehn Meter tief in starker Unterwasserströmung liegt.

Die Wracks sind so zerstört, daß sie nur noch aus dem Boden und ein Meter hohen Seitenwänden bestehen. Wir haben eine Menge Schiffsholz geborgen. Als wir die Arbeit an den Wracks einstellten, haben wir noch die Bucht bei Redondela abgesucht, um Silber zu finden, das vielleicht von Bord gefallen war. Wir fanden nur Holz.

Nun zu einer anderen Frage: Die Originaldokumente, die ich in Staatsarchiven eingesehen habe, berichten von einer großen Galeone, die südlich der Insel Bayona auf einen Felsen lief und sank. Es ist nur eine logische und gleichzeitig verlockende Folgerung, daß Los Castros dieser unbekannte Felsen sein müsse. Wir haben natürlich die Stelle besucht, aber unsere Taucher weigerten sich, in solchen Tiefen und in rauher See zu arbeiten.

Ich bin überzeugt, das Wrack muß tiefer als zwanzig Meter liegen, sonst hätten die Engländer es in den Jahren nach der Schlacht geborgen. Kein Bericht erwähnt, daß die Galeone je gefunden oder geborgen wurde. Man kann daraus schließen, daß sie bis heute unberührt ist ...«

Letzte Hoffnung ... Was nun? Sollte »Salvage Atlantic Company« ihre Schatzsuche in der Bucht einstellen und sich zu den Cies-Inseln begeben? Dort durften Potters Männer zwar tauchen, aber keine Bergungsarbeiten durchführen – die Konzession galt ja nur für das Gewässer nordöstlich von Rande! Alle nur erdenklichen Varianten wurden diskutiert, bis man schließlich Einigkeit über das weitere Vorgehen erzielte: Die Ausgrabung der beiden erfolgversprechenden Wracks in der Bucht fortsetzen, bei günstigen Witterungsverhältnissen die Unterwasserriffe der Cies-Inseln erkunden, eine Konzessionserweiterung beantragen und nach weiterführenden Dokumenten über die Ausfahrt der MONMOUTH forschen.

Wenige Tage später fanden die Taucher in dem Galeonenwrack eine zerbrochene Porzellanterrine. Die deutlich erkennbare

Fabrikmarke ließ den logischen Schluß zu, daß das Gefäß von einer englischen Bergungsexpedition stammte (vermutlich Dickson). Da die Terrine drei Meter unter dem Schlamm auf dem Ballast lag, brachte sie eine unmißverständliche Botschaft von Vorangegangenem. Demnach mußten frühere Taucher das Wrack bis zum Kielraum ausgeräumt haben – Potter besaß nun gleichsam eine hinterlassene Visitenkarte. Sie sagte ihm, daß an dieser Stelle jede weitere Grabung reinste Zeitverschwendung war.

Bei dem zweiten Wrack sah es anders aus: Nachdem Magen 1870 hier fast einen Monat gearbeitet und Töpfe, Gewürze und ein komplettes Teeservice gefunden hatte, berichteten ihm seine Taucher, daß sie den Kiel des Schiffes erreicht hätten. Sicherlich logen sie Magen etwas vor, um mit der mühseligen Arbeit in 15 bis 20 Meter Tiefe aufhören zu dürfen. Denn mancher von ihnen klagte nach dem Auftauchen über Atemnot, Lähmungen, Gelenkschmerzen oder Empfindungsstörungen – Anzeichen, die auf die Caisson-Krankheit hindeuteten. In Wahrheit hatten sie nur das untere Deck erreicht ... Auch darauffolgende Expeditionen schenkten diesem schwer zugänglich liegenden Wrack wenig oder keine Aufmerksamkeit. Lediglich die italienische Bergungsgesellschaft (1928) förderte eine Blockrolle, Töpfe und zerbrochenes Geschirr zutage.

Potters Gefährten arbeiteten verbissen an dem letzten der ihnen bekannten Wracks. Umsonst! Kein einziges Silber-, geschweige Goldstück blieb im Sieb des Air-Lifts hängen.

Parallel zu dieser Wrackausgrabung beschäftigte der Amerikaner sich mit den höchst eindrucksvollen Cies-Inseln: drei mächtige, bis zu 200 Meter hohe Granitblöcke, deren gewaltige Klippen steil ins Meer fallen. Die See hat sie ausgewaschen und tief eingekerbt; in jedem Jahr bilden sich neue Felszacken, Täler und Grotten und stürzen wieder ein. Heidekraut, Ginster und dürres Gras sprießen üppig zwischen den Steinen. Südlich der San-Martín-Insel gibt es Dutzende Unterwasserriffe, die bis Monte Ferro halbkreisförmig die Bucht abriegeln. Diese drei Seemeilen breite Zone wird durch den Südkanal unterbrochen, der seit eh und je von nach Vigo fahrenden oder aus dem Hafen kommenden Schiffen benutzt wird. Wehe dem Schiffer, der sich nicht auskennt und die Fahrrinne verläßt ... Und auf einem dieser heimtückischen Felsen mit Namen Los Castros soll das Prisenschiff der MONMOUTH aufgelaufen sein. Wenn es damals sofort sank, nicht abtrieb, mußte das Wrack von der Felsenspitze aus in einem Umkreis von 50 Metern liegen.

Die Wassertiefe von vierzig Meter hatte frühere Bergungsversuche unmöglich erscheinen lassen. Außer dem von Khevenhüller gegebenen Hinweis deuteten auch Bazins Logbucheintragungen aus dem Jahre 1872 auf diesen Umstand hin: »20. Juli. Wir wollen zu den Cies-Inseln, wo die reichbeladene Galeone gesunken war – doch vergebens. Dichter Nebel und die unzulänglichen nautischen Kenntnisse unseres Navigators vereitelten das Vorhaben. Ein zur Hilfe gekommenes Fischerboot lotste uns zurück. Wer weiß, was für ein Schicksal uns ereilt hätte. Es ist für alle besser, künftig nur bei Rande zu arbeiten.«

Potter besaß die neueste Seekarte von dem Untersuchungsgebiet. Da aber die von seinen Männern in der Bucht erfaßten Meßdaten von denen der Karte abwichen, traute er den amtlichen Angaben nicht mehr. Um die genauen Tiefenverhältnisse um Los Castros aufzuzeichnen, mietete der Amerikaner für zwei Tage eine mit Echolot ausgestattete Jacht. Das Ergebnis seiner Bemühungen übertraf alle seine Erwartungen: In die Seekarte konnten weitere gefährliche Riffe eingetragen und die Tiefenangaben komplettiert werden. Statt der offiziellen 40-Meter-Marke zeichnete das

Die Bucht von Vigo

Echolot bis zu 60 Meter auf. Das war äußerst beunruhigend. An solchen Stellen könnte man zwar den Meeresboden erreichen, doch dort nur wenige Minuten verweilen (z. B. ist bei 15 Aufenthaltsminuten eine Gesamtaufstiegszeit von 25 Minuten erforderlich – davon Austauchzeit in 9 m = 2 Min., in 6 m = 5 Min., in 3 m = 15 Min.). Die absolute Tauchgrenze für die Gruppe lag – entsprechend vorhandener Ausrüstung – bei 40 Meter (bei 15 Aufenthaltsminuten beträgt die Aufstiegszeit nur fünf Minuten – davon Austauchzeit in 3 m = 3 Min.). Größere Tiefen aufzusuchen, bedeutete für die Männer ein Risiko. Das wollte wegen der fehlenden Druckkammer (Rekompression) keiner von ihnen eingehen. Außerdem war der Untergangsort der Schatzgaleone überhaupt nicht eindeutig belegt.

Jede erdenkliche spanische Quelle hatte Potter studiert: zahllose Geschichtsberichte von Galicien, Vigo und Bayona; in den Küstenklöstern von Gondomar, Bonzas und Santa María de Oya aufbewahrte zeitgenössische Dokumente; Unterlagen aus den Museen von Madrid, Vigo, Bueu und Pontevedra sowie des Archivs von Sevilla. Es fand sich kein einziger Hinweis, der Aufschluß über die Position der verlorengegangenen Prise gegeben hätte. Nicht einmal der Name des Schiffes wurde genannt. Das Rätsel konnte man höchstwahrscheinlich nur in London lösen. Die alten, von der Heimfahrt der Flotte handelnden Schriftstücke lagerten bestimmt im Archiv der Admiralität.

In der britischen Hauptstadt nahm sich Potter die damaligen Akten und das Logbuch der MONMOUTH vor. Obwohl alles in Englisch abgefaßt war, gab es Schwierigkeiten beim Entziffern – so wie man früher ein Wort aussprach, wurde es auch niedergeschrieben.

Die wichtigste, den Tag der Abreise betreffende Passage aus dem Logbuch lautete:

»Mittag. Die Südspitze der Insel Bayona. Peilung Ost-Nord-Ost $1/_2$ Nord. Entfernung zwei Seemeilen. Wind in den letzten Stunden schwankend Süd-West bis Ost-Nord-Ost, mäßig und ruhig bis zum Vormittag. Dann auffrischend zum Sturm Nord-Ost bis Ost-Nord-Ost. Um diese Zeit stieß Galeone in unserem Kielwasser gegen einen Unterwasserfelsen. Sofort feuerten sie Kanonen um Hilfe ab, da sie in Not waren.«

Leider hatte der Kapitän versäumt, Position des Felsens und genaue Untergangszeit anzugeben!

Drei Fragen standen im Mittelpunkt von Potters Nachforschungen:

1. Wie hoch war der Wasserstand über Los Castros, als die Galeone auflief? Er mußte die Stunde des Unglücks und die zu dieser Zeit herrschenden Tidenverhältnisse in Erfahrung bringen.

2. Welchen Tiefgang hatte eine beladene Galeone?

3. Angenommen, sie hätte über dem Felsen »eine Handbreit Wasser unter dem Kiel« gehabt, konnte nicht bei stürmischer See Bug oder Heck auf die Riffspitze gedrückt worden sein? Also brauchte man genaue Angaben über die damaligen Witterungsverhältnisse, um Höhe und Kraft der Wellen berechnen zu können!

Es würde Monate dauern, das verfügbare Material unter diesen Gesichtspunkten zu sichten und zu analysieren. Potter überließ dies lieber dem erfahrenen, bereits pensionierten Archivmitarbeiter Gregory Robinson, der für das Schatzsucher-Unternehmen Begeisterung zeigte. Und daß sich der Amerikaner in dem Archivar nicht getäuscht hatte, bewies ein Brief, den er nach vier Wochen erhielt. Darin teilte Robinson mit:

» . . . Shovel verließ um sieben Uhr morgens bei Hochwasser die Vigoer Bucht . . .«.

Robert Sténuit hatte sich schon seit geraumer Zeit mit verschiedenen anderen Quellen auseinandergesetzt. Der Inhalt des Briefes bestärkte ihn in seinem Urteil über den Untergangsort: Die gesuchte Galeone konnte nicht am Felsen Los Castros zerschellt sein!

Er stützte seine Auffassung auf gewissenhaft durchgeführte Ausarbeitungen, in denen er den Wasserstand über jeden Unterwasserfelsen im Südkanal bei den Cies-Inseln für die vermutliche Havariezeit elf Uhr ausgerechnet hatte. Als Grundlage dafür hatte er die Angaben zur Zeit des tiefsten Niedrigwassers aus neuesten Seekarten genommen. Von diesen Zahlen zog er 42 Zentimeter ab, da in den letzten 250 Jahren der Atlantik durch Schmelzen der Polargletscher gestiegen war (1,7 cm in 10 Jahren). Dann hatte er 90 Zentimeter hinzugerechnet, um den Wasserstand bei normaler Ebbe zu gewinnen, und weitere 1,30 Meter entsprechend dem Tidenhub am Unglückstag um elf Uhr. Schließlich rechnete er noch ein paar Zentimeter hinzu, weil die Spitze jedes Felsens durch Erosion langsam abgetragen wird. Sténuit erklärte abschließend: »Der Wasserstand über Los Castros mußte um elf Uhr neuneinhalb Meter betragen haben. Die Galeone tauchte aber nur sechs, auf keinen Fall mehr als sieben Meter ins Meer. Ich habe die französischen Wind- und Wellentabellen studiert und gefunden, daß selbst ein heftiger Sturm aus Nordost – also von Galicien her – bei der geringen Entfernung von der Küste bis zu den Inseln keine hohen Wellen hervorrufen kann. Die britische Prise dürfte demnach kaum gestampft und Los Castros nicht berührt haben.«

Wenn nicht bei Los Castros, wo in aller Welt war die Galeone aufgelaufen? Sténuit hatte eine Lösung zur Hand: Auf der Schiffsroute lagen noch vier weitere gefährliche Riffe. Zur Unglückszeit ragte eines davon etwas aus dem Meer heraus, zwei andere hatten rund 14 Meter Wasser über sich, so daß nur das letzte der Galeone zum Verhängnis geworden sein konnte. Seine Spitze befand sich nur fünf Meter unter der Oberfläche. Carrumeiro, so der Name des Unterwasserfelsens, liegt 400 Meter vom Kap Vicos entfernt. Rings um das Riff ist es durchschnittlich 15 Meter tief.

Dann kam ein zweites Schreiben Robinsons, der ebenfalls auf dieses Hindernis aufmerksam machte: »...Shovels Flotte hatte am Vortag der Heimreise bei den östlichen Klippen der Insel San Martín geankert, um sich aus einer Quelle mit Süßwasser zu versorgen. Diese Stelle befindet sich eine halbe Seemeile nördlich von Carrumeiro. Von dem Ankerplatz aus segelten die Schiffe südwärts...«

Nach etwa drei Wochen praktischer Arbeit kamen Zweifel über Roberts Theorie auf. Die Männer hatten den Felsen von der Spitze bis zum Fuß untersucht, ohne eine einzige Kanonenkugel zu finden. Das Riff machte seinem galicischen Namen alle Ehre. Er bedeutet Seegras, und das bedeckte in einem dichten, fast undurchdringlichen Teppich den Boden des Operationsgebietes. Bei starkem Gezeitenstrom lagen die riesigen, gelbbraunen Blätter als dicke Matte flach über dem Grund – seine systematische Erkundung war äußerst schwierig. Jedes Taucherpaar blieb etwa eine halbe Stunde in der Tiefe, ehe es vom folgenden Duo abgelöst wurde. Einen größeren Abschnitt im flachen, übersichtlichen Gewässer exakt abzusuchen, ist selbst für geübte Taucher nicht einfach. Potters Männer jedoch mußten sich in 15 bis 20 Meter Tiefe über den Meeresboden tasten, stets sorgfältig darauf bedacht, keinen Quadratmeter auszulassen und nicht in einem bereits erkundeten Streifen nochmals nach Wrackresten auszuschauen – und das alles ohne elektronische Hilfsmittel. Lediglich ein im jeweiligen Suchabschnitt verankertes Ruderboot diente als Orientierungspunkt. Jeden Abend trugen sie auf einer selbst gefertigten Karte (von Carrumeiro aus die Sektor West bis Süd-Süd-Ost) die bearbeiteten Zonen ein. Alle Tauchgänge hingen von der Richtung der jeweils herrschenden Strömung ab, die manchmal stärker vom Wind beeinflußt schien als von den Gezeiten. Um Lücken im Suchsystem auszuschließen, wiederholte stets der erste Taucher die letzte Route des vergangenen Tages. Ihre Arbeit war gut durchdacht und zeugte von großem Können...

Langsam kam Mißstimmung auf. Die gewaltigen, monatelangen kräftezehrenden Anstrengungen machten sich zunehmend bemerkbar. Fiebrige Erkrankungen, gepaart mit Gereiztheit, nahmen zu. Man reduzierte die Tauchzeiten: Jeder ging täglich nur noch zweimal dreißig Minuten ins Wasser.

Sténuits Tauchkamerad war Owen Lee. Wieder einmal schwammen sie in Sichtweite ganz langsam über den Meeresgrund, blickten unentwegt aufmerksam von links nach rechts und von rechts nach links. Alle Nerven gespannt, alle Sinne wach. Etwa vier Meter weit konnten sie sehen. Da das Wrack, nach dem sie fahndeten, jetzt wohl aus einem Haufen Ballaststeine, Ankern,

Kanonen und Fracht von mindestens 45 mal 12 Meter bestand, konnte es ihnen nicht gut entgehen. Genauso wie bei diesem Taucheinsatz hatten sie auch bei den vorangegangenen gedacht, waren stets voller Hoffnung gewesen. Erneut näherten sie sich einem Unterwasserfelsen. Die Seegraswiese verwehrte jeden Einblick von oben. Man mußte erst geduldig Meter für Meter die langen Blätter beiseite wedeln. Plötzlich ein deutlicher Einschnitt in der Felswand. Er führte einige Meter zum Meeresgrund hinab. Sténuit tauchte in die »Schlucht« hinein. Unten angekommen, zeigte die Nadel seines Tiefenmessers auf zwölf. Er sah ein merkwürdiges Gebilde. Ein Schlag mit dem Hammer, die Kruste sprang auf. Aus der zerbrochenen Oxidschicht erhob sich eine schwarze Wolke, Gasblasen perlten nach oben. Robert bemerkte noch mehr dieser eigenartigen Klumpen. Ein erneuter Versuch mit dem Hammer brachte das gleiche Ergebnis. Diesmal kam außerdem eine Kanonenkugel zum Vorschein. Gemeinsam mit Owen suchte der Belgier nach weiteren Fundstücken. Es bereitete ihnen keine besondere Mühe. Im weiten Umkreis lagen, von Wasserpflanzen verdeckt, die Reste eines alten Schiffes – sie glaubten zuversichtlich, endlich die Galeone entdeckt zu haben.

Die Fundsituation entsprach überhaupt nicht ihren Vorstellungen von einem Wrackplatz. Hier gab es keinen halbzerfallenen Schiffsrumpf, sondern nur auf großer Fläche verstreut einige Teile von ihm. Das war auch natürlich. In solch geringer Tiefe konnte von einem am Riff gescheiterten Schiff nicht allzuviel übriggeblieben sein. Strömung und Brandung hatten auf dem hochgelegenen Felsgrund leichtes Spiel mit dem Wrack. Die Naturgewalten vermochten nur schweren metallenen Gegenständen wie Geschützrohren, Kanonenkugeln, mit Gold und Silber gefüllten Truhen, Fässern und Kisten wenig anzuhaben. Sie müßten sich noch an der unmittelba-

ren Untergangsstelle befinden – frei auf dem Grund liegend, in Felsspalten verborgen oder in ehemaligen Bodenmulden, jetzt von Sand und Algen bedeckt.

Den Tauchern eröffneten sich völlig neue Perspektiven. Es blieb ihnen nichts weiter übrig, als mit dem Air-Lift jede Felsspalte, jede noch so kleinste Vertiefung des Meeresgrundes, kurz gesagt, jede Sandfläche auf dem steinigen Boden leer- oder abzusaugen.

Potter ging mit seinen Partnern entschlossen an die Arbeit. Vergessen waren die Strapazen der letzten Monate, jeder von ihnen fühlte sich wieder voll einsatzfähig, niemand klagte mehr über Schwächeanfälle – traten sie ein, wurden sie einfach unterdrückt, um das Unternehmen nicht zu guter Letzt zu gefährden.

Aber so sehr sich die Männer auch abrackerten, außer bleiernen Rumpfverkleidungen, dem Hinterstück eines Geschützrohres, einem unbeschädigten Rohr und verschiedenartigen Geschossen (Rund- und Stangenkugeln) brachten sie nichts an die Oberfläche.

Nach und nach meldeten sich Zweifel an. Arbeiteten sie wirklich an dem Galeonengrab, oder handelte es sich um ein anderes Wrack? Die Ernüchterung kam plötzlich. Beim Säubern der geborgenen Hälfte des Kanonenrohres kamen drei Striche einer Pfeilspitze zum Vorschein – das Zeichen der britischen Heeresausrüstung. Da-

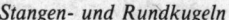

Stangen- und Rundkugeln

mit nicht genug! Der Halbring, der auf dem Kopf des Bodenstückes saß, war charakteristisch für die Geschütze der zweiten Hälfte des 18. und des ganzen 19. Jahrhunderts.

Die gleichen Merkmale wies auch das andere Rohr auf – zusätzlich aber noch ein dekoratives Relief, eine unverkennbare englische Krone darstellend, die von den Buchstaben G und R flankiert wurde (George Rex – wahrscheinlich bezog sich die Inschrift auf Georg III.).

Als nächstes unterzog man die Kanonenkugeln einer kritischen Kontrolle. Stangenkugeln waren zwar um 1700 in Gebrauch, allerdings weit weniger verbreitet als in den folgenden Jahrzehnten. Und die enorm hohe Anzahl der in drei verschiedenen Kalibern geborgenen Rundkugeln mit der eingravierten Krone (Durchmesser 28 mm) deuteten wiederum auf ein englisches Linienschiff des 18. Jahrhunderts hin. Den letzten Beweis, daß Potter die Reste eines nach 1780 gebauten Schiffes gefunden hatte, lieferte ein mit vielen Nägeln versehenes Kupferblech – Teil der Rumpfverkleidung.

Wieder einmal war die »Salvage Atlantic Company« bei Null angelangt. An der Wrackstelle wurden die Saugarbeiten eingestellt, die unterseeische Felszone im Riffgebiet dafür erneut durchgekämmt.

Monat um Monat verging, doch man stieß nicht auf den geringsten Anhaltspunkt für den Ort eines Schiffbruches. Die Stimmung der Männer verschlechterte sich zunehmend. Obwohl niemand mehr auf eine glückliche Wende hoffte, wagten sie ihre Gedanken nicht zu äußern. Erst ein erneuter Brief Gregory Robinsons erlöste die Schatzsucher von inneren Qualen: »... 1847 streifte die AMERICA bei den Cies-Inseln einen auf der Karte nicht eingetragenen Felsen. Laut Schiffstagebuch geschah dies an einem Punkt, von dem das Agoeiro-Riff eine halbe Seemeile in Nordost einhalb Nord lag ...«

Potters Gefährten studierten alte und neue Seekarten. Riffe gab es in der bezeichneten Position, doch die minimale Tiefe wurde mit 10 bis 14 Metern angegeben. Ergo war eine Überprüfung an Ort und Stelle notwendig. Sie baten einen Fischer, ihnen das Riff zu zeigen. Die dort durchgeführten Lotungen besiegelten endgültig das Schicksal ihrer Expedition: Es war unglaublich, aber wahr, die Seekarten stimmten nicht! Keine fünf Meter lag die Felsenspitze des Cruz de Almena unter der Wasseroberfläche. Bei einem zweiten, nur hundert Meter entfernten Riff mit Namen Melasso ergaben die Messungen ähnliches.

Sténuit bestimmte Richtungswinkel und Entfernungen. Das Ergebnis war niederschmetternd. Agoeiro lag zweihundert Meter weiter, die beiden Riffe östlicher als auf den Karten eingezeichnet. Ein Vergleich mit der Gezeitentabelle des Hafens von Vigo erbrachte ein übriges. An Stellen, wo die Seekarten bei Niedrigwasser zwölf Meter fünfzig auswiesen, betrug die wirkliche Tiefe vier Meter dreißig. (Eine diesbezügliche Benachrichtigung des Hydrographischen Dienstes führte zu einer Überprüfung durch das Vermessungsschiff TOFIÑO und zu Korrekturen auf den Seekarten.)

Potters Suche nach der MONMOUTH-Prise mußte der Erfolg versagt bleiben, da sich seine als auch Sténuits Berechnungen auf falsche Ausgangspositionen stützten. Diese bittere Erkenntnis kam zu einem Zeitpunkt, als aus Geldmangel die Schatzsuche abgebrochen werden mußte. Fazit der zweijährigen »Salvage Atlantic Company«-Expedition:

1. Die Galeone der MONMOUTH ruht noch immer in einem 15 bis 70 Meter tiefen und etwa fünf Quadratseemeilen großen Seegebiet südlich der San-Martín-Inseln.

2. Wegen schlechter Unterwassersicht und wegen des Bodenprofils (Felsspalten) bei den Cies-Inseln ist der Einsatz verschiede-

ner, an anderen Orten bewährter Suchgeräte nicht möglich (z. B. U.W-Fernsehkamera, Metalldetektor, Echolot).

3. Die in dem Buchtabschnitt zwischen Rande und den San-Simón-Inseln durch frühere Expeditionen bearbeiteten Wracks wurden genau untersucht und erstmalig exakt ihre Position vermerkt. Unter Schlamm vergrabene, bisher nicht bekannt gewordene Wracks warten auf künftige Entdekker.

Seit Potters Bergungsaktion fanden keine ernsthaften Versuche statt, die Galeonenwracks aufzuspüren. Doch eines Tages werden die Schätze von Rande wieder im Gespräch sein. Immerhin ist die technische Entwicklung mit Riesenschritten vorangegangen. Während man die in der eigentlichen Bucht unter Schlamm schlummernden Kostbarkeiten wohl nur durch Zufall (z. B. bei Baggerarbeiten) entdecken wird, stehen die Chancen zum Auffinden der MONMOUTH-Prise nach dem Stand heutiger Technik nicht schlecht ...

Schatzjäger Kip Wagner

Münzen am Strand
Millionenwerte versanken
Silberbarren vom Meeresgrund
Piasterrausch!
Nach Silber – nun Gold
Bilanz und weitere Millionen

Münzen am Strand. Etwa 300 Kilometer nördlich von Miami Beach befindet sich das nach dem nahen Kap Canaveral (Kap Kennedy) benannte amerikanische Raketenforschungsgebiet. Ebenso wie Miami Beach ist es in unserem Bewußtsein eng mit dem nordamerikanischen Bundesstaat Florida verknüpft. Verkehrstechnisch verbindet der fast parallel zur Ostküste verlaufende Highway U. S. 1 beide Gegenden. Doch weder der bekannte Badeort noch das Raketenversuchsgelände haben etwas mit dem Millionenschatz zu tun, von dessen Bergung im folgenden die Rede sein wird. Die markanten Gebiete dienen lediglich der besseren geografischen Orientierung, da man so den 70 Kilometer langen Küstenstreifen von Sebastian (80 km südlich Kap Canaverals) bis Hutchinsons Island (150 km südlich Kap Canaverals) auf einschlägigen Landkarten schneller finden wird.

Entlang dem erwähnten U. S. 1 fließt auf der östlichen Seite träge der Indian River. Der Fluß – in Wirklichkeit eine Lagune – kann bei Sebastian vom Meer her erreicht werden. Die durch scharfkantige Felsen „gesicherte" enge Einfahrt wurde allerdings schon manchem Schiff zum Verhängnis, da sie von See aus wie eine Schutz bietende, einladende Bucht aussieht. Zwischen Indian River und dem Atlantischen Ozean machen einige Dünen die Strandzone aus. Außer dornigen Büschen und kärglichen Gräsern stehen hier nur anspruchslose Palmen. Wo der Flachstrand etwas breiter ist, baute man hin und wieder primitive Holzbrücken über den Fluß und an den Dünen kleine, einfache Wochenendhäuschen. Seit rund vier Jahrzehnten gilt deshalb der äußere Küstenbereich offiziell als „besiedelt". Bei Hochflut kommt der Atlantik beinahe an die erste Düne heran, geht dann zurück und gibt bei Ebbe gute dreißig Meter zusätzlichen Strand frei. Möwen- und Pelikanschwärme sowie Tausende Sandkrabben scheinen sich an dem einsamen Strand wohl zu fühlen – noch spielt der erholungsuchende Mensch in ihrem Lebenskreis eine völlig untergeordnete Rolle. Tobt einmal ein Hurrikan, ist das Land zwischen Fluß und Meer kaum wiederzuerkennen: entwurzelte Palmen, Sandgräben, weggeschwemmte Dünenabschnitte, zerstörte Holzhäuschen.

Dieser idyllische Landstrich war im Jahre 1921 noch romantischer, zumindest in den Augen des 15jährigen Kip Wagner, den es zufällig hierher verschlagen hatte. Mit dem älteren Bruder Ed unternahm er von seiner Vaterstadt Miamisburg (Ohio) aus eine Autotour zur Südküste Floridas. Zehn Kilometer hinter Sebastian, im Dörfchen Wabasso, streikte plötzlich ihr Ford. Mehrere Tage blieb der Wagen in der Werkstatt, da erst die notwendigen Ersatzteile herangeschafft werden mußten. Der Ort mit seinen freundlichen Einwohnern und das Alleinsein am endlos wirkenden Strand beeindruckten Kip so ungemein, daß er in späteren Jahren oft seinen Urlaub in Wabasso verbrachte. Von Mal zu Mal fand er größeren Gefallen an der Landschaft – Kip wollte am liebsten ständig in der Nähe leben. Sein geheimer Wunsch sollte sich 1947 auf einmal erfüllen: Inzwischen zu einem kleinen Bauunternehmer avanciert, erfuhr er, daß man in Wabasso den Bau eines Motels plane. Sich mit Erfolg um den Auftrag zu bemühen und mit seiner Familie in das Dorf umzusiedeln, war für Wagner eins.

Zu den neuen Kooperationspartnern Wagners zählte Steadman Parker, ein ehemaliger Handelsschiffkapitän, der bei jeder sich bietenden Gelegenheit seine Zuhörer mit abenteuerlichen Seemannsgeschichten zu fesseln verstand. Eines Nachmittags, als wegen starken Gewitters niemand am Motelbau arbeiten konnte, saßen sich Parker und Wagner im Dorfkrug bei einem Glas Bier gegenüber. Mit dem Dahingesagten: „Nach solchem Unwetter findet man am Strand sicherlich ein paar Münzen", leitete Parker unbeabsichtigt Wagners künftige Schatzsuche ein. Der neugierig gewordene Bauunternehmer wollte nunmehr wissen, was für Münzen jetzt angeblich am Strand herumliegen würden. Da eine amüsante Story aus dem Munde des einstigen Fahrensmannes zu erwarten war, stellte sich Wagner darauf ein, die Zeche des Erzählers zu übernehmen. Wider Erwarten bestand die ganze Geschichte nur aus wenigen Sätzen. Sie handelte von einer vor der Küste untergegangenen geheimnisvollen spanischen Schatzflotte und alten Silbermünzen, die man mit etwas Glück nach Stürmen am Strand entdecken kann. Im Dorf besitzt fast jede Familie solche Geldstücke. Sie werden sorgsam verwahrt, keinem Fremden gezeigt und kaum gesprächsweise erwähnt. Das hat seinen Grund: Um 1900 gab es nämlich in Sebastian einen geschwätzigen Postmeister namens Larry Stokes. Dieser nannte, so die Fabel, ein Zigarrenkistchen voll spanischer Gold- und Sil-

bermünzen sein eigen. Eines Nachts wurde er unter recht merkwürdigen Umständen ermordet – das »Schatzkästlein« soll sich, wie die Erben durchblicken ließen, »in Luft aufgelöst« haben ...

Das Wirtshausgespräch spukte Wagner noch tagelang im Kopf herum. In der Hoffnung, etwas zu finden, ging er mehrmals den Strand entlang. Umsonst! Nicht den geringsten Hinweis auf einen möglichen Schatz konnte Kip wahrnehmen. Auch bei belanglosen Unterhaltungen mit Dorfbewohnern steuerte er mit versteckten Fragen auf sein Ziel zu. Was er dann zu hören bekam, verwirrte ihn noch mehr. Es schienen Hunderte verschiedene Geschichten im Umlauf zu sein. Sobald Wagner ihnen aber nachgehen und die Quelle erforschen wollte, endete er stets in einer Sackgasse. Oft gab man ihm den freundlichen Rat, Kontakt mit Leuten aufzunehmen, die in ihren Vorgärten riesige Schiffsanker – oxydiert und mit Korallenskeletten überzogen – stehen haben. Diese Anker sollen von der Schatzflotte stammen. Demnach müßten die jetzigen Besitzer sicherlich Näheres wissen. Aber auch dieser »todsichere« Tip erwies sich als Spekulation. Seit Jahren war es in den Küstenorten Floridas gang und gäbe, alte Anker und Schiffskanonen auf dem Rasen vor Regierungsgebäuden, in Parkanlagen, auf Höfen oder in Hausgärten aufzustellen. Jedes Relikt stammt »selbstverständlich« von einer Schatzgaleone – nur, der Ankermenge nach zu urteilen, müßten alle Schatzschiffe der Welt vor Florida untergegangen sein. Allmählich setzte sich bei Wagner die Erkenntnis durch, daß er auf bloßes Gerede hereingefallen war und man ihm einen mächtigen Bären aufgebunden hatte. Ihm blieb nichts anderes übrig, als über seine eigene Einfalt zu lachen und die ganze Angelegenheit aus seiner Gedankenwelt zu verdrängen.

Dann, im Frühjahr 1949, geschah das Unerwartete: Ein Angestellter, der sternhagelvoll auf der Baustelle erschien, wurde von Wagner zum Strand gebracht, damit er dort seinen Rausch ausschlafe. Sie stolperten gerade durch die Fächerpalmen zu den Dünen, als der »Liebhaber scharfer Sachen« plötzlich in den Sand plumpste und einen kleinen schwarzen, rechteckig geformten Gegenstand aufhob. Trotz der dunklen Sulfatschicht war zu erkennen, was der Torkelnde in der Hand hielt – eine alte Silbermünze. Der Betrunkene klaubte in den nächsten Minuten noch sechs spanische Silberpiaster aus dem Boden. Wagner begann an seinem Verstand zu zweifeln. Er, der Nüchterne, fand nämlich absolut nichts . . .

Der erwiesene Freundschaftsdienst brachte Kip die Erleuchtung, weshalb ihm bisher ein Erfolg bei der Piastersuche versagt geblieben war: Er hatte ja sein Augenmerk auf glänzende Rundmünzen, nicht aber auf diese unregelmäßig geformten, verschieden großen Metallstücke gerichtet. Zweifelsohne ist er früher an solchen »Alteisenabfällen« vorbeigegangen. Nachdem Kip also wußte, wie die spanischen Münzen aussehen, würde er sicherlich auch einige finden. Doch die Wochen verrannen, ohne daß nur ein einziger Silberpiaster in seiner Geldbörse klingelte.

Steadman Parker aber, der schon seit langem mit dem Gedanken spielte, ein Wrack auszubeuten, das er 30 Meter vom Strand entfernt im ein bis zwei Meter tiefen Flachwasser wußte, brauchte noch geeignete Partner, um seinen Plan in die Tat umsetzen zu können. Als er bemerkte, daß Wagner erneut vom Schatzfieber ergriffen worden war, hielt er seine Zeit für gekommen. Einige zündende Reden, am Biertisch gehalten, und das an die glorreiche Goldgräberzeit erinnernde Vorhaben nahm seinen Lauf: Fünf Männer – außer Wagner und Parker noch Carl Wild, George Bunnell und Jimmy Russel – gaben ihre Berufe auf, legten alles Geld zusammen und zogen aus, das »Goldwrack« zu bergen.

An einem sonnigen Junitag bewegte sich ihr eigentümlich anmutender »Treck« am Strand entlang: Ein Bulldozer, ein Schaufelbagger und ein Wagen, vollgepackt mit Sieben, Schaufeln, Spaten, Äxten, Metalldetektoren und anderen Werkzeugen sowie einem Drucklufthammer einschließlich dem dazugehörigen Kompressor. Fünf Kilometer südlich der Sebastian-Einfahrt verzurrten die Schatzgräber zwischen Palmen ihre Hängematten, stellten die Geräte im Kreis herum ab – und fertig war das Basislager. Das fehlende Dach über dem Kopf machte den Männern wenig aus. Regnete es mal, wurde zwar alles naß, aber die Sonne trocknete es später ja wieder. Bei Durchschnittstemperaturen um 30 °C genügten ihnen Badehosen, Nickis und Leinenmützen – alle anderen Bekleidungsstücke gehörten zur Luxuskategorie und waren fehl am Platze. Neigten sich die Lebensmittel dem Ende zu, beschaffte einer von ihnen aus Wabasso neue.

Noch merkwürdiger als das Lagerleben gestaltete sich die Bergungsarbeit: Der Schaufelbagger war ein Land-, kein Wasserfahrzeug. Also mußte man für ihn erst eine Art »Straße« bauen, ehe er sinnvoll eingesetzt werden konnte. Mit der Planierraupe schichteten die fünf deshalb bei Flut enorme Sandmassen am Strand auf. Sobald das Wasser zurückging, schoben sie diese Sandhaufen zu einem zum Wrack führenden Damm zusammen. Auf ihm bugsierte George Bunnell aus Miami bei Ebbe vorsichtig das schwere Gerät »ins Meer«, schaufelte dort ein Gemisch aus Sand, Schlick, Algen und Korallen und brachte es anschließend behutsam zum Strand. Dort untersuchten die anderen mit Metalldetektoren den abgekippten Meeresboden. Dieses Spiel wiederholte sich so lange, bis die einsetzende Flut den Fahrdamm wegzuschwemmen begann.

So verging ein Tag nach dem anderen im gleichen Arbeitsrhythmus. Gefundene Schiffsnägel und Holzstückchen bewiesen, daß die Schatzgräber tatsächlich ein altes Wrack abbaggerten. Eines Nachmittags stießen sie auf einen viereckigen, geschwärzten Klumpen. Dicke Metallbänder hielten das Ganze zusammen. Eine Schatztruhe? Die Männer vermochten ihre Ungeduld kaum zu zügeln. Eifrig säuberten sie den Fund. Dann, als er sich als Kanonenlafette entpuppte, war ihre Enttäuschung grenzenlos.

Der Gedanke, daß ein größeres Schiff unmöglich in so seichtem Wasser gesunken sein konnte, kam ihnen nicht. Was sie so fanatisch ausgruben, war kein Wrack, sondern nur Teil eines solchen – vielleicht der Decksaufbau einer bei den Riffen gescheiterten Galeone, der an Strand gespült worden war. Der täglich zur anderen Stunde stattfindende Gezeitenwechsel, die monotone und keinen sichtbaren Erfolg zeigende Arbeit, die Hitze und das bei bewegter See zur Untätigkeit Verurteiltsein zermürbte im Laufe der Zeit das Häuflein. Ende August gaben die Männer auf. Nur eine einzige spanische Münze – ein 1649 geprägter kupferner Maravedi – stand auf der Habenseite zu Buche, dagegen 12 000 Dollar auf der Ausgabenseite. Die fünf Abenteurer waren nicht nur pleite, sondern erschöpft, entmutigt und ernüchtert. Völlig mittellos ging jeder von ihnen seines Weges. Wagner war gezwungen, den erstbesten Job anzunehmen – als Tischler und danach als Maurer auf seiner ehemaligen Motelbaustelle.

Im kommenden Frühjahr zog es ihn erneut an den Strand. Trotz erlittener Fehlschläge ließen ihm die Silberpiaster keine Ruhe. Mit eingeschaltetem Metalldetektor suchte er den Spülsaum ab. Erklang ein hoher Pfeifton, grub er an der bewußten Stelle. Auf diese Art holte er eine verrostete Konservendose nach der anderen ans Tageslicht. Aber jede Arbeit wird schließlich belohnt: Statt der gewohnten Blechbüchse kam eine Silbermünze zum Vorschein. Ihr Wert betrug acht Reales – ein »peso de ocho«. Zu diesem spanischen Geldstück gesellten sich bald weitere. Einige von ihnen glänzten sogar schon von weitem im Sonnenlicht, so daß Wagner sie nur aufzuheben brauchte. Andere lagen bis zu fünfzig Zentimeter tief im Sand eingebettet. Zum Sommerausklang enthielt sein Schatzkästchen drei Dutzend Silberpiaster und mehrere Goldstücke.

Bisher nahm Kip an, daß die den Strand aufwühlende Flut Ursache seiner Münzfunde war. Nun begann er eine andere Theorie über die Herkunft der Piaster zu entwickeln: Obwohl sein Metallsuchgerät vor schweren Stürmen an bestimmten Strandabschnitten nicht reagiert hatte, fand er danach dort silbern schillernde Geldstücke. Sie konnten nur von den Wogen an den Strand gespült worden sein, mußten demnach zuvor irgendwo draußen auf dem Meeresgrund gelegen haben. Möglicherweise bei den Riffen, wo wahrscheinlich die Reise eines Schatzschiffes geendet hatte. Doch wie dahin gelangen? Wagners Hinausschwimmen bei Ebbe und sein Herumtasten mit den Füßen auf den korallenbesiedelten Felsen brachten ihm nur Schnittwunden und Hautabschürfungen ein. Das Problem löste Gene Cheviler, ein Glücksritter, den Kip bei seinen Strandwanderungen kennengelernt hatte. Aus Fensterglas und vier Brettchen bauten sie sich einen Guckkasten, fuhren bei ruhiger See mit Chevilers kleinem Motorboot von Riff zu Riff und schauten durch den »Gucki« zum Meeresgrund hinunter. So sehr sie sich aber bemühten, der Lohn blieb aus ...

Seine Schatzgräbergebaren hatten ihre Spuren in Wagners Verwandten- und Bekanntenkreis hinterlassen. Ob des närrischen Einfalls ihres Gatten wurde seine Ehefrau wortkarg, und gar mancher Freund kehrte der spleenigen Familie den Rücken. Zu den wenigen Getreuen gehörte Kips Namensvetter Dr. Kelso, ein Internist, den man im Dorf nur »Doc« nannte.

Abend für Abend diskutierten die beiden Kips über die vor »ihrer Haustür« verlorengegangenen Schatzschiffe, betrachteten alte Landkarten und machten sich mit der spanischen Kolonialgeschichte vertraut. Zu speziellen neuen, weiterführenden Erkenntnissen gelangten sie jedoch nicht – im Gegenteil, der Arzt distanzierte sich immer mehr von Wagners Theorie.

Ein zwei Tage lang tobender furchtbarer Sturm brachte die Wende. Wagner, der anschließend zum Strand eilte, traute seinen Augen kaum: Die ihm heimisch gewordene »Geldküste« sah ganz anders aus. Korallen und Algen bedeckten in einer fast zwanzig Zentimeter dicken Schicht den Strand. Dazwischen Treibholz, Muscheln, Seesterne und Krabben. An manchen Stellen, wo früher Palmen gestanden hatten, gab es jetzt tiefe Auswaschungen. Einige Dünenhügel existierten nicht mehr, das Meer hatte sie weggeschwemmt. Der aufgewühlte Uferstreifen machte einen ungastlichen Eindruck. Das gewohnte, friedliche Bild einer idyllischen Landschaft war geschwunden. Doch ein blinkendes Etwas erregte Kips Aufmerksamkeit. An einem Korallenklumpen, den die Wogen von den Riffen losgerissen hatte, klebte ein glitzerndes, mehreckiges Silberstück. Es wies die Jahreszahl 1714 auf, wie er sich vergewissern konnte. Kip deutete den Fund als unwiderlegbaren Beweis seiner Überlegungen. Als er dann dem Doc das Strandchaos schilderte und die Münze erwähnte, kündigte Dr. Kelso an, Wagners Theorie endgültig zu entkräften, und zwar mit Tatsachen. Mit einem Löffelbagger wollte er am Strand Sand abtragen. Wagner würde sehen, in etwa ein Meter Tiefe liegen Münzen.

Zur verabredeten Stunde traf Doc mit dem Bagger am vorgesehenen Arbeitsort ein. Drei 25 Meter lange, verschieden verlaufende, ein Meter tiefe Gräben wurden ausgehoben. Zutage kam – nichts. Dr. Kelso mußte widerstrebend zugeben, daß er wohl doch nicht recht habe.

In den nächsten Wochen bemühten sich Doc und Wagner zu erkunden, was 1715 bei den Riffen geschehen war. In jenem Jahr mußte es dort zu einer Schiffskatastrophe gekommen sein, da alle gefundenen Münzen früher geprägt worden waren. Die bisher zusammengetragenen Fakten ließen sogar auf den Untergang einer ganzen Flotte schließen. Allerdings gab es zwei Varianten des Unglücks: Kap Canaveral und die 200 Seemeilen entfernten Florida Keys. Und Sebastian liegt zwischen den beiden Gegenden ...

Eifrig wurde in den örtlichen Bibliotheken recherchiert. Als die Büchereien »durchforstet« waren, versuchten sie ihren Wissensdurst in Miami, Key West, De Land und Gainesville zu stillen. Selbst während seines Urlaubs in Washington konnte es Doc nicht lassen, sich in der Kongreßbibliothek als Leser einschreiben zu lassen. Beim Studieren des von dem englischen Kartographen Bernard Romans verfaßten und 1775 veröffentlichten Buches »A Consise Natural History of East and West Florida« (Kurzgefaßte Naturgeschichte Ost- und Westfloridas) stieß er auf der Seite 273 auf das, wonach er solange gesucht hatte: »... genau gegenüber der Mündung des Sebastian-River ereignete sich der Schiffbruch der Admiralsgaleone ... weiter südlich, bis zur Bleicherei, liegen die anderen Wracks der Silberflotte, die im Jahre 1715 durch nordöstlichen Sturm gegen den Strand getrieben wurde ...«. Und um das Glücksfaß überlaufen zu lassen, befand sich in dem Werk eine Karte, aus der die Lage aller Wracks hervorging.

Romans hatte seine Edition nach kurz vorher durchgeführten Studienfahrten vollendet. Es bestand Grund anzunehmen, daß er sich auf Informationen aus erster Hand stützte. Vielleicht erhielt er sie von älteren Indianern, deren Väter Augenzeugen der Schiffsunglücke waren.

Den beiden Schatzjägern imponierte die

Genauigkeit, mit der Romans ihre Wohngegend beschrieben hatte. Die Sebastian-Einfahrt zum Beispiel gab es jedoch zu Romans' Zeit noch nicht. Damals mündete an dieser Stelle der Sebastian-River, der jetzt nur noch als kleiner Bach in den Indian-River fließt. Und wo früher die Bleicherei lag, befindet sich Fort Pierce. Nach Docs Erfolg in der Kongreßbibliothek wurde es immer schwieriger, noch andere Aussagen über die spanische Flotte von 1715 zu erhalten. Entweder gab es in den Archiven keine weiterführenden Schriften mehr, oder man schwieg sich argwöhnisch aus, beziehungsweise erteilte ausweichende Antworten. Letztere erhielt Wagner unter anderem von Dr. Don José de la Peña, Kurator des »Archivo General de Indias« in Sevilla. Gerade von diesem umfassenden Archiv erhoffte er jedoch präzise Auskünfte zu erhalten. Das nichtssagende Schreiben Dr. Peñas wirkte niederschmetternd. Sowohl Wagner als auch Dr. Kelso konnten nicht verstehen, daß ihnen die für sie so wichtigen Informationen aus nichtigen Gründen vorenthalten wurden.

Doch Schatzsuchen ähnelt einer Gebirgswanderung, einmal ist man im Tal, dann wieder auf dem Gipfel. Der Hoffnungsschimmer am Horizont erschien in Gestalt einer Bekannten, die zu einer Ferienreise nach Spanien aufbrach. Sie versprach Wagner, für ihn in Sevilla Erkundigungen einzuziehen. Nach ihrer Rückkehr berichtete sie Kip, daß es Dr. Peña von vorgesetzter Behörde strikt untersagt worden ist, den Amerikanern zu helfen. Ihr sei es aber gelungen, den Kurator umzustimmen. Er wolle Mikrofilme von alten Dokumenten anfertigen und per Post nach Wabasso schicken.

Das vierzehn Tage später eintreffende Päckchen enthielt tatsächlich annähernd tausend Meter Mikrofilm. Dr. Peña hatte sein Wort nicht gebrochen und das ausgesprochene Verbot seines »Chefs« ignoriert. Die Wogen der Begeisterung schlugen bei Wagner hoch – endlich! Als er den Film auf die Leinwand projizierte, war es mit der Euphorie vorbei. Kip sah in Alt-Spanisch abgefaßte Dokumente. Kein einziges Wort konnte er deuten.

Bald war der Schock überwunden. Doc, der ausgezeichnet Spanisch sprach, erwies sich wieder einmal als rettender Engel, obwohl auch er in vielen Fällen »passen« mußte. Das zu jener Zeit weit verbreitete Analphabetentum hatte anscheinend die Schreiber ermutigt, manche Wörter so zu Papier zu bringen, wie sie phonetisch klangen. Außerdem gab es auf jeder Seite zahlreiche schwer verständliche Abkürzungen. Etwa ein Jahr lang arbeiteten sie an der Übersetzung. Nebensächliches mußte mitunter erraten werden, und wenn sie mit den Sätzen absolut nichts anzufangen wußten, konsultierten sie in St. Augustine den Historiker Louis Arana, einen Experten für Alt-Spanisch. Ihr Fleiß machte sich schließlich bezahlt. Sie lernten so die Geschichte der Silberflotten des späten 17. und frühen 18. Jahrhunderts ziemlich ausführlich kennen. Besonders waren sie natürlich an den Einzelheiten in Zusammenhang mit der Flotte von 1715 interessiert – vor allem, was nach dem Schiffbruch mit den versunkenen Schätzen geschehen war ...

Millionenwerte versanken. Während des Spanischen Erbfolgekrieges tobten zwölf Jahre lang heftige Kämpfe in Italien, Flandern, Amerika und zuletzt in Spanien. Als es schließlich 1713 in Utrecht zum Friedensschluß kam, waren viele europäische Staaten ausgeblutet – und die Kassen der spanischen Monarchie leer. Philipp V. forderte deshalb die Casa de Contratacion auf, unverzüglich sowohl die »Nueva-España«-Flotte als auch die »Tierra-Ferma«-Flotte zur Neuen Welt zu schicken. Die Schiffe sollten von dort die geraubten beziehungsweise durch drastische

Ausbeutung in den Minen geförderten und nunmehr seit Jahren lagernden Edelmetalle und Juwelen für die Krone heimholen. Außerdem hatten die Manila-Galeonen verschiedene Handelsgüter – Seide, Gewürze und Porzellan – aus Südostasien nach Mittelamerika gebracht. Auch diese Waren mußten nach Spanien weiterbefördert werden.

Unter Befehl des Generals Don Juan Esteban de Ubilla segelte die »Nueva-España«-Flotte über Puerto Rico, Hispaniola und Kuba nach Veracruz, wo sie im Dezember 1713 ankam. Etwa zu gleicher Zeit erreichte die von General Don Antonio de Echeverz y Zubiza geführte »Tierra-Ferma«-Flotte über Venezuela Cartagena im heutigen Kolumbien. In den Laderäumen der Transporter befanden sich land-

wirtschaftliche Geräte, Bergwerksausrüstungen, Pferde, Rinder, Waffen, Munition, Textilien und Wein – Dinge, die man in der Kolonie so dringend benötigte.

In den Bestimmungshäfen lagen die Flotten erst einmal längere Zeit fest. Die Fahrzeuge wurden von zur Sklavenarbeit gezwungenen Indianern überholt. Sie kratzten und brannten zuerst die Schiffsböden ab, behandelten dann das Holz mit Schwefel, dichteten die Plankenfugen mit Rinderhaar ab und teerten das Ganze. Abschließend wurden die Segel repariert und Takelwerk sowie Ankertaue mit Manila-Hanf erneuert. Diese nicht gerade angenehmen Tätigkeiten verlangten schon gesunden Menschen einiges ab, geschweige denn erst den von Krankheiten und Unterernährung gezeichneten Sklaven. Unter diesen Umständen war der Zeitplan nicht einzuhalten. Endlich konnten die zur

Die Wege der Schatzflotten

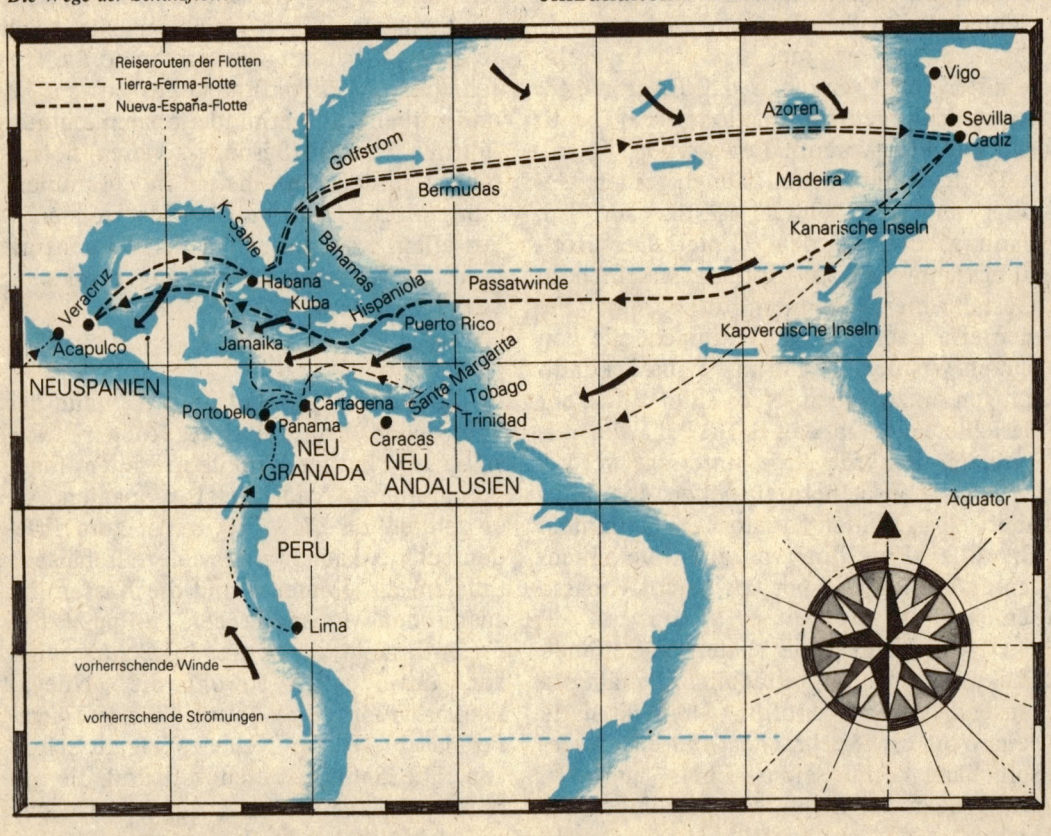

»Nueva-España«-Flotte gehörenden Handelsschiffe mit dem aus Mexiko und Honduras stammenden Gold und Silber beladen werden. Auch die Kauffahrer der »Tierra-Ferma«-Flotte nahmen inzwischen die in verschiedenen Siedlungen lagernden Kostbarkeiten an Bord – einschließlich der Gold-, Silber- und Edelsteinsendungen, die zusätzlich auf dem Landweg aus den reichen Lagern von Potosi und Lima in Cartagena eintrafen. Im späten Frühjahr 1715 waren die Galeonen und Naos beider Flotten beladen. Sie segelten auf vorgeschriebenem Kurs nach Habana – dem »Schlüssel zur Neuen Welt«. Von hier aus sollten alle Handelsschiffe zum Schutz gegen Piraten in einer vereinten und militärisch gesicherten Flotte – der sogenannten Silberflotte – die Heimreise antreten. Das würde durch die Florida-Straße geschehen, dann entlang der Südostküste Nordamerikas bis in Höhe der letzten Bahama-Insel und schließlich mit östlichem Kurs in den Atlantischen Ozean hinein. Da während der zweiten Jahreshälfte in der Florida-Straße oft starker Nordost-Sturm herrscht und obendrein dieses Gebiet durch Hurrikane besonders gefährdet ist, hatte die Casa de la Contratacion verfügt, daß die Flotten bis Anfang Juni Habana zu verlassen haben.

Doch die Praxis sah anders aus. Erneut war die Silberflotte zum Warten verurteilt. Auf Kuba ansässige Kaufleute hatten lange vorher Schiffsraum aufgekauft, um endlich ihre Waren ins Mutterland schicken zu können. Die Händler pochten nachdrücklich auf ihr Recht, so daß die Generäle Ubilla und de Echeverz verzweifelt nachgeben mußten. Man feilschte mit den Kapitänen buchstäblich um jeden einzelnen Versandposten. Die Spanier der Neuen Welt tarnten nämlich häufig ihre Waren, um der zwanzigprozentigen Steuer König Philipps zu entgehen. Lieber zahlten sie einem Seemann eine kleine Summe, als den wahren Wert der Ladung anzugeben. Ganz gerissene Händler ließen zum Beispiel ihr Silber in Teller und Pokale gießen. Die so präparierten Gegenstände schickten sie als Geschenke – und somit steuerfrei – an die Kapellen ihrer Heimatprovinzen. Eigentümer der Kapellen waren jedoch die Absender, die auf diese Weise im Besitz ihrer Schätze blieben.

Es verging eine Woche nach der anderen. Erst Mitte Juli meldete der letzte Kapitän sein Schiff seeklar. Aber das Auslaufen der Flotte mußte erneut verschoben werden. Antoni Daré, Kapitän der französischen GRIFÓN, bat nämlich aus Angst vor einem Piratenüberfall General Ubilla, sich in den Konvoi einreihen zu dürfen. Der spanische Flottenführer lehnte zwar ab – die GRIFÓN wurde noch beladen –, doch Daré hatte einflußreiche Freunde in Habana. Sie übten Druck auf Ubilla aus, verzögerten durch bürokratische Schikanen seine Abreise und verstanden es, ihn umzustimmen.

Am Samstag, dem 27. Juli, schlug für die vereinigte Flotte – mit dem Franzosen 11 Schiffe stark – die Abschiedsstunde. Sie fuhr an den Mauern der Festung El Morro vorbei zur Florida-Straße, passierte die Florida Keys und segelte langsam nordwärts.

Zwei Tage später, am Montagmittag, bemerkte man voller Sorgen die ersten Anzeichen eines heraufziehenden Unwetters: Leichter Dunst, der die gleißende Sonne immer blasser werden ließ. Außer stetiger Dünung war das Meer ruhig. Der schwache Ostwind reichte nicht einmal aus, die Segel auch nur andeutungsweise zu blähen.

Einige hundert Seemeilen weiter östlich tobte indessen ein Hurrikan über den Atlantik nach Norden. Als ob auf ihn die Flotte wie ein Magnet wirkte – plötzlich drehte er nach Westen. In der folgenden Nacht wurde es so schwül, daß kaum einer der 2000 Seeleute schlafen konnte. Dienstagmittag war sich selbst der unerfahrenste Schiffsjunge der drohenden Gefahr bewußt. Langsam frischte der jetzt aus Nordosten kommende Wind auf. Schwere graue Schichtwolken verdeckten die Sonne. Wegen der zu dieser Tageszeit so ungewöhnlichen Finsternis mußten sogar die Schiffslaternen angezündet werden. In Erwartung des Sturmes verschalten die Matrosen Luken, spannten Haltetaue und verzurrten auf den Decks alles, was nicht niet- und nagelfest war.

Zunächst einmal aber öffnete der Himmel sämtliche Schleusen. Einen solchen sintflutartigen Guß kannten die spanischen Seemänner nur vom Hörensagen. Schlagartig hörte es auf zu trommeln. Dafür peitschte der jetzt aus Nordnordost kommende Wind die See in beängstigender Höhe auf. Für die südlich von Kap Canaveral gegen die Naturgewalten ankämpfende Flotte gab es keine schützende Bucht mehr – nur Flachstrand mit Tausenden vorgelagerten Riffen.

Abends steigerte ein neuer Gewittersturm die Heftigkeit der Wogen. Das ständige Heulen verstärkte sich in den nächsten Stunden zu ohrenbetäubendem, ohrenzerreißendem Gebrüll. Gegen Mitternacht wütete der Sturm mit einer Stärke von 120 Kilometern in der Stunde. Zwölf bis fünfzehn Meter hohe Wellen stürzten auf die Segler los, hoben sie hoch und ließen sie dann in den talartigen Sog hinabfallen. Der wiedereinsetzende Regen schien mehr waagerecht als diagonal zu prasseln. Zwei Stunden später jagte Rasmus mit 160 Kilometern in der Stunde über das Meer – volle Hurrikanstärke! Die ersten Masten knickten wie Streichhölzer weg. Die hochgehende See donnerte über die Decks und nahm wahllos mit, was sich ihr entgegenstellte.

Unaufhaltsam trieb die Flotte gegen Floridas Ostküste. Plötzlich geriet sie zwischen gischtumwirbelte Riffe. Unter unheimlichem Krachen wurden die riesigen Schiffskörper aufgerissen und in Stücke geschlagen – nur der GRIFÓN gelang es,

dem tosenden Hexenkessel zu entrinnen. Einige Galeonen trieben schwer beschädigt im seichten Wasser und wurden so ein Spielball der sich überschlagenden Brecher. Von diesen Fahrzeugen konnten sich einige hundert Seeleute mehr tot als lebendig an den Strand retten. Von den Schiffen aber, die an den Riffen zerbarsten, erreichten nur wenige Besatzungsmitglieder das Festland. Zwei Segler gingen mit Mann und Maus unter. Niemand weiß, wann und wo sie das Schicksal ereilte. Innerhalb weniger Stunden kamen über tausend Spanier ums Leben, versanken Schätze von ungeheurem Wert im Meer.

Mit dem Morgengrauen wich das Unwetter. Die See ging zurück, es wehte nur noch eine steife Brise. Der Strand bot ein Bild des Grauens: Schiffstrümmer und Leichen, dazwischen etwas Leben – geschwächte, blutende, fast ertrunkene Seeleute. Den Überlebenden standen neue Strapazen bevor. Erbarmungslos brannte die Sonne auf ihre fast nackten Körper. Ins schattige Landesinnere getraute man sich nicht. Dort lauerten die Indianer. Nur wenige Spanier verschwanden heimlich im Unterholz. Sie hatten sich die Taschen mit Juwelen gefüllt und desertierten. Die meisten Männer blieben jedoch in Gruppen am Strand beisammen. Ohne ihre Befehlhaber waren die Geretteten zunächst ratlos. Dann beschlossen sie, zwei an den Strand geworfene Langboote flottzumachen und mit den Kräftigsten unter ihnen zu bemannen. Die Delegation sollte nach dem nördlich gelegenen Fort St. Augustine fahren, dort von der Katastrophe berichten und um Hilfe bitten. Alle übrigen würden in der Zwischenzeit die am Strand liegenden Schätze sammeln und beschützen.

Nach sieben Tagen erreichte die mit den Booten ausgeschickte Gruppe St. Augustine. Die Nachricht von dem Verlust der Flotte verbreitete sich schnell. Der Gouverneur der spanischen Festung setzte sofort eine Kommission ein, die die Aussagen der

Männer zu Papier bringen sollte – Habana und Sevilla würden sicherlich bald Aufklärung verlangen. Tagelang schilderten die Seeleute ihre schauerlichen Erlebnisse. »Wahrlich, eine solche Katastrophe hat es in den letzten hundert Jahren nicht gegeben«, erzählte ein Matrose. »Kein einziges Schiff der Flotte hat überlebt«, fügte er hinzu. Er konnte nicht wissen, daß die GRIFÓN verschont geblieben war und zu gleicher Zeit Habana erreicht hatte.

Ein anderer Überlebender: »Die Männer am Strand sind ohne Lebensmittel. Ich flehe euch an, schickt, was ihr könnt, sonst werden sie alle sterben. Sie benötigen ferner Gewehre mit Kugeln und Pulver, Äxte, Schaufeln und andere Werkzeuge, damit der Sand abgetragen werden kann, der auf dem Silber liegt.« Schnell wurden Rettungsmannschaften zusammengestellt und Boote mit Proviant abgeschickt. Ein Kurier brachte außerdem die Hiobsbotschaft nach Habana. Dort wußte man bereits durch Daré von der Katastrophe, kannte jedoch keine Details. Casa Torres, der Inselgouverneur, ließ sofort sieben kleinere Schiffe mit Soldaten zum Unglücksstrand auslaufen, um die Überlebenden abzuholen und die Schätze durch Bewaffnete bewachen zu lassen. Erst Mitte September verließ der letzte Matrose der untergegangenen Flotte die Floridaküste.

Im März des folgenden Jahres fuhr der Stadtkommandant von Habana, Don Juan del Hoyo Solórzano, mit mehreren Schaluppen zu dem Schiffsfriedhof. Er sollte im Auftrag der Krone die wertvollen Ladungen bergen. Einige Matrosen, die die Katastrophe überlebt hatten, zeigten ihm acht Stellen, wo ihre ehemaligen stolzen Segler zerschlagen auf dem Meeresgrund ruhten. Die Wracks zu finden war nicht einfach. Der Hurrikan hatte ganze Arbeit geleistet. Die Schiffe waren buchstäblich zerschmettert worden, so daß Fahrzeugteile und Ladung weit verstreut auf dem Meeresboden lagen. Und die See war in dem vergange-nen halben Jahr nicht untätig geblieben – eine leichte Sandschicht bedeckte bereits die Wrackreste. Hinzu kamen die für Flachstrände typischen schlechten Sichtverhältnisse unter Wasser. Nur bei ablandigem Wind können sie besser sein. Klares Meer aber war die Grundvoraussetzung für Hoyo Solórzano, denn seine tauchenden Indianer verfügten über keinerlei technische Hilfsmittel. Trotzdem wurden die Indios ununterbrochen ins Wasser geschickt. Sobald sie etwas Wertvolles fanden, befestigten sie Taue an dem betreffenden Gegenstand, der dann von den Männern in der Schaluppe hochgehievt wurde. Bei dieser hektischen Unterwasserarbeit starben mehr als ein Drittel der 280 Taucher. Das bewegte die Spanier jedoch kaum. Von Bedeutung waren für sie einzig und allein die Schätze.

Die geborgenen Edelmetalle, Schmuckstücke und Juwelen mehrten sich. Eigens zu diesem Zweck bestallte Beamte registrierten jedes einzelne Fundstück. Einen Pergamentbogen nach dem anderen schrieben sie voll. Bald reichten die Sicherungsmaßnahmen nicht mehr aus, so daß im Lager ein provisorisches, von Soldaten bewachtes Fort errichtet werden mußte. Die Kunde von dem gehorteten Schatz breitete sich in Windeseile aus. Sie wurde von Erzähler zu Erzähler mehr ausgeschmückt und gelangte als Bericht vom »Milliarden-Schatz« zur Piratenhochburg Port Royal, wo man sie begierig aufnahm. Es dauerte auch nicht allzulange, da kreuzten die ersten Schiffe mit dem Jolly Roger am Mast bei den Bergungsschaluppen auf.

Die Spanier hatten alle Hände voll zu tun, die Seeräuber von den Wracks fernzuhalten und ihre ständigen Angriffe auf das Lager abzuwehren. Von den Kämpfen profitierten in Wirklichkeit nur die zur Sklavenarbeit gepreßten indianischen Taucher. Während des Kampfgetümmels flohen sie unter Mitnahme von manch wertvollem Kunstgegenstand. Und auch einige Piraten konnten relativ bescheidene Erfolge verbuchen – etliche Gold- und Silberbarren wechselten den Besitzer. Den Vogel schoß allerdings der Freibeuterkapitän Henry Jennings ab: Auf Jamaika erhielt er von Lord Archibald Hamilton ein Schiff, um dem Seeräuberunwesen in dieser Region ein Ende zu bereiten. Jennings Pläne sahen jedoch anders aus. Mit Gouverneur Spotswood von Williamsburg (Virginia) schmiedete er ein Komplott. Während Spotswood lautstark die widerrechtlichen Angriffe seiner Landsleute auf die spanische Bergungsexpedition verurteilte, fuhr Jennings mit zwei Brigantinen und drei Luggern nach Florida, um laut Order des Gouverneurs »dort einmal nach dem Rechten zu sehen«. Im Juli 1716 traf der Freibeuter bei den Spaniern ein. Wie er seine Mission erfüllte, liest sich in dem 1724 erschienenen Werk »A General of the Robberies and Murders of the Most Notorius Pyrates« (Eine geschichtliche Zusammenfassung der Raubzüge und Morde der berüchtigtsten Seeräuber) folgendermaßen:

»Mehrere Schaluppen aus Habana waren damit beschäftigt, das Silber aufzufischen, das sich an Bord der Galeonen befand. Vier Millionen der geborgenen Piaster hatte Hoyo Solórzano bereits nach Habana verschifft. Aber in den letzten Tagen hatten die Spanier etwa 350 000 Silberpiaster zu acht Realen an Land gebracht und fischten ständig weitere aus dem Meer. Da näherten sich fünf Schiffe, die in Jamaika und Barbados ausgerüstet worden waren, unter Kapitän Henry Jennings den bei einem Wrack beschäftigten Spaniern. Das erwähnte Geld befand sich an Land in einem Lagerhaus unter dem Schutz zweier königlicher Verwalter und einer Wachmannschaft von ungefähr sechzig Soldaten.

Jennings ging mit seiner kleinen Flotte direkt vor diesem Lagerhaus vor Anker, landete mit 300 Mann und griff die Wache an. Die Soldaten flohen, die Piraten raubten den Schatz und machten sich auf den Rückweg nach Jamaika.«

Nach diesem frechen Überfall konnte sich Jennings nicht mehr hinter seiner Freibeuterlizenz verstecken – nunmehr galt er als ganz gewöhnlicher Pirat. An das neue Handwerk gewöhnte sich der frischgebackene Seeräuber recht schnell. Kurze Zeit später kaperte er bei den Florida Keys eine spanische Schatzgaleone und stattete nach einem halben Jahr, versehen mit »wohlgemeinten Ratschlägen« Lord Hamiltons, dem spanischen Bergungslager erneut einen Besuch ab. Spaniens massiver Protest veranlaßte London, den geschäftstüchtigen Lord von seinem Posten abzuberufen und ihm den Prozeß zu machen. Jennings, von seinen Gönnern »im Stich gelassen«, zog sich klugerweise rechtzeitig aus dem Halsabschneidergeschäft zurück. Nachdem ihm königlicher Pardon gewährt worden war, führte er auf den Bermudas mit den geraubten Silberpiastern ein achtbares Leben als wohlhabender Kaufmann.

Die Spanier lernten aus den Überfällen und verstärkten ihr Truppenkontingent am Florida-Strand. Es dauerte auch nicht sehr lange, da hatten sie die Bergungsoperation wieder unter Kontrolle.

Im Frühjahr 1718 erschien der Bergungsspezialist Manuel Miralles auf dem Schauplatz. Er hatte mit der spanischen Regierung einen entsprechenden Vertrag abgeschlossen. Miralles verfügte nicht nur über Basisschiffe und Taucherglocken, sondern auch über versierte Männer, die schon zu vielen Wracks hinabgetaucht waren. Außerdem befehligte er eine Art Privatarmee, die zuallererst die Gegend von Piraten säuberte. Wenige Tage später übergab er den Behörden in Habana bereits 300 gefangengenommene englische Seeräuber und 200 000 bei ihnen sichergestellte Silberpiaster.

Nach einem Jahr verließ Miralles die Florida-Küste, da »das Tauchen nach Gold und Silber nicht mehr der Mühe« lohne.

Offiziellen Dokumenten zufolge wurden bis 1719 weniger als die Hälfte der vier Jahre zuvor registrierten Ladung dem Meer entrissen. Welche Werte von den Indianern beiseite geschafft, von unredlichen Spaniern veruntreut oder von Piraten erbeutet worden waren, läßt sich nur schätzen – höchstens zehn Prozent.

Silberbarren vom Meeresgrund. Die dem Mikrofilm und Romans' Karte entnommenen vielversprechenden Angaben ermunterten Wagner, am Strand zielgerichteter zu suchen. Er kannte jetzt acht Punkte, wo Schatzgaleonen Schiffbruch erlitten hatten, doch es kamen jeweils Wasserflächen von einigen hundert Quadratmetern in Betracht. In solch großem Bereich ein von Korallen überwuchertes Wrack zu finden, bedarf es aber – falls nicht der Zufall mitspielt – neben Tauchern mit ihrer umfangreichen Ausrüstung eines größeren Bootes und entsprechender Ortungsgeräte. Kip hatte jedoch außer Dr. Kelso weder Partner, noch verfügte er über geeignete Unterwassersuch- und Bergungstechnik, geschweige denn über ein Basisschiff. Er konzentrierte sich deshalb bei seinen Stranderkundungen auf das Hauptlager Hoyo Solórzanos. War dieses erst einmal lokalisiert, so glaubte er die in der Nähe liegenden Wracks leichter entdecken zu können.

Kips Aufmerksamkeit galt also besonders Erhebungen oder Vertiefungen der Küstenformation, die nicht natürlich schienen – möglicherweise von Menschenhand stammten. Eine mit Zwergpalmen bewachsene große Senke hatte es ihm angetan. In der Mitte befand sich eine Süßwasserlache. Das war ungewöhnlich, da es hier eigentlich nur Salzwasserpfützen gab – ausgenommen, jemand hätte einen Brunnen gegraben. Wie ihm Dorfbewohner allerdings glaubhaft versicherten, war das in den letzten Jahrzehnten nicht der Fall gewesen.

Sollte es sich etwa um ein altes Brunnenloch handeln? Wenn ja, könnte es von Solórzanos Begleitern angelegt worden sein.

Kips letzte Zweifel schwanden, als sein Metalldetektor auf mehrere Objekte reagierte und beim Graben an Stelle der erwarteten Konservendosen Spieker und Kanonenkugeln zum Vorschein kamen. Diese Entdeckung veranlaßte ihn, mit dem Metallsuchgerät das Terrain systematisch abzuschreiten. Deutete der hohe Pfeifton auf einen verborgenen metallenen Gegenstand hin, markierte er die betreffende Stelle. Schließlich hatte Kip ein Areal von annähernd 2000 Quadratmetern erkundet. Die Markierungen waren so zahlreich, daß enorme Mengen Metall vom Sand bedeckt sein mußten. Mit Schaufel und Spaten zu graben würde zu zeitaufwendig sein – der letzte Gegenstand wäre erst nach Jahren geborgen. Was tun? Kurzentschlossen mietete Wagner eine Planierraupe und ließ die oberste Bodenschicht der Senke mitsamt Palmen, Gestrüpp und Gräsern beiseite schieben. Anschließend rückte er der nächsten, sechzig Zentimeter starken Sandschicht mit Schaufel und Sieb zu Leibe.

Wagner nutzte jede freie Stunde, um während der nächsten Monate in der Senke zu buddeln und den Sand zu sieben. Zutage kamen seltsame Gegenstände: Keramikscherben peruanischen Ursprungs, Fragmente chinesischen Porzellans, Bruchstücke von Oliventöpfen, Ziegel, Musketenkugeln, eine Kugelgießform mit einigen unregelmäßig geformten Bleiplatten, Teile einer eisernen Kaffeemühle, Entermesser, Kanonenkugeln und drei geschwärzte, rechteckige Metallstücke. Letztere erwiesen sich nach dem Säubern als Silberreste. Da diese neben von Ruß geschwärzten Ziegelsteinen lagen, nahm Kip an, daß es sich um Abfälle aus einem provisorisch errichteten primitiven Schmelzofen der Spanier handelte.

Wertvollster Fund bei der entsetzlich langsam vor sich gegangenen Ausgrabung war zweifelsohne ein grob gearbeiteter, mit Diamanten besetzter Goldring. Zu beiden Seiten des halb eingefaßten zweieinhalbkarätigen Hauptsteins befanden sich noch drei kleinere Diamanten. Dieses Schmuckstück, die später freigelegten 13 Silberpiaster sowie die übrigen – bereits erwähnten – Dinge bestärkten Wagner darin, daß er den Lagerplatz Solórzanos ermittelt hatte.

Sozusagen als Nebenprodukt der Landgrabung entdeckte Kip sein erstes Wrack: Der Umgang mit Schaufel und Sieb war trotz ermutigender Ergebnisse nicht nur anstrengend, sondern auch recht eintönig. Er badete deshalb öfter vor seiner »Dünenarbeitsstelle« im Atlantik. Bei einigermaßen klarem Wasser benutzte er eine selbstgefertigte Gesichtsmaske, um während des Schwimmens ab und zu einen Blick zum Meeresgrund werfen zu können. Da ihm der Gebrauch des Schnorchels noch nicht geläufig war, ermüdete er recht schnell bei diesem ungewöhnlichen Schwimmstil. Der unternehmungslustige Schatzgräber baute sich deshalb ein Schwimmbrett – dem heutigen Surfbrett bereits ähnlich – und versah es im vorderen Teil mit einem Beobachtungsfenster.

Auf dem Brett liegend, trieb Wagner – die Korallenwelt betrachtend – über den Riffgürtel. Jedesmal, wenn er etwas Merkwürdiges in dem drei bis fünf Meter tiefen Wasser erspähte, tauchte er hinab, um es genauer anzusehen. Nach dieser Methode lokalisierte Kip die sichtbaren Reste eines Wracks – fünf dicht beieinander liegende korallenüberwucherte drei Meter lange Kanonenrohre und einen großen Eisenanker. Immer häufiger schwamm Wagner zu »seiner Schatzgaleone«, wie er den Korallenhügel nannte, nachdem er bei den Geschützrohren einen faustgroßen Klumpen kleinerer Silbermünzen gefunden hatte. Daß das Wrack der Flotte von 1715 zugeordnet werden konnte, schien ziemlich sicher. Die Prägungen auf den Geldstücken und die Untergangsstelle des Schiffes – in unmittelbarer Nähe des danach angelegten Bergungslagers – sprachen dafür. Außerdem hatte Kip in diesem Strandabschnitt früher mehrere angespülte Silberpiaster aufgesammelt. So oft er jedoch bei den Kanonenrohren tauchte, einen lohnenswerten Gegenstand konnte er nicht entdecken – seine Hilfsmittel waren zu primitiv.

In jenen Tagen kam ihm der Gedanke, daß man aus der Luft den Küstenstreifen viel besser und schneller erkunden könne. Mit einem gemieteten Sportflugzeug (samt Pilot) setzte er seine Idee in die Tat um. Nach dem fünften Flug nahm er wieder Abstand von dieser kostspieligen Suchmethode – um alte Wracks in der Korallenzone ausmachen zu können, war sein Auge nicht geschult genug . . .

Wagners »Strandbuddelei« sorgte in Wabasso naturgemäß für genügend Gesprächsstoff. Jeder wußte um die entdeckten Scherben, aber außer Dr. Kelso niemand von dem Ring und den Piastern – es sollte vorerst ein Geheimnis bleiben. Kein Wunder, daß es an spöttischen Kommentaren nicht mangelte. Das Gerede hatte aber auch eine gute Seite, man nannte dem »Verrückten« etliche Plätze, wo er angeblich sofort fündig werden könne. Unter vielen Nieten gab es einen Haupttreffer: Er erfuhr von einem neuen Wrack, das nördlich von Fort Pierce liegen sollte. Nachdem ihm von verschiedenen Leuten stets die gleiche Stelle genau beschrieben worden war, machte er sich auf, um der Sache auf den Grund zu gehen.

Schon der erste, bescheidene Tauchversuch war erfolgreich. Zwischen angehäuften Ballaststeinen erblickte Kip einige Silbermünzen – alle vor 1715 geprägt. Auch diesmal erkannte der Schatzsucher seine Grenze: Ohne Taucher, Sauggerät und Basisschiff war hier wenig auszurichten. Die entscheidende Frage der Erweiterung des Kreises seiner Partner stand erneut zur Diskussion. Dr. Kelso, der inzwischen völlig auf Kips Linie eingeschwenkt war, riet, ihre künftige Schatzsuche schnellstens rechtlich abzusichern. Nach dem »Gesetz über die staatliche Überwachung von Bergungsaktionen längs der Küste« fallen zwar angespülte Gegenstände unter Strandgut und sind demnach nicht abgabepflichtig, aber die aus dem Meer geborgenen oder zwischen Dünen ausgegrabenen Piaster hätten sie – strenggenommen – dem Staat übergeben müssen. Um Komplikationen zu vermeiden, solle Wagner beim »Internal Improvement Fund« eine Wrack-Such-Lizenz beantragen. Diese müßte für das 80 Kilometer lange Gebiet von der Sebastian-Einfahrt bis in Höhe von Ankona gelten. Weiterhin wäre ratsam, bereits jetzt einen Bergungspachtvertrag für die beiden lokalisierten Wracks abzuschließen. Solche Verträge beinhalteten im wesentlichen, daß der Pächter alle entstandenen Kosten bestreite und dafür 75 Prozent der gehobenen Werte behalten dürfe. Der Staat bekomme die restlichen 25 Prozent und alle als archäologisch bedeutsam eingestuften Funde. Sobald Kip diese Formalitäten erledigt habe, könne man sich in aller Ruhe nach geeigneten Gefährten umschauen.

Am 11. März 1960 nahm Kip vom »Internal Improvement Fund« die unter der Nummer 1329 registrierten Verträge entgegen. Wenige Jahre später, als infolge seiner überwältigenden Erfolge ihm Intrigen und Querelen zu schaffen machten, äußerte er sich zu Docs Ratschlag: »Der Abschluß meiner Verträge mit dem Bundesstaat Florida war mit Abstand einer der vernünftigsten Schritte, die ich je getan habe ...«

Im Spätherbst des Jahres 1959 nahm Wagner – zu dieser Zeit wurden seine Such- und Bergungsanträge bereits wohlwollend geprüft – Kontakt zu seriösen Tauchsportlern auf, die sich für versunkene Schätze interessierten und technische, organisatorische oder juristische Kenntnisse besaßen. Vier Männer kamen schließlich für sein Vorhaben in die engere Wahl: Louis J. Ullians (Lou) war beruflich als Waffentechniker für die Überwachung des Zerstörungssystems jeder einzelnen Rakete zuständig, die von der Luftwaffe in Kap Canaveral abgeschossen wurde. Lou hatte schon als Zwölfjähriger getaucht und bei den Florida Keys wiederholt auf Wrackplätzen einige Münzen gefunden.

Delphine Long (Del) arbeitete gleichfalls auf dem Raketenversuchsgelände. Er zeichnete für die gesamte Stromversorgung der Flugkörper verantwortlich. Seine Freizeit verbrachte Del vorwiegend in einem Tauchsportklub, dessen Mitglieder ihn zu ihrem Präsidenten gewählt hatten. Zog er den Taucheranzug an, konnte man sicher sein, daß ihn wieder einmal Wrackreste reizten, deren wahre Bedeutung er aber noch nicht in vollem Umfang erkannte.

In Dels Klub frönte auch Ervin Taylor (Erv) seinem Hobby. Er gehörte der Distriktsabteilung für Moskitokontrolle des Bezirkes Brevard an und hatte speziell in der Küstenregion zu tun. Seine operative Tätigkeit brachte es mit sich, daß er den Oststrand Floridas wie kein anderer kannte. Während seiner Freizeit lernte er als Taucher so manch einsame Küstenstelle mit unberührter Unterwasserwelt schätzen. In Ervs Tagebuch gibt es diesbezüglich Dutzende aufgezeichneter Erlebnisse – einschließlich der Entdeckung von Wrackresten in der von Wagner für die Schatzsuche ins Auge gefaßten Riffzone.

Der letzte und vielleicht sogar »wichtigste« Gesprächspartner war Lous Vorgesetzter Oberst Dan F. Thompson. Als Operationschef auf dem Schießplatz verfügte er über umfangreiche Erfahrungen in technischer Führung, Planung, Organisation und Verhandlungstaktik. Zu seinen speziellen Aufgaben gehörte unter anderem, prominente Persönlichkeiten bei ihren Besuchen im Testzentrum sachkundig zu informieren, mit Vertretern der Regierung und der Industrie zu verhandeln. Wagner bot seine ganze Überredungskunst auf, den fähigen Obersten für sich zu gewinnen.

Als Kip im Frühjahr vom »Internal Improvement Fund« die ersehnten Genehmigungen erhielt, war er sich mit den vier Männern gleichfalls einig: »Im Sommer beginnen wir mit der Ausgrabung eines Wracks!« Vorher galt es jedoch, noch einige Klippen zu umschiffen. Aus Erfahrung klug geworden, sollte nur an dienstfreien Tagen beziehungsweise während des Urlaubs nach Schätzen gesucht werden. Das bedeutete, daß bis dahin jeder seine Ausrüstung zu komplettieren und mit seiner Familie ins reine zu kommen habe. Weiterhin müßte bei Arbeitsbeginn ein ausgeklügelter Ablaufplan vorliegen, um alle Geräte entsprechend der Qualifikation des einzelnen sinnvoll nutzen zu können. Die Aufstellung des Plans hing letztendlich von einem Wasserfahrzeug ab, das ihnen immer noch fehlte.

Lou und Dan lösten das Schiffsproblem auf ihre Weise: Zu den Untergebenen Dans zählte Oberstleutnant Harry Cannon, der ein Siebenmeterboot mit Außenbordmotor besaß. Harry wurde von beiden solange »bearbeitet«, bis der potentielle Schatzsucher restlos von seinem zukünftigen Glück überzeugt war und Wagner bat, an dem Unternehmen teilnehmen zu dürfen. Auch das Tauchen brachte man Cannon bei, recht drastisch sogar – man legte ihm das Drucklufttauchergerät an, erläuterte einige Verhaltensregeln und warf ihn einfach ins Wasser. Dreißig Minuten lang mußte Harry unten bleiben, ehe die »Aufnahmeprüfung« als bestanden galt.

Den Schlußpunkt unter die Mannschaftsbildung setzte Lisbon Futch (Libe), der als langjähriger Arbeitskollege und Freund Wagners oft bei der Münzsuche am Strand half. Libe verstand es, sich als »Mädchen für alles« stets in jeder nur erdenklichen Situation nützlich und damit unentbehrlich zu machen. Der Gruppe war ein Faktotum dieser Art nur recht, zumal Libe mit Motorbooten ausgezeichnet umzugehen verstand – Harrys Schiff würde sich auch bei dessen Abwesenheit in guten Händen befinden.

Die gemeinsam verbrachten Winterabende förderten den Zusammenhalt des Teams. Wie es sich aber »vor Ort« bewähren würde, wußte niemand mit Bestimmtheit zu sagen, obwohl jeder vor Optimismus nur so strotzte. Wagner dachte an den mißlungenen Bergungsversuch mit Steadman Parker und daran, was er tun müsse, um ein ähnliches Fiasko zu vermeiden. Ihm kam die Idee, ein bedeutungsloses Wrack probeweise auszugraben. Der Haken bei der Geschichte war der, daß sich Kip nicht offenbaren durfte – im Gegenteil, er mußte seine neuen Partner in dem Glauben bestärken, daß sie in dem Wrack sicher fündig würden.

Sobald es die Witterungsverhältnisse erlaubten, unternahm die Mannschaft eine Erkundungsbootsfahrt zu der von Wagner empfohlenen Stelle. Sie befand sich 32 Kilometer südlich der Sebastian-Einfahrt. Etwa 300 Meter von der Küste entfernt lagen hier im sechs Meter tiefen Wasser die Reste einer Galeone. In der näheren Umgebung gab es keine gefährlichen Riffe, und auch die See war hier wegen einer geringen Strömung etwas klarer, so daß die Unterwasserarbeiten unter einem guten Stern stehen würden.

Wagners »Gucki« ging von Hand zu Hand. Jeder wollte einen Blick auf die Schiffsreste werfen. Der sichtbare Teil des Wracks bestand jedoch aus einem 20 mal 6 Meter großen und zweieinhalb Meter hohen Haufen Ballaststeine. Noch vorhandene Galeonenteile lagen sicher darunter oder waren von Sand, Algen beziehungsweise von Korallen verdeckt.

Zwei wichtige Erkenntnisse brachten die Schatzsucher von der Aufklärungsfahrt mit nach Hause: Rund 100 Tonnen Steine und Unmengen von Sand warteten darauf, weggeräumt zu werden. Das war per Hand äußerst langwierig, wenn nicht sogar unmöglich. Also mußten eine Saugpumpe und ein Hebebaum angeschafft werden. In Harrys Boot reichte der Platz jetzt kaum aus – und nun noch mehr Geräte? Es blieb nichts weiter übrig, als nach einem größeren Boot Ausschau zu halten, das aber nicht zu teuer sein durfte. Libe konnte helfen. Mit Wagner fuhr er zum Aussonderungslager der Marine in Norfolk (Virginia), wo sie für 1200 Dollar eine Zwölfmeter-Liberty-Barkasse erstanden. Das total verrostete und völlig verdreckte Schiff vereinte nur drei positive Eigenschaften: es war billig, seine Maschine lief einwandfrei, und der Rumpf wies keine undichten Stellen auf. Die SAMPAN – so der Name der Barkasse – mußte vollkommen überholt und dabei zum Bergungsfahrzeug umgebaut werden. Letzteres bezog sich vorwiegend auf den achteren Teil, der Ladebaum und Saugpumpe aufzunehmen hatte. Bis zum Sommeranfang gab es viel zu tun, um die SAMPAN einsatzbereit zu machen. Als das Team zur ersten Ausfahrt rüstete, war die Barkasse nicht mehr wiederzuerkennen – sie sah aus wie neu ...

Schon die ersten Arbeitstage an der Wrackstelle zeigten, daß es sinnlos wäre, den gesamten Steinhaufen abzutragen – es würde Monate in Anspruch nehmen. Die Männer konzentrierten sich deshalb auf einen quer durch den Steinhügel anzulegenden, drei Meter breiten Korridor. Auf diese Weise würden sie am ehesten auf Schiffs- oder Ladungsreste stoßen. Sie bildeten unter Wasser eine Kette: Der erste löste mit einer Brechstange die Steine und reichte sie durch seine Beine hindurch einem zweiten Taucher, der sie wiederum einem dritten zur ordnungsgemäßen Ablage an einem bereits abgesuchten Platz übergab. Größere Steine wurden mit Hilfe des Ladebaums angehoben und so, über den Meeresgrund »schwebend«, transportiert.

Sobald jeweils einige Dutzend Steine nach dieser kräftezehrenden Methode umgesetzt worden waren, trat die selbstkonstruierte Saugpumpe in Aktion. Sie bestand aus drei Hauptbestandteilen: Dieselmotor, Ofenrohr mit Stutzen und Feuerwehrschlauch. Ihr Saugprinzip war verblüffend einfach. Man pumpte Wasser in das offene Ende des Schlauches, erzeugte dadurch einen Unterdruck, der Meereswasser, Sand und Bodenablagerungen hochsaugte – einige Meter weiter gelangte alles durch ein grobes Sieb wieder ins Meer zurück. Hunderte kleiner Keramik- und blauweißer Porzellanscherben blieben auf dem Drahtgitter liegen. Diese Funde blieben dem Universitätsmuseum von Florida vorbehalten. Ab und zu befanden sich Holzstückchen, Messingbolzen oder verrottete – somit undefinierbare – Metallteile im Schlammstrom. Das war aber auch alles. Nicht eine einzige Münze kam zum Vorschein. Dafür häuften sich auf der SAMPAN die von den Tauchern geborgenen Kanonenkugeln – bedeutend mehr, als das Museum haben wollte.

Es wurde Spätsommer, und bald war die Tauchsaison vorüber, aber noch immer hatten die Männer nichts von Wert gefunden. Gereizte Stimmung machte sich breit, doch niemand gab auf. Widerwillig stiegen die Taucher hinab, um Steine umzuschichten, zu saugen und nach Ladungsresten zu suchen. Die monotone Unterwasserarbeit schien kein Ende zu nehmen.

Eines Tages tauchte Harry schweigend auf, kletterte an Bord und legte, ohne eine Miene zu verziehen, fünf keilförmig gearbeitete Silberbarren auf den Tisch. Im Nu waren die Anstrengungen der letzten Wochen vergessen. Optimismus breitete sich wieder aus. Jeder wollte es Harry nachmachen. Und tatsächlich, noch zehn weitere Barren – jeder etwa 500 bis 600 Dollar wert – wurden entdeckt, ehe die einsetzende Schlechtwetterperiode zum Abbruch des Unternehmens zwang.

Für Wagner stand nunmehr fest, daß er sich trotz des allgemeinen Mißerfolges auf sein Team verlassen konnte. Im kommenden Jahr, so plante er, würden sie das von ihm aufgespürte und vielversprechende Wrack bei der Sebastian-Einfahrt ausgraben.

Piasterrausch. Die naßkalten Herbstmonate forderten förmlich zur Überholung, Verbesserung und Vervollständigung der Ausrüstung heraus. Besonders unangenehm hatte sich bei der Ausgrabung der zeitlich begrenzte Unterwasseraufenthalt bemerkbar gemacht – viel zu schnell ging die mitgeführte Atemluft zur Neige. Zum Flaschenwechsel mußte man zum Basisschiff zurückkehren, die Arbeit unterbrechen. Dem sollte abgeholfen werden. Da die Männer nur wenige Meter tief zu tauchen hatten und ihr Aktionsradius an der Wrackstelle gering war, wollten sie bei ihrer künftigen Schatzsuche leichte, oberflächenabhängige Tauchergeräte benutzen: Die Atemluftzufuhr erfolgte von dem auf der SAMPAN stationierten Niederdruckkompressor aus über einen Druckschlauch, der mit einem auf den Rücken des Tauchers geschnallten oder in seiner Vollgesichtsmaske eingelassenen Lungenautomaten verbunden war. Mit dem leichten Schlauchtauchergerät waren die Tauchzeiten praktisch unbegrenzt, es sei denn, der Verdichter wäre ausgefallen ...

Zum Jahreswechsel überraschten die Gruppenmitglieder Wagner mit der erfreulichen Nachricht, daß alle benötigten Geräte vorhanden wären. Sie wurden entweder überholt, komplettiert oder beschafft. Die gleichfalls geringfügig umgebaute SAMPAN – den bisher offenen achternen Teil überspannte nunmehr ein Sonnen- oder Regenschutzverdeck – war frisch gestrichen und lag zur Ausfahrt bereit. Was jetzt noch an Arbeit übrigblieb, konnte im täglichen Allerlei erledigt werden – Dinge, die kaum erwähnenswert schienen.

Ob der Anstrengungen und des Fleißes seiner Gefährten blieb Kip nichts anderes übrig, als ihnen zu versprechen: »Sobald das Wetter es zuläßt, fahren wir zu einem anderen Wrackplatz. Mit großer Wahrscheinlichkeit werden wir in diesem Jahr ausschließlich dort arbeiten – und ich glaube, es wird erfolgreicher sein als bisher.«

Schon am folgenden Sonntag, man schrieb den 8. Januar 1961, sollte Wagner sein gegebenes Wort einlösen. Das Team hatte ihn von einer Erkundungsfahrt überzeugt, obwohl stürmische See, heftiger Wind und grimmige Kälte herrschten. »Immerhin«, so das einleuchtende Argument, »ist das Wasser bei den Riffen jetzt verhältnismäßig klar – eine günstige Gelegenheit, das Wrack kennenzulernen.«

So kam es, daß Harry an diesem Sonntagmorgen die SAMPAN vorsichtig durch die enge Sebastian-Einfahrt und danach den Riffgürtel entlang vier Kilometer nach Süden steuerte. Für Wagner war es nicht einfach, die Wrackstelle wiederzufinden. Bisher hatte er sie stets von Land aus aufgesucht und sich dementsprechend orientiert. Diesmal, aus anderer Sicht, kam ihm die Gegend fast fremd vor.

Schließlich glaubte er den Platz lokalisiert zu haben. Harry ließ Anker werfen, und die SAMPAN war für die nächsten Stunden zum Dümpeln verurteilt – 300 Meter vom Strand und nur 20 Meter von den Riffen entfernt.

Da nur Dan und Harry einen Naßtaucheranzug aus Neoprene besaßen, fiel die Wahl, wer zuerst ins Wasser »durfte«, nicht schwer. Sie legten Flossen, Bleigürtel und Tauchergerät an, setzten ihre Gesichtsmasken auf und steckten den Schnorchel unter das Maskenband. Noch einmal wurde der Sitz der Geräte überprüft und einige Probeatemzüge gemacht, ehe sich beide auf den Bordrand setzten, um dann nach rückwärts in die Atlantikfluten abzukippen. Diese Einstiegsart ist die vorteilhafteste, man muß dabei nur seine Maske festhalten – wird das im Übereifer vergessen, dürfte sie nach dem Eintauchen kaum noch an ihrem Platz sein, meist ist sie auf Nimmerwiedersehen in die Weiten des Meeres entschwunden

Dan und Harry waren höchstens seit fünf Minuten unter Wasser, als Harry etwa 200 Meter südlich der SAMPAN auftauchte, sein Mundstück herausnahm, nach unten zeigte und »Kanone« schrie. Del und Lou hievten den Anker und ließen die Barkasse langsam zu der Stelle treiben, an der sich die Taucher befanden. Erneut fiel der Anker in die Tiefe. Jetzt lag das Fahrzeug unmittelbar über der Wrackstelle. Harry erzählte den Männern, was er erspäht hatte: »Vier Kanonenrohre. Stellenweise sieht der Meeresgrund wie leergefegt aus. Mir scheint, als ob die Wogen ziemlich viel Sand weggeschwemmt haben.«

Plötzlich tauchte Dan neben der Barkasse auf. Er reichte Lou einige Silbermünzen und verlangte aufgeregt nach einer Leine. Mit ihr verschwand er blitzschnell nach unten. Als er abermals an der Wasseroberfläche erschien, war die Leine straff. Gemeinsam zogen sie das, was Dan festgebunden hatte, an Bord: einen knapp 40 Kilogramm schweren, schwarzgrün aussehenden Klumpen - Hunderte unregelmäßig geformter, aneinanderklebender Silbermünzen. Auf der SAMPAN redeten alle durcheinander. Jeder wollte von Dan Näheres erfahren. Und sein ausführlicher Bericht übertraf ihre kühnsten Erwartungen:

»Die Sichtverhältnisse waren tatsächlich nicht schlecht, doch die Unterwasserströmung – hervorgerufen durch die Brandung – hatte es in sich. Wir arbeiteten in dem etwa sechs Meter tiefen Wasser nach einem gewissen Schema, indem jeder einen etwa zehn Meter großen Kreis schwamm. An den Schnittpunkten trafen wir zusammen. Auf diese Art konnten wir einen Streifen von fast 20 Metern Breite systematisch nach Wrackresten absuchen. Auf einmal tauchte Harry auf. Hatte er et-

was entdeckt? schoß es mir durch den Kopf, und ich schwamm in seine Richtung. Da bemerkte ich ein etwa drei Meter langes, von Korallen bedecktes Kanonenrohr. Dann sah ich noch zwei weitere, die wie verstreute Speichen eines großen Rades dalagen, nur teilweise im Sand begraben.

Je mehr ich mich den Kanonenrohren näherte, um so mehr Gegenstände nahm ich wahr. Sie lagen frei auf dem Grund, auch zwei felsblockartige Gebilde, die aus irgendeinem seltsamen Grund sofort meine Neugier erweckten. Ungefähr einen halben Meter im Durchmesser maßen die von einer leichten Kruste bedeckten eigenartigen Klumpen. Als ich die Umgebung näher betrachtete, traute ich meinen Augen kaum – Münzen, Münzen und nochmals Münzen! Ganze Nester von Silberpiastern, soweit man schauen konnte.

Ich mußte mich beim Anheben der Klumpen gewaltig anstrengen. Völlig unmöglich, daß ich mit ihnen auftauchen konnte. Was tun? Da kam mir die Idee, die Klumpen einfach unter den Arm zu nehmen und auf dem Grund entlangzugehen, bis ich mich unterhalb des Bootes befand. Obgleich im Salzwasser alles um ein Drittel leichter ist, wurde mir schon nach den ersten Schritten klar, daß ich mit beiden Stücken nicht weit kommen würde. Mir fiel ein, daß sich in unmittelbarer Nähe ein aus dem Sand ragender Balken befand. Zu diesem Markierungspunkt brachte ich den ersten Klumpen. Als ich den anderen holen wollte, fand ich ihn nicht mehr. Es war zum Verzweifeln, doch nicht zu ändern. Sobald ich den Schatten vom Rumpf unserer SAMPAN ausmachen konnte, ergriff ich einige der herumliegenden Silbermünzen, schwamm nach oben und drückte sie Lou in die Hand. Gleichzeitig ließ ich mir von ihm ein Seil geben und jagte zurück zum Orientierungsbalken. Den Klumpen umschlingen, euch das andere Seilende bringen und . . . Aber den Rest kennt ihr ja.«

Die sich an Dans Worte anschließenden, hemmungslosen Freudenausbrüche seiner Zuhörer hielten nicht allzulange an. Jeder, der tauchen konnte, sprang über Bord – zum Teil ohne Kälteschutzanzug und Atemgerät, nur mit Flossen, Maske und Schnorchel. Alle guten Vorsätze von Teamgeist waren vergessen, niemand dachte mehr an seine, geschweige denn des anderen Sicherheit. Im Augenblick zählte nur das auf dem Meeresgrund herumliegende Silber. Und die See war freigiebig: An Deck häuften sich die geborgenen Münzen. Doch gegen die Kälte kam niemand an. Langsam wurden die Männer wieder vernünftig, sie tauchten nur noch mit dem Neopreneanzug. Jedes Duo blieb eine Stunde im Wasser, dann kam das nächste an die Reihe.

Gegen 14.00 Uhr, als der Wind sehr heftig geworden war, mahnte Kip Wagner zur Rückkehr. Die Erkundungsfahrt hatte sich gelohnt. Fast 4000 Silbermünzen – einschließlich Dans zweitem Piasterklumpen, der doch noch entdeckt und gehoben werden konnte – wurden an diesem Vormittag aufgesammelt. Das war der langersehnte große Fund, den sie brauchten, der sie zu neuen Taten anspornen und die Gruppe fester zusammenschweißen würde. Dieser 8. Januar 1961 hatte alles verändert, und Mißerfolge der letzten Monate – für Wagner und Dr. Kelso sogar Jahre – wurden schlagartig aus dem Bewußtsein verdrängt. Ein einziger Gedanke beseelte die Schatzsucher: Sie sind jetzt reich! Die Münzen dürften mindestens 80 000 Dollar wert sein. Für den Anfang ein stattlicher Betrag. Nach dem nächsten Wrackbesuch wird die Summe noch größer ausfallen, denn das Einsammeln der Silberpiaster mit dem Sauggerät ist gegen die heute durchgeführte Unterwasserarbeit ein Kinderspiel.

Fünf Wochen sollten indessen noch vergehen, ehe Wagner an die nächste Ausfahrt denken konnte. Seit jenem glücklichen 8. Januar lösten die Stürme einander ab.

Der Atlantik kam nicht zur Ruhe. Täglich eilten die Männer zum Strand, schauten zu »ihrem« Wrackplatz, zu der Stelle, wo ein Vermögen auf sie wartete. Doch stets das gleiche Bild: meterhohe Wogen, die sich an den Riffen brachen. Die ganze Flachwasserzone war ein einziger brodelnder, schäumender Hexenkessel.

Endlich beruhigte sich die See etwas. Man konnte es wagen. Diesmal hatte niemand seinen Kälteschutzanzug daheim gelassen, jede Minute sollte voll genutzt werden. Außer den vertrauten Druckluftauchergeräten wollten die Männer erstmals mit den leichten Schlauchtauchergeräten in der Tiefe arbeiten. Kaum am ersehnten Ziel angekommen, sprangen Dan und Lou über Bord, um zu erkunden, wie es auf dem Meeresboden aussieht. Ihr Bericht ließ hoffen: »Nur eine leichte Sandschicht bedeckt die Kanonen und die bekannten Wrackteile.« Und wieder kamen Silbermünzen zum Vorschein – der verbesserte »Unterwasserstaubsauger« bestand seine Bewährungsprobe.

Urplötzlich schlug der Wind von Ost auf Nordost um und frischte zudem bedenklich auf. Sturmgefahr! Wagner drängte zur Heimfahrt. Seine Worte verhallten unbeachtet, der Silberrausch erwies sich als stärker. Da brach die Ankertrosse! Die SAMPAN gierte auf das nächste, nur wenige Meter entfernte Riff zu. Den Motor anwerfen und die Barkasse aus der Gefahrenzone hinaussteuern war eins – niemand dachte in dieser Situation an die beiden Taucher, die, an ihren Luftschläuchen »hängend«, geschleppt wurden. Glücklicherweise hielten die Schläuche. Sie gerieten auch nicht in die Schraube. Es kam nicht zur Katastrophe.

Rund 3000 Silberpiaster betrug diesmal die Ausbeute. Ein sehr gutes Ergebnis. Doch welch hohen Preis hätte man beinahe dafür entrichten müssen! Die Stimmung war gedrückt. Nachdenklich starrte jeder vor sich hin, dachte darüber nach, was alles hätte geschehen können. Selbst das kleinste Fischerboot ist mit zwei Ankern ausgerüstet, aber die SAMPAN führte nur einen mit. Weshalb eigentlich nicht zwei? Niemand hatte sich bisher mit solchen Fragen beschäftigt. Das heutige Erlebnis belehrte die Männer eines Besseren. Auf jeden Fall müßte man künftig die Sicherheit als oberstes Gebot betrachten, in diesem Punkt waren sich alle einig, und darüber sollte in aller Ruhe eingehend beraten werden.

Die angestrebte Zusammenkunft fand wenige Tage später statt. Auf ihr wurden die Prinzipien der weiteren Zusammenarbeit festgelegt. Bisher bestand ihr Übereinkommen darin, daß sich jeder von ihnen gegenüber Wagner durch Handschlag verpflichtete, aktiv an der Suche und Bergung von Schätzen teilzunehmen. Umgekehrt waren alle Gruppenmitglieder anteilmäßig am Gewinn beteiligt. Zwar hatte man auch in der Vergangenheit so manchen Abend gemeinsam verbracht und bei solchen Gelegenheiten über alles mögliche gesprochen, eine straffe Organisation bestand jedoch nicht. Das sollte ab sofort anders werden.

Sie gründeten eine Gesellschaft, die, nach der spanischen Münze »ocho reales« (einem Acht-Eskudo-Stück) »Real Eight Corporation« benannt, ins Handelsregister von Florida eingetragen wurde. Ihr Statut beinhaltete Rechte und Pflichten der Mitglieder. Präsident Kip Wagner und sein Vertreter Dan Thompson trugen nicht nur die volle Verantwortung für alle Einsätze »vor Ort«, sondern wurden auch zur allseitigen Wahrung der geschäftlichen Interessen ermächtigt. Wie sich später zeigen sollte, waren die gefaßten Beschlüsse Gold wert...

Die Tage verrannen, die Schlechtwetterlage zwang zur Untätigkeit. Wagner wehrte kategorisch alle Überredungsversuche seiner Gefährten ab: Bei starkem Seegang wird nicht mehr getaucht!

Mit Frühlingsbeginn trat eine bescheidene Wetterberuhigung ein. Man fuhr zur Wrackstelle. Doch welche Enttäuschung! Das Stimmungsbarometer der Mannschaft erreichte den absoluten Tiefpunkt: Im Januar hatten die Taucher an den Kanonenrohren Unterwasserbojen befestigt. An drei Meter langen Leinen schwammen die orangefarbenen Kunststoffbälle hoch genug, um die Fundstelle unauffällig zu markieren. Jetzt pendelten sie nur noch knapp über dem Meeresboden, demnach bedeckte eine zwei Meter starke Sandschicht die Wrackreste.

Den Schatztauchern wurde klar, daß ihnen eine langwierige, harte Arbeit bevorstand. Poseidon hütete mit Bedacht die ihm anvertrauten Werte. Er gab sie nicht so ohne weiteres heraus, zumindest nicht so leicht, wie es nach den ersten beiden Tauchgängen schien. Solche enormen Sandmassen lassen sich mit dem kleinen Sauggerät nicht bewältigen – bereits ein Versuch wäre sinnlos, würde lächerlich wirken. Es gab nur zwei Möglichkeiten, diese unerwartet aufgetretenen neuen Schwierigkeiten zu überwinden. Entweder man besorgte schnellstens eine größere Saugpumpe, oder man wartete einfach ab, bis die See den Sand wieder wegschwemmte. Beide Varianten hatten etwas für sich: Geräte zu beschaffen oder zu bauen kostete Zeit und Geld – aber es konnte bei einigermaßen günstigen Witterungsbedingungen zu beliebiger Stunde am Wrack gegraben werden. Der Natur die Arbeit zu überlassen, hieß von ihr abhängig zu sein – sie allein würde den Zeitpunkt der Schatzbergung bestimmen. Allerdings brauchten dann die Taucher weniger Strapazen auf sich zu nehmen, und die Gesellschaft hätte geringere finanzielle Ausgaben.

Die Techniker der Gruppe vertraten die erste Variante und setzten sie durch. Sie wollten das Gerät selbst bauen und so die entstehenden Kosten auf einem Minimum halten. Wagner hatte in diesem Zusammenhang nachdrücklich einen vorzeitigen

Verkauf der spanischen Silbermünzen abgelehnt. Waren ihre Erfolge erst einmal publik, würde man sich des Ansturms von Abenteurern aller Schattierungen kaum noch erwehren können. Immerhin müßte ein Küstenstreifen von rund 80 Kilometern Länge »verteidigt« werden. Deshalb wäre es ratsam, nach wie vor über die Funde Stillschweigen zu bewahren und auch die Finanzierung ihres Unternehmens wie bisher zu bestreiten – von ihren Gehältern.

Es dauerte nicht lange, da stellten Del und Erv ihre neue Saugpumpe vor. Sie funktionierte einwandfrei. Allerdings war die Saugleistung immer noch zu gering.

Das nächste von ihnen konstruierte Sauggerät, ein Air-Lift, erwies sich gleichfalls als zu schwach. Aber die Männer waren von dem Arbeitsprinzip begeistert. Sie glaubten, daß ein Kompressor mit größerer Förderleistung und ein Saugschlauch von etwa 15 Zentimeter Durchmesser für ihre Zwecke richtig wären, deshalb bauten Del und Erv ein solches Gerät.

Die Erprobung des gewünschten Air-Lifts fiel zur vollen Zufriedenheit aus. Innerhalb von fünf Minuten konnten drei Kubikmeter Schlick abgesaugt werden. Eine phantastische Sache! Sobald sich der Saugkopf im Sand befand, ließ er sich leicht führen. Lag er aber frei, wurde er widerspenstig, denn der Schlauch schlug unter dem hohen Druck wie eine Peitschenschnur hin und her. Die Taucher lernten schnell, das Gerät zu beherrschen, alle hatten sich auf die neue Ausgrabungsmethode eingestellt.

Eines Tages, Mitte Juni, spuckte der Air-Lift die ersten Münzen ins Drahtnetz: 70 Stück. Dann eine lange Zeit keine einzige mehr. Die Taucher standen vor einem Rätsel. Sie wußten, daß Tausende Silberpiaster auf dem Meeresgrund verstreut herumlagen, also mußten auch welche hochgesaugt werden. Die Erleuchtung kam den Männern zufällig. Mit dem Saugkopf stießen sie auf einen Balken, der ihnen verteufelt bekannt vorkam. An dieser Stelle hatten sie demnach schon einmal gearbeitet, hier konnten keine Funde mehr erwartet werden. Bei den schlechten Sichtverhältnissen und der monotonen Unterwasserlandschaft war eine Orientierung schwierig. Die durch Seegang, Ebbe und Flut hervorgerufene Strömung sorgte dafür, daß alle gesaugten Vertiefungen nach wenigen Stunden wieder zugeschwemmt wurden. Kein Wunder, wenn man an manchen Stellen mehrmals saugte – zumal jedes Taucherpaar nach seinem eigenen System vorging. Das Team einigte sich auf eine neue Methode: Der Wrackplatz wurde durch mehrere in den Boden gerammte Eisenstangen gekennzeichnet. An der ersten befestigte man eine zehn Meter lange Leine. Um diese Eisenstange saugten die Taucher kreisförmig den Sand ab. War die Tagesarbeit beendet, machten sie an der Stelle, an der sie aufgehört hatten, einen Knoten ins Seil. Der nächste Arbeitstag begann an dieser Markierung. War der 20 Meter große Kreis abgesucht, wiederholte sich der Vorgang an einer anderen Stange.

Als die Herbststürme einsetzten und die Tauchsaison sich ihrem Ende näherte, konnten die Taucher zufrieden sein. Diesmal hatten sie Tausende von Silberpiastern – je nach Zustand jeder 35 bis 150 Dollar wert – an die Oberfläche gebracht. Außer den Geldstücken spie der Air-Lift Silberschnallen, eiserne Schiffsnägel, Keramikscherben und kleinere hölzerne Wrackteile aus. 19 mit Bojen kenntlich gemachte eiserne Kanonenrohre mußten bei den Riffen zurückgelassen werden. Man würde sie einem Museum anbieten und bei Interesse später heben . . .

Nach Silber nun Gold. Der Piasterrausch hielt nicht lange an. Sehr schnell fanden die Schatzsucher auf den Boden der Realität zurück. Ungünstige Witterungsverhältnisse oder berufliche Verpflichtungen brachten es mit sich, daß die Männer bis zum Herbst 1962 lediglich 12 Tage an ihrem Wrackplatz schaffen konnten. Außer den üblichen Münzen – allerdings nicht in gewohnter Anzahl – nahm Wagner einige ungewöhnliche Dinge in seine Sammlung auf: Ein bronzenes Apothekergefäß, zwei Musketen, eine vergoldete bleierne Schmuckschatulle, mehrere aus Silber gefertigte Gabeln und Topfdeckel, eine silberne Terrine, sowie ein gleichfalls aus Silber gearbeiteter Schmetterling, der sicher als Pfropfen die Kristallkaraffe eines höheren spanischen Offiziers verziert hatte.

Obwohl sich der Atlantik mitunter von seiner freundlichsten Seite zeigte, kam es vor, daß die SAMPAN nicht im bekannten Fundgebiet ankerte, sondern mit vier Knoten Fahrt in der äußeren Riffzone kreuzte. Das geschah stets dann, wenn nur zwei oder drei Mannschaftsmitglieder dienstfrei hatten, eine Ausgrabung mit dem Sauggerät deshalb nicht möglich war. An solchen Tagen ließ sich ein im Aquaplan liegender Taucher im zehn Meter tiefen Wasser über den Meeresgrund schleppen. Dies ist eine sehr gute Methode, um Wracks aufzuspüren. Und tatsächlich wurden an verschiedenen Stellen Kanonenrohre, Anker, Ballaststeine oder Eichenholzbalken ausgemacht – alles untrügliche Anzeichen eines Schiffbruchs.

Kip Wagner ging die Erkundung des Meeresbodens mit dem Aquaplan zu langsam voran. Er dachte wiederholt an seine zurückliegenden Versuche, untergegangene Galeonen aus der Luft zu entdecken. Damals scheiterte sein Vorhaben an der zu hohen Geschwindigkeit des Flugzeuges. Schwebte man aber in etwa dreißig Meter Höhe – zum Beispiel mit einem kleinen Heißluftballon –, müßten alle unnatürlichen Abweichungen in der Riffregion zu erkennen sein. Am Ballon brauchte nur ein Bootsmannsstuhl für den Beobachter angehängt und das ganze System per Seil mit der langsam fahrenden SAMPAN verbunden zu werden. Auf diese Weise wäre in kurzer Zeit das umfangreiche Flachwassergebiet abgesucht.

Erv bemühte sich, Kips Idee mit bescheidenen technischen Mitteln umzusetzen. Schon die ersten Probestarts machten deutlich, daß diese Suchmethode nie zum Ziel führen würde. Ständig wechselnde Winde sorgten immer wieder für heitere Szenen, da nach wenigen Metern Höhenflug der »Luftakrobat« unfreiwillig im Atlantik baden ging. So schien es wohl doch das beste zu sein, sich wie bisher üblich durch das Wasser schleppen zu lassen.

Nach den einsetzenden Herbststürmen erwartete niemand mehr nennenswerte Funde. Die Grabungssaison galt als beendet. Den Schatzfahndern blieb bis zum Frühjahr 1963 genügend Zeit für die Überholung ihrer Ausrüstung und für die nach Stürmen zur Routine gewordenen Strandwanderungen. Das Absuchen des Spülsaums mit dem Metalldetektor brachte zwar immer ein paar Silbermünzen ein, doch stand der betriebene Aufwand in keinem Verhältnis zum Ergebnis. Aber

schließlich »gehörte« ihnen der weit verstreut herumliegende Schatz. In ihrer Hand lag es, ihn systematisch zusammenzutragen oder das Feld anderen zu überlassen. Letzteres wollten sie auch nicht, ergo plagten sie sich regelmäßig mit den Metallsuchgeräten ab.

Eines Tages, im November, nahm Wagner seinen Neffen Rex Stocker zum Strand mit: Kip ging mit dem Detektor unmittelbar am Wasser, Rex etwas höher, dort, wo in der vorangegangenen Nacht die Flut einen Seegrassaum hinterlassen hatte. Zwei, höchstens drei Silberpiaster konnte Kip pro Stunde entdecken, Rex dagegen keinen einzigen. Trotzdem war er an diesem Tag ein ausgesprochenes Glückskind – er fand eine über drei Meter lange goldene Kette mit drachenförmigem Anhänger. Das einst von chinesischen Goldschmieden für einen spanischen Granden angefertigte Schmuckstück sollte der wertvollste Einzelfund der »Real Eight Corporation« bleiben, denn Kip überzeugte seinen Neffen, sich mit der auf rund 50 000 Dollar geschätzten Kette in die Gesellschaft »einzukaufen«. Durch diesen klugen Schachzug Wagners erhielt das außergewöhnliche Stück einen bleibenden Platz in der kollektiven Sammlung.

Etwa zur gleichen Zeit vollzogen sich noch weitere personelle Veränderungen in der Gruppe: Erv und Libe schieden aus. Ersterer fühlte sich gesundheitlich nicht mehr in der Lage, den Strapazen standzuhalten, und letzterer beugte sich dem Willen seiner Frau, die endlich ein normales Familienleben führen wollte. Um die volle Arbeitsfähigkeit der Mannschaft auch künftig zu gewährleisten, wurden zwei mit Harry befreundete Taucher als neue Mitglieder aufgenommen: Robert Johnson (Bob), ein bekannter Bergungsexperte, und John Jones, der als Hauptmann bei der Luftwaffe diente.

Zu Beginn der Tauchsaison 1963 ereignete sich nicht allzuviel – die Männer fuhren ein paarmal zum Wrack hinaus, verbrachten Stunden mit angestrengter Saugarbeit und kehrten stets nur mit einigen Silberstücken zurück.

Eines Morgens, Anfang Juni, geschah etwas völlig Unerwartetes. Es begann sonniges, windarmes Wetter, das drei Tage andauern sollte. Der spiegelglatte Atlantik ließ die Herzen der Schatzsucher höher schlagen, zumal auch die Sichtweite unter Wasser mit 20 bis 30 Metern ideale Tauchbedingungen versprach. Hinzu kam außerdem noch, daß zuvor die Strömung den 30 mal 12 Meter großen Wrackplatz vom Schwemmsand befreit hatte. Alle mit Bojen gekennzeichneten Kanonenrohre lagen vor ihnen wie auf einem Präsentierteller – zum ersten Mal konnte man die gesamte Arbeitsstelle überblicken.

So eine Chance hatte sich Wagners Schatzjägern bisher noch nie geboten. Fieberhaft, bis zur physischen Erschöpfung, schafften die Männer. Nur wenige Zentimeter tief brauchten sie zu saugen, schon kamen Piaster zum Vorschein. Nicht nur einzelne, sondern in Klumpen vereinte traten zutage. Die zusammenhaftenden Geldstücke – mitunter bis zu 1500 Stück – waren früher entweder in Truhen oder in Säcken aufbewahrt worden. Dies ließ sich aus zwei Besonderheiten ableiten: In einigen Klumpen klebten die Münzen im Winkel von 90 Grad aneinander, als wenn sie ursprünglich in der Kastenecke gelegen hatten; an anderen Piasterpacken konnte man noch die spärlichen Reste von Leinensäcken erkennen. Im Gegensatz zu den vor zwei Jahren entdeckten Münzklumpen mußte man die jetzigen recht vorsichtig bergen. Bei zu heftiger Berührung lösten sich Dutzende Silberstücke aus dem Pakken, mitunter zerfiel sogar das Ganze, so daß Hunderte Münzen wieder aufgesammelt werden mußten. Als der Saugkopf etwas tiefere Bodenschichten erreichte, machten die Männer andere Funde: ein mit Muschelschalen verkrustetes Kruzifix,

einen goldenen Anhänger mit 2,70 Meter langer Kette aus gleichem Metall und 28 unbeschädigte Tassen beziehungsweise Trinkschalen aus feinstem Porzellan – Gefäße der K'ang-Hsi-Dynastie (1662 bis 1772).

Lou, der mit John das Geschirr freigelegt hatte, erläuterte Wagner die Fundsituation: »Mitten im losen Sand stießen wir plötzlich auf einen eigenartigen, grauen Mergelstreifen. Unseren Sauger störte das nicht. Die graue Substanz verschwand, und es sah aus, als ob wir einen Küchenschrank geöffnet hätten. Tassen und Schalen standen ordentlich übereinander – ein recht ungewöhnliches Bild für eine Ladung, die 250 Jahre auf dem Meeresgrund ruhte.«

Dr. Kelso beschäftigte sich eingehender mit der Porzellansammlung, deren drei verschiedene Farbgebungen er immer wieder bewunderte: blaue Muster auf weißem Grund, reinweiß mit schwach sichtbarem Randdekor und gold-schwarze Emaillemalerei. Doc fand heraus, daß die PRINCIPE DE ASTURIAS und NUESTRO SEÑORA DEL CARMEN große Mengen des K'ang-Hsi-Porzellans befördert hatten (die beiden Schiffe brachten 1716 geborgenes Gut der Schatzflotte nach Spanien). Damit die zerbrechlichen Gefäße unbeschadet lange Seereisen überstehen konnten, betteten die Spanier das Porzellan in mit Petuntse-Mergel gefüllte Kisten. Daher rührte also der Mergelstreifen, über den sich Lou und John so wunderten ...

Dr. Kelsos neuere Nachforschungen blieben kein Geheimnis. Im Prince-Albert-, im Königin-Victoria-Museum und in der Universität Michigan sorgten naturgemäß die seltenen Porzellanfunde für beträchtliches Aufsehen. Dadurch wurde die »Real Eight Corporation« schneller populär, als es Wagner lieb war. Gerissene Gauner, raffinierte Geschäftsleute und von Schätzen träumende Amateure richteten an die Gesellschaft Anträge auf Teilhaberschaft. Die meisten dieser Ansinnen konnten mühelos zurückgewiesen werden. Doch vereinzelte Fälle gipfelten im Laufe der Jahre in unangenehmen Auseinandersetzungen, die mitunter sogar zu polizeilichem Eingreifen und zu langwierigen Prozessen führen sollten. Es bedurfte gewaltiger Anstrengungen, um den Intrigen gewachsen zu sein, um die Such- und Bergungsrechte der Schatztauchergruppe in vollem Umfang zu wahren.

Gleich zu Anfang dieser aufregenden Periode erhielt Wagner unerwartet Hilfe: Der in Kalifornien beheimatete und in den USA durch zahlreiche Unterwasserfilme bekannt gewordene Schatztaucher Melvin Fisher (Mel) wollte die »Real Eight Corporation« unterstützen. Mel hatte in der Vergangenheit nicht nur Expeditionen zu den Opferbrunnen der Maya in Yucatán unternommen, sondern auch Wracks vor den Küsten Floridas, Kubas, Haitis, Panamas, Mexikos und Kolumbiens ausgegraben. In Fishers Diensten standen bewährte Berufstaucher, die von ihm prozentual am Gewinn beteiligt wurden. Die bisher durch Mel geborgenen Kostbarkeiten deckten vom Wert her allerdings stets nur Expeditions- oder Grabungskosten. Er wartete immer noch auf den »ganz großen Fisch«, den er sich nun in der Zusammenarbeit mit Wagner versprach. Sein Angebot war ehrlich und daher für die »Real Eight Corporation« akzeptabel: Auf eigene Kosten wollte er eine von Wagner gepachtete Wrackstelle ausbeuten. Alle gefundenen wertvollen Gegenstände sollten – nach Abzug der 25 Prozent für den Staat – je zur Hälfte zwischen beiden Partnern aufgeteilt werden. Für den unter Zeitdruck stehenden Kip bedeutete das, die Wrackplätze ständig unter Kontrolle zu wissen, obendrein für die Gesellschaft beträchtliche Werte zu erlangen, ohne daß seine Männer zu arbeiten brauchten.

Mitte des Jahres traf Fishers Team in Wabasso ein. Kurz zuvor hatten Wagners Gefährten »ihrem« Wrack weitere Silber-

münzen, einen Goldring und 23 Golddublonen – Vier- und Acht-Eskudo-Stücke – abgerungen. Die Funde weckten neue Begierden. Was stellten schon Tausende dieser Piaster dar, wenn vielleicht noch genau so viele Goldmünzen auf sie warteten? Welche Träume wurden wieder einmal geträumt! Kips Männer frohlockten, ihre Glückssträhne brach scheinbar nicht ab.

Mel ließ das alles ziemlich kalt. Er bestand darauf, zunächst an dem Wrack zu arbeiten, wo im Sommer 1960 die Silberkeile geborgen worden waren. Fisher wußte, daß wenig Hoffnung bestand, dort etwas zu finden. Er wollte aber vor der ersten wirklichen Schatzgrabung unbedingt die Flachwasserzone genauer kennenlernen, da seinen Tauchern die Handhabung des Air-Lifts in solch geringer Wassertiefe bestimmt Schwierigkeiten bereiten würde. Und auch die übrige Bergungstechnik mußte unter diesen ungewöhnlichen Bedingungen einer praktischen Prüfung unterzogen werden.

Mit welchen technischen Neuerungen wartete der Kalifornier auf? Als Suchgeräte verwendete er Unterwasserdetektor und Protonenmagnetometer, sein Air-Lift leistete doppelt soviel wie der von Erv gebaute (den Saugkopf mit dem 30 cm-Schlauch konnte ein Taucher allein nicht führen!) und letztendlich das Spülgerät, dessen Wirkung geradezu grandios war: Am Heck des Basisschiffes DEE-GEE gab es eine spezielle Vorrichtung, die einem riesigen Trichter ähnelte. Sobald sich das Fahrzeug über der Wrackstelle befand, wurde die Trichterkonstruktion heruntergeklappt. Der vom Schraubenpropeller erzeugte Wasserstrahl gelangte nun nicht mehr zum Zwecke des Vortriebs nach hinten, sondern durch die abgewinkelte Trichterröhre senkrecht nach unten zum Meeresboden. Sand, Algen und Korallen wirbelten auf, der Grund sah bald aus wie leergefegt. In dem trüben Wasser konnten die Taucher zwar kaum die Hand vor Augen erkennen, doch das machte ihnen nichts aus, derartige Situationen waren sie gewohnt. Dies unterschied sie von Wagners Männern, die nur bei einigermaßen guten Sichtverhältnissen tauchten. Zwei Monate brauchte Fisher, um den Wrackplatz radikal »abzugrasen«: ein Silberkeil und drei Tonfigurinen.

Kurz vor Saisonschluß führte Wagner seinen Partner zu einem anderen Wrack, das in Höhe von Oslo in der Riffzone lag. Mit dem »Gebläse« benötigte Fisher für den neuen Arbeitsplatz kaum drei Wochen. Doch welch Ergebnis!: Rund 2000 Silber- und drei Zwei-Eskudo-Stücke, das Fragment eines silbernen Tellers, eine Tonpfeife, eine Schiffsglocke sowie mehrere Kanonenkugeln. Auf den von der See abgeschliffenen Piastern waren mit bloßem Auge kaum noch Prägungen wahrzunehmen. Die Silberstücke rangierten »unter Ausschuß« und sollten später zum Edelmetallwert veräußert werden.

Den Jahreswechsel feierten beide Schatztauchergruppen gemeinsam. An diesem Tag beschloß man, daß sich Fishers Mannschaft im Frühjahr das letzte der bisher lokalisierten Wracks vornehmen sollte, während die »Real Eight Corporation« hauptsächlich auf ihrem bisherigen Platz weiterarbeiten wollte. Unabhängig davon würden, soweit es ihre Zeit zuließ, Wagners Männer bei Fishers Ausgrabung zugegen sein, um seine modernen Bergungsmethoden kennenzulernen. Kip beabsichtigte, diese im kommenden Jahr gleichfalls anzuwenden.

Gegen Ende April hatte Mels Gruppe an der neuen Wrackstelle bei Fort Pierce etwa 100 Piaster gefunden. Wenige Tage danach, am 8. Mai, blieben zwei runde Goldscheiben (22,5 Karat) im Gitter des Air-Lifts zurück. Sie wogen zusammen sieben Kilogramm und waren mit dem Zeichen der Münzstätte von Mexiko-City versehen.

Dann ging es Schlag auf Schlag, wie die Fundeintragungen aus Mels Logbuch zeigen:

»21. Mai. 217 Vier- und Acht-Eskudo-Stücke.
24. Mai. 1033 Goldstücke.
25. Mai. 928 Dublonen.«

Alle an diesen drei Tagen sichergestellten Münzen stammten aus einem viereinhalb Meter langen und zwei Meter breiten Saugloch. Sicherlich handelte es sich um den Inhalt einer ehemaligen normal großen Schatztruhe, die laut zeitgenössischen Quellen zwischen 1500 und 2500 Dublonen fassen konnte.

Eine Woche später hielt man im Logbuch fest: »Ein 18 Kilogramm schwerer Silberbarren, eine Silber- und zwei Goldscheiben (eine davon mit unversehrtem Feinheits-, Münz- und Prüferzeichen).«

Zwei Hurrikane – Cleo und Dora – sorgten im August für den vorfristigen Abbruch der Bergungsarbeiten. Das Jahr hatte Enttäuschungen und Intrigen gebracht, aber aus beiden Wracks auch Kostbarkeiten: 3712 Goldstücke, rund 100 Kilogramm Piaster, je sechs Silber- und Goldscheiben, einen Silberbarren, 16 Goldringe, acht goldene Ketten, mehrere Silbergabeln, -messer und -löffel, zwei verzierte silberne Kerzenhalter und zwei Silberteller.

Auch die für verschiedene Museen gedachten Funde waren beachtlich: Fünf Kanonenrohre, 79 Rund-, neun Stangen- und 80 Musketenkugeln, zahlreiche Keramikgefäße unterschiedlicher Größe und Form, vier Navigationszirkel aus Messing, ein Degengriff mit Klingenteil, Bleilote, eine Dose und zahlreiche Tonscherben mexikanischen Ursprungs.

Noch während des Sommers erwarb die »Real Eight Corporation« als Ersatz für die ihren Ansprüchen nicht mehr genügende SAMPAN ein Fünfzehnmeterboot. Die 4,30 Meter breite DERELICT, so lautete der Name des Fahrzeugs, war für Bergungsarbeiten im Küstenbereich bestens geeignet. Aber auch sie mußte umgebaut, vor allem mit einem »Gebläse« versehen werden.

Die erste Ausfahrt fand am 22. April

Golddublonen, 8-Eskudo-Stücke

1965 statt. Die Erprobung aller Geräte verlief äußerst zufriedenstellend! Sozusagen als Zusatzgabe zum gelungenen Test »spendierte« Poseidon zwei Piaster und den unteren Teil eines silbernen Kerzenhalters. Mit Beginn der Saison kündigten alle aktiven Mitglieder der »Real Eight Corporation« ihre Arbeitsverhältnisse auf und widmeten sich von nun ab voll dem Schatztauchergeschäft. Zusätzlich wurden fünf Berufstaucher mit festem Gehalt eingestellt. Vom 19. Mai bis 7. September befanden sich die Männer fast täglich auf dem Meer, und zwar etwa 300 Meter von der alten Wrackstelle bei Fort Pierce entfernt. Zufällig entdeckte man dort die Reste einer gesunkenen Galeone. Alle Anzeichen sprachen dafür, daß es sich um ein auseinandergebrochenes Schiff handelte. Den ersten Teil hatte Fisher im Jahr zuvor ausgebeutet, jetzt war der zweite an der Reihe.

Das Resultat der gemeinsam mit Mels Gruppe durchgeführten Ausgrabung übertraf die kühnsten Erwartungen: Tausende Goldmünzen, Zehntausende Silberpiaster (über zwei Tonnen), 13 Silberkeile und Unmengen anderer Wertgegenstände.

Für alle Beteiligten war 1965 das entscheidende Jahr. Fishers beträchtlicher Gewinn ermöglichte ihm die Finanzierung einer neuen Expedition. Diesmal wollte er Schätze im Werte von sechs Millionen Dollar heben, die 1622 mit der NUESTRA SEÑORA DE LA ATOCHA bei den Florida Keys untergegangen waren – und das Vorhaben gelang!

Wagners nunmehr reiche Teilhaber brauchten sich um den täglichen Broterwerb zwar keine Sorgen mehr zu machen, doch die Zeit der fröhlichen Unterwasserabenteuer war für sie vorüber. Der hart geführte Konkurrenzkampf zwischen den wie Pilze aus der Erde geschossenen Schatztaucherfirmen zwang sie zum unerbittlichen Handeln, um eigene Profite zu sichern.

Bilanz und weitere Millionen. Die »Real Eight Corporation« zählte plötzlich zu den bevorzugten Bankkunden – etliche Tresore der einzigen Geldinstitution von Sebastian

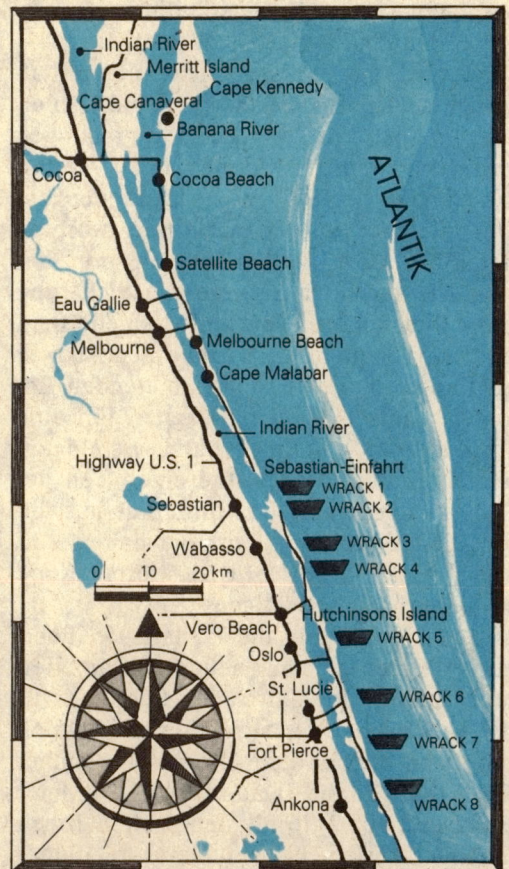

Die Lage der Wracks am Strandabschnitt von Florida

ein Silberbarren von 18 Kilogramm;

zwei Silberscheiben, zusammen 27 Kilogramm schwer;

ein goldenes Brustkreuz;

eine silberne Brosche;

20 Gabeln, ein Löffel, eine Tasse, sieben Teller, neun Kerzenhalter – alles aus Silber;

eine Silberstatuette;

50 Zinnteller;

28 Tassen oder Schalen aus feinstem K'ang-Hsi-Porzellan;

zehn Keramikgefäße mexikanischer Herkunft;

drei kleine, aus Ton gebrannte Tierfiguren, eine Tonpfeife, drei Sätze Apotheker-

Anhänger aus Gold mit dem Bild eines Heiligen

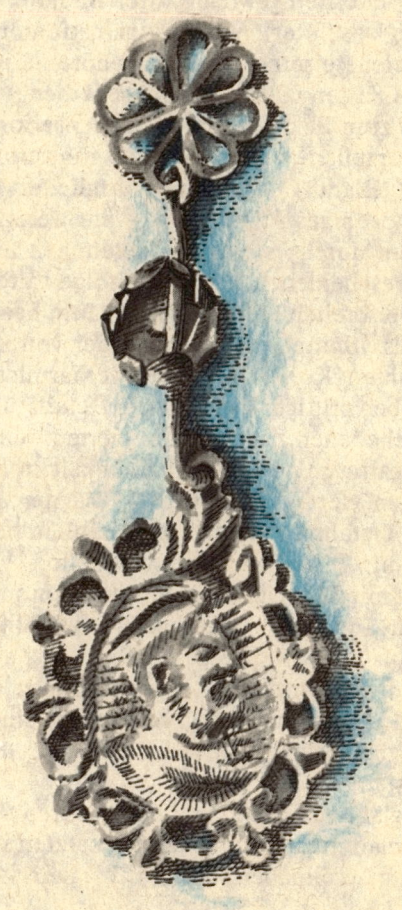

enthielten ihre geborgenen Schätze im Wert von rund drei Millionen Dollar – Gold, Silber, Schmuck und Antiquitäten:

Mehrere Tausend goldene 8-, 4-, 2- und 1-Eskudo-Stücke – alle in den Münzstätten von Mexiko City, Lima, Bogotá oder Cuzco geschlagen – sowie Zehntausende in Mexiko City, Lima oder Potesi geprägte Silberpiaster;

sieben goldene Ketten – zwei davon mit Anhänger – und Teile von weiteren;

18 Goldringe;

drei größere Goldscheiben (Gesamtgewicht 11 kg);

35 keilförmig gearbeitete Silberbarren (jeder 2 bis 3 kg schwer);

schalen mit Stößeln, eine bronzene Schiffsglocke, Hunderte silberne Fragmente von Geschirr und Bestecken, Teile einer goldenen Schatulle, sechs kleinere Silberscheiben, drei silberne – mit Figurinen verzierte – Topfdeckel, ein silbernes Kreuz, 42 versilberte Gold- oder Platinscheiben (die leichteste 22, die schwerste 53 kg) und ein goldenes Seepferdchen, das einst eine Dose zierte.

Unerwähnt in vorstehender Aufzählung blieben Melvin Fishers Ansprüche, der 25 prozentige Staatsanteil, die vielen, den Museen überlassenen Materialien sowie die nicht in den Tresoren aufbewahrten Funde: drei Kanonenrohre, Dutzende Kanonenkugeln für 12-, 8- und 4-Pfünder, ein Anker, zwiebelförmige Flaschen, zwei Sätze Edelsteingewichte, drei Bleilote (jedes 10 kg schwer), Navigationsinstrumente, zahlreiche eiserne Schiffszubehörteile und einige Kisten voller Keramikscherben.

Bis zum Bekanntwerden der sensationellen Porzellan- und Goldfunde führten die »Real Eight Corporation«-Mitglieder ein relativ ruhiges Privatleben – die wenigen, vordem durchgesickerten Meldungen über ihre bescheidenen Bergungserfolge wurden von der breiten Öffentlichkeit kaum beachtet, als »Spinnerei« abgetan oder von eingeweihten Kreisen bewußt »verharmlost«. Als aber pfiffige Journalisten Details über die gehobenen Schätze publizierten, war es schlagartig mit der Beschaulichkeit in den eigenen vier Wänden vorbei. Wagner und seine Gefährten wurden buchstäblich belagert mit Bitten um Interviews und Vorträge, mit Werbeangeboten und allen möglichen anderen Vorschlägen – von Pfennig- bis zu Millionengeschäften. Aus aller Welt trafen Briefe ein, Ferngespräche aus dem In- und Ausland gehörten mit einem Mal zum Alltag, ein Besucher gab dem nächsten die Türklinke in die Hand. »Langjährige, treue Freunde«, deren Namen man nicht einmal kannte, setzten ihre künftige Teilhaberschaft in Wagners Gesellschaft als selbstverständlich voraus. Und dann die vielen Schatztaucher – Amateure und Profis –, die glaubten, daß ihnen der Küstenabschnitt vor Wabasso allein gehöre. An weitere Ausgrabungen konnten Wagners Männer unter diesen Umständen vorläufig nicht mehr denken. Im Vordergrund standen die Beantwortung der Briefe, die Verhandlungen mit Geschäftsleuten aller Art und die Sicherung ihrer Wrackplätze. Verzweifelt spielte man etliche Varianten durch, um einen Ausweg zu finden. Von den sich anbietenden Lösungen entschied sich Wagner für eine recht aufwendige, die aber allen Beteiligten gerecht wurde: Man wollte einen Teil der Schätze in einer Galerie öffentlich ausstellen, dort regelmäßig Vorträge halten und alle Verkäufe der »Real Eight Corporation« in diesen Räumen tätigen.

Gedacht, getan! Am 1. Mai 1965 übergab Wagner seinem neuen Mitarbeiter, dem Kurator Joe Salvo, den Schlüssel für die Verkaufsgalerie. Attraktion der Ausstellung war zweifelsohne die im November 1962 am Strand gefundene 3,30 Meter lange und aus 2176 blumenrosettenartigen Gliedern bestehende Goldkette mit ihrem als Pfeife gearbeiteten Drachenanhänger, der einen Zahnstocher enthielt.

Geborgene Schätze faszinieren nun einmal den Menschen. So mancher Besucher glaubte, daß er eine spanische Münze oder gar die wertvolle Kette hätte finden können, wäre er bisher nur aufmerksamer am Strand gewesen – und so falsch waren die Gedanken ja nicht . . .

Die in der Galerie untergebrachten Kostbarkeiten – etwa eine halbe Million Dollar wert – durften nicht ungesichert bleiben. Installierung elektronischer Alarmanlagen und Einstellung bewaffneter Wächter waren die nächsten Schritte. Wagners gut ausgerüstete »Privat-Polizei« erreichte schließlich eine solche Stärke, daß sie auch den 80 Kilometer langen Küstenstreifen problemlos überwachen konnte.

Das alles kostete Geld. Gold- und Silbermünzen wechselten den Besitzer. Wagner sorgte strikt für die Einhaltung des ehernen Grundsatzes, nur jeweils kleine Mengen abzugeben.

Der Numismatikmarkt wurde daher nicht mit Münzen überschwemmt, und die Preise blieben stabil. Mitunter wurden sogar deformierte beziehungsweise vom Seewasser stark angegriffene Silberpiaster zum doppelten Edelmetallwert abgegeben: Der Schreibgerätekonzern »Parker-Pen« brachte zu jener Zeit einen Füllfederhalter für 25 Dollar auf den Markt. Wagner veräußerte dem Konzern 110 Kilogramm unansehnliche Silberstücke. »Parker-Pen« schmolz sie ein und fabrizierte aus dem reinen Silber einige tausend Federn für den erwähnten Füllfederhalter. Eine Inschrift auf den Federn wies auf die Herkunft des Edelmetalls hin. Die spezielle Füllfederhalterserie gelangte für 75 Dollar das Stück in die Geschäfte und war im Nu verkauft . . .

Wagners Such- und Bergungsverträge liefen 1975 aus. Für die »Real Eight Corporation« bedeutete das, die Zeit zu nutzen und konzentriert auf dem Meeresgrund zu arbeiten. Mit Unterwassermagnetometer und -detektoren, modernsten Sauggeräten und in Lohn genommenen versierten Tauchern entwickelte sich die Gesellschaft sprunghaft zu einem Unternehmen, das perfektes Wrackplündern betrieb. Neue Millionenwerte – zumeist Gold- und Silbermünzen – wurden dem Meer entrissen. Obwohl die Betriebskosten sehr hoch lagen, verbuchte Wagner Jahr um Jahr sechs- oder siebenstellige Summen als Gewinn.

Auf einige Schatztruhen, die sich an Bord von General Ubillas Flaggschiff befunden haben, hatte es der ehemalige Bauunternehmer besonders abgesehen. Die Truhen enthielten einst Geschmeide aus Gold, Silber und Edelsteinen, die Philipp V. für seine Geliebte – Elisabetta Farnese, Herzogin von Parma – bei den Handwerkern in China und Manila anfertigen ließ. Historischen Quellen zufolge soll der spanische Monarch seiner Mätresse Schmuckstücke versprochen haben, »wie sie noch keine Königin getragen habe«. Doch der »Real Eight Corporation« wie auch anderen Schatztauchern, die in den letzten Jahren legal vor Floridas Ostküste ihrem Gewerbe nachgingen, blieb bisher der Erfolg versagt – Poseidon hält (und nicht nur dort) in dem 70 Kilometer langen Küstenabschnitt zwischen Sebastian und Hutchinsons Island immer noch seine Hände über große Teile der von Sand und Korallen bedeckten versunkenen Schätze.

Begehrteste Galeone der Karibik

Schatzbergung vor 300 Jahren
Remy de Haenens Halbmondriff
Im Korallenlabyrinth
Mühe ohne Lohn
Burt Webber, ein neuer Millionär

Schatzbergung vor 300 Jahren. Anfang des 17. Jahrhunderts gründeten Einwanderer an der Kennebecmündung in Maine das Dorf Pemaquid. Sicherlich war die günstige Lage des Ortes in waldreicher Gegend mit ausschlaggebend dafür gewesen, daß ein Bostoner Schiffbauer nach dem anderen sein Bauholz von den strebsamen Siedlern bezog. Pemaquid entwickelte sich dadurch recht schnell zur bedeutendsten Zuliefergemeinde für die Werften der näheren Küstenregion. Die Geschäftsbeziehungen hatten zur Folge, daß so mancher junge Mann sein Heimatdorf verließ, um als Zimmermann auf den Hellingen Bostons zu arbeiten. Unter den Landflüchtigen befand sich auch William Phips, der 1651 als einundzwanzigstes Kind einer Puritanerfamilie zur Welt kam und bereits als Knabe zum Holzfällen mit in den Wald ziehen mußte: Die Phips' benötigten jede Hand, um ihren kargen Lebensunterhalt bestreiten zu können.

In Boston nutzte William seine spärlich bemessene Freizeit sinnvoll – er baute sich aus mehreren wrackreifen Booten ein schnittiges Segelschiff, das er STERN VON BOSTON nannte. Bostons jüngster Kapitän war gerade 23 Jahre alt geworden, als dieser mit eigenem Fahrzeug zum ersten Mal in See stach. Phips hatte sich Geld geliehen, den Laderaum des Seglers mit begehrten Handelsartikeln in der Absicht gefüllt, in der Karibik sein Glück zu machen. Die Fahrt verlief äußerst erfolgreich: Er verkaufte nicht nur seine Waren gewinnbringend, sondern erwarb auch neue – vor allem Tabak –, die sich wiederum in England gut absetzen ließen und weiteren Profit versprachen. Dieser ersten Handelsreise folgten weitere. Im Nu erfreute sich der einstige Zimmermann eines guten Rufes als Händler. Er galt als verschwiegen, geschickt und zuverlässig. In jedem karibischen Hafen sah man ihn gern: Bestechliche Gouverneure, ehrbare Kaufleute, gerissene Schmuggler, hartgesottene Freibeuter und verwegene Piraten zählten zu seinem Kundenkreis.

Als William Phips wieder einmal auf Hispaniola weilte, wurde er zufällig Zeuge, wie zwei Eingeborene brutal auf einen wehrlosen, alten Mann einschlugen. Der Gerechtigkeit wegen ergriff Phips für den Überfallenen Partei und rettete ihm das Leben. Später, an Bord der STERN VON BOSTON, erzählte der Alte aus Dankbarkeit dem Kapitän seine Geschichte:

»Ich heiße Ottavio und fuhr in jungen Jahren zur See – auf spanischen Galeonen. 1641 heuerte ich als Steuermann auf der NUESTRA SEÑORA DE LA CONCEPCIÓN an, dem Flaggschiff der ›Tierra-Ferma‹-Flotte, die von Habana aus nach Spanien segelte. Wir befanden uns noch im Karibischen Meer, als eines Nachts unser Schiff während eines Unwetters auflief und zerschellte. Das schreckliche Abreollio-Riff ist der von mir gesteuerten Schatzgaleone zum Verhängnis geworden. Ich gehöre zu den wenigen Überlebenden und werde seitdem von allen möglichen dunklen Existenzen gejagt, denn als ehemaliger Navigator kenne ich selbstverständlich die genaue Untergangsstelle. Sie befindet sich nördlich von Porto Plata – ich habe es auf einer Karte exakt vermerkt . . .«

Phips kam mit Ottavio überein, gemeinsam dem Galeonenwrack zu Leibe zu rükken, die dort auf dem Meeresgrund ruhenden Werte zu bergen und diese redlich miteinander zu teilen.

Allerdings wollte sich Phips nicht blindlings in ein unüberlegtes Abenteuer stürzen. Er kannte den fraglichen Gewässerabschnitt gut genug, um zu wissen: Bergungsunternehmen dieser Art ließen sich dort nicht geheimhalten. Hätte er Erfolg, würden Piraten die STERN VON BOSTON bis zum bitteren Ende hetzen. Was er brauchte, waren mindestens zwei stark armierte schnelle Fregatten. Mit ihnen könnte man sich wirksam der zu erwartenden Piratenangriffe erwehren.

In jener Zeit zählte bekanntlich das Ausschlachten der meist im flachen Wasser verlorengegangenen Galeonen zum Alltag von Glücksrittern und spanischen Expeditionen. Stets waren sie irgendwo in der karibischen Inselwelt damit beschäftigt, gesunkene Schätze zu heben. Das wußten auch die Piraten. Sie brauchten nur auf den Abschluß der Taucherarbeiten zu warten und den Bergungsschiffen aufzulauern, um sich ihren Anteil an sichergestelltem Gold, Silber oder Schmuck zu holen – es sei denn, diese Fahrzeuge verfügten über mehr und bessere Kanonen. Einmal den für sein weiteres Leben so entscheidenden Entschluß gefaßt, setzte William ihn systematisch in die Tat um: Er brachte Ottavio bei einem seriösen Geschäftsfreund unter, verkaufte die STERN VON BOSTON und schiffte sich nach England ein. Im Mutterland hoffte Phips am ehesten einen zahlungswilligen Teilhaber für sein waghalsiges Unternehmen zu finden. Seine Erwar-

tungen erfüllten sich. Niemand anders als der in Saus und Braus schwelgende König Karl II. gewährte ihm in Anbetracht des für die Krone zu erwartenden Goldregens Kredit. Die königliche Gunst ging noch weiter: Man bot dem Schatzsucher eine stattliche 18-Kanonen-Fregatte zum Kauf an – die ROSE VON ALGIER. Der erfahrene Zimmermann und versierte Kapitän erkannte sofort, daß der Segler für seine Absichten wie geschaffen war, und griff zu.

Einige Wochen später. Die ROSE VON ALGIER erreichte die Karibik und nahm Kurs auf das Abreollio-Riff. Phips verbrachte Tag für Tag im Beiboot und erkundete mit Hilfe eines Kalfaterglases (Guckkasten) den Meeresboden. Das Ergebnis seiner Bemühungen war gleich Null, wenn man von einem korallenbewachsenen Silberbarren absah. Auch die mitgeführten Nahrungs- und Wasservorräte gingen zur Neige, deshalb wurde die Wracksuche abgebrochen und Hispaniola angesteuert. Dort angekommen, erfuhr Phips, daß der inzwischen verstorbene Ottavio ihm seine »Schatzkarte« mit dem Wunsch hinterlassen hatte, er solle das gemeinsam begonnene Unternehmen allein zu Ende führen und sich den Schatz von niemandem streitig machen lassen.

Unverrichteterdinge kehrte Phips mit der ROSE VON ALGIER nach London zurück. Vor Karl II. brauchte er sich nicht mehr zu rechtfertigen – er hatte das Zeitliche gesegnet. Jetzt saß dessen Bruder Jacob II. auf dem Thron. Der neue König zeigte sich so sparsam, wie sein Vorgänger verschwenderisch gewesen war. Mißtrauen, Intoleranz, Engstirnigkeit und Grausamkeit prägten nunmehr den Regierungsstil. Im Lande herrschten Angst und Schrekken: Überall gab es öffentliche Auspeitschungen, Folterungen und Erhängungen. Kein Wunder, daß Phips sofort nach Ankunft in Ungnade fiel. Dabei hatte er noch Glück im Unglück – auf ihn wartete statt des Henkers nur ein Kerkermeister.

Doch William gab nicht auf. Trotz Gefängnismauern nahm er Kontakt zur Außenwelt auf – vor allem zu mächtigen Freunden bei Hofe: zu Sir John Marlborough, der als Erster Seelord zwar sein Amt, nicht aber seinen Einfluß auf den König verloren hatte, und zu Henry Christopher Herzog von Albemarle, den Ehrgeiz, Spielleidenschaft und chronischer Geldmangel auszeichneten. Der Erste Seelord setzte Phips' Freilassung durch, und der Herzog erwirkte am 18. Juni 1686 von Jacob II. eine königliche »Konzession«, die Phips das Recht zusicherte, nach allen nördlich der Insel Hispaniola gesunkenen Schatzschiffen suchen und deren Fracht bergen zu dürfen. Diese fragwürdige Erlaubnis hatte ihren Preis: Zehn Prozent der gehobenen Schätze standen dem Königshaus zu.

Einmal im Besitz des von Jacob II. unterzeichneten Dokumentes fand Phips problemlos weitere zahlungskräftige Gönner, so daß er bald über 32 000 Pfund Sterling zum Kauf von Schiffen und Ausrüstungsgegenständen verfügen konnte. Seine Wahl fiel auf den 200 Tonnen großen und mit 22 Kanonen bestückten Segler BRIDGEWATER, den man auffällig schnell in JAMES AND MARY umtaufte – eine Huldigung gegenüber dem Königspaar. Ein zweites, kleineres Schiff erhielt zu Ehren des Herzogs von Albemarle den Namen HENRY OF LONDON. Da in jüngster Zeit bei verschiedenen Schiffsbergungen (Spanien, Schweden und England) Taucherglocken mit bemerkenswerten Ergebnissen zum Einsatz gekommen waren, wurde letztendlich für das Karibik-Unternehmen ein derartiges Gerät erworben.

Phips hatte allen Grund, optimistisch in die Zukunft zu sehen. Die zwischen ihm und seinen sechs Teilhabern getroffenen Vereinbarungen sahen vor, daß er selbst nach Abzug aller entstandenen Kosten – einschließlich des Kaufbetrages für die beiden Schiffe – und des königlichen Anteils

ein Sechzehntel der erhofften Schätze erhalten sollte. Der Rest aller geborgenen Werte würde prozentual zu den jeweils investierten Summen seinen Gönnern zufallen. Am 12. September 1686 verließen die beiden Expeditionsschiffe England. Außer der notwendigen Bergungsausrüstung befanden sich in den Laderäumen für spanische Siedler und Seeräuber bestimmte Güter – die Reise sollte sich auf jeden Fall finanziell rentieren.

Zehn Wochen danach: Am 28. November warf die schnittige Fregatte JAMES AND MARY in der Bucht von Samana (Hispaniola) Anker. William Phips stattete umgehend sowohl dem spanischen Gouverneur als auch dem Befehlshaber der örtlichen Garnison einen Höflichkeitsbesuch ab. Wie in früheren Jahren auch überreichte er beiden Persönlichkeiten wertvolle Geschenke und konnte danach ungehindert seine geschmuggelten Waren verkaufen: Pulver, Schwerter, Dolche, Scheren, Branntweine, bemalte Krüge, Knöpfe, Hüte, Strümpfe und Stoffe. Nach vier Tagen war ein großer Teil der Fracht gelöscht und mit hohem Gewinn an den Mann gebracht. Indessen hatte Kapitän Henry Rogers die unscheinbare HENRY OF LONDON nach Porto Plata gesegelt. Wer das Schiff aufmerksam betrachtete, konnte es unmöglich mit einer ernsthaften Schatzhebung in Verbindung bringen – es sah alles andere als stattlich aus. Diese »Tarnung« gehörte zu Phips' Plan, ebenso, daß Rogers und sein erster Offizier William Covell in dem Hafenstädtchen unauffällig drei einheimische Taucher anwerben und allein die Suche nach der NUESTRA SEÑORA DE LA CONCEPCIÓN aufnehmen sollten.

Wie vorher abgesprochen, so geschah es. Als die JAMES AND MARY schließlich in Porto Plata eintraf, verließ die HENRY OF LONDON ihren Liegeplatz. William Phips, der bekannte harmlose Schmugglerkapitän, blieb in Porto Plata und ging dort seinen üblichen Geschäften nach. Am 7. Februar

1687 kehrte die HENRY OF LONDON zurück. Kapitän Rogers wurde von Phips, nachdem sie sich »zufällig« auf dem Markt kennenlernten, zur Berichterstattung an Bord der JAMES AND MARY gebeten.

Die Wracksuche war positiv verlaufen. Rogers hatte das Abreollio-Riff am 29. Januar erreicht und seinen fähigen Ersten Offizier mit der Erkundung des Riffs beauftragt. Covell benutzte dazu ein aus England mitgebrachtes Kanu. Und er fand tatsächlich an der von Ottavio bezeichneten Stelle die Galeone. Sie lag, von Korallen überwuchert, zwischen zwei großen Riffblöcken eingekeilt, im seichten Wasser.

Die einheimischen Nackttaucher brachten ohne sonderliche Anstrengung eine Scheibe aus purem Gold, einige Silberbarren, Dutzende Silberpiaster und verschiedenartig geformte Keramikgefäße vom Meeresgrund empor. Alle Funde wurden unmittelbar neben dem Wrack gemacht – ein untrügliches Zeichen dafür, daß die Galeone auseinandergebrochen war. Letztendlich markierte Covell den Platz mit Unterwasserbojen und kehrte zur HENRY OF LONDON zurück, die wiederum ihre Anker lichtete und verabredungsgemäß nach Porto Plata segelte – sollte doch Phips so schnell wie möglich die frohe Kunde vernehmen!

Bis zum 17. Februar herrschte auf beiden Schiffen rege Geschäftigkeit: Man entfernte die geschwindigkeitshemmenden Algen und Weichtiere von den unteren Rumpfpartien, überholte die Takelage, nahm Proviant und Frischwasser an Bord – kurzum: Die Besatzungen trafen die normalen notwendigsten Vorbereitungen für eine längere Seereise.

Alles deutete darauf hin, daß die beiden Engländer gemeinsam heimfahren würden, zumal Phips sich gegenüber allzu neugierigen Fragestellern in ähnlicher Weise geäußert hatte. Von seinen Geschäftsfreunden wußte niemand, welchen Kurs er in Wirklichkeit steuern würde, denn in jenen Tagen war es im karibischen Raum nicht ratsam, sich allzu nachdrücklich nach den Angelegenheiten seiner Partner zu erkundigen ...

Am Vormittag des 22. Februar trafen Phips und Rogers beim Abreollio-Riff ein. Covell machte sich sofort mit seinen indianischen Tauchern an die Arbeit. Knapp hundert vor 1641 geprägte Silberpiaster betrug die erste Tagesausbeute, ein untrügliches Zeichen dafür, daß Rogers das richtige Wrack entdeckt hatte.

Rund zwei Monate blieben die Schatzjäger im Riffgebiet. Der stets unruhigen See war es zuzuschreiben, daß die Taucherglocke nie eingesetzt werden konnte. Den Männern blieb nichts anderes übrig, als mit angehaltenem Atem zum 10 bis 15 Meter tief liegenden Wrack hinabzutauchen. Immer weiter drangen sie in die Galeonenreste vor. Häufig kamen sie bleich, am ganzen Körper zitternd und Blut spuckend aus dem Wasser. Mit unglaublichen Opfern wurde das Gold und Silber bezahlt, das sich im Laderaum der JAMES AND MARY häufte. Thomas Wadington und Charles Kelly – letzterer ein Beauftragter des Herzogs von Albemarle – vermerkten jeden Wertgegenstand äußerst sorgfältig in einer Kladde. Gewissermaßen als Abschluß der Bergungsaktion, so die damaligen Aufzeichnungen, hievte man eine Truhe ans Tageslicht. Ihr Inhalt sprach für sich: Perlen, Smaragde, Rubine, Diamanten und Goldschmuck.

19. April 1687: Noch immer ruhte ein großer Teil des Schatzes in der NUESTRA SEÑORA DE LA CONCEPCIÓN. Trotz erhöhten finanziellen Anreizes brachte seit Tagen kein Taucher auch nur einen einzigen Silberpiaster an die Oberfläche. Die Tauchzeiten wurden von Mal zu Mal geringer. Covells Männer gaben schließlich auf – sie hatten sich total verausgabt. Dieser Umstand sowie der sich immer mehr bemerkbar machende Nahrungsmangel und eine anbrechende Schlechtwetterperiode

zwangen Phips zum Abbruch der Expedition.

Um ihre Mission weiterhin geheimhalten zu können, durften es die erfolgreichen Schatzsucher nicht wagen, einen Hafen im Karibischen Raum zwecks Aufnahme von Frischwasser und Lebensmitteln anzulaufen. Dies geschah vielmehr ab folgendem Tag bei den Eingeborenen des kleinen Eilands Cotton Key. Nachdem die Besatzungen sich einigermaßen von den Strapazen der letzten Wochen erholt hatten, nahmen am 2. Mai beide Schiffe Kurs auf England.

Während der Überfahrt geschah nichts Außergewöhnliches. Erst einige Seemeilen westlich der Scilly-Inseln wurden sie von Kapitän Price mit der LISBON überholt. So kam es, daß die Kunde seiner bevorstehenden Ankunft Phips vorauseilte. Als die JAMES AND MARY am 6. Juni in Deptford festmachte, erwartete Herzog von Albemarle mit den übrigen fünf Teilhabern den Schatzjäger. Auch Jakob II. hatte Sir Samuel Pepys, den Ersten Sekretär der Admiralität, nach Deptford beordert, um Seiner Majestät zustehende Werte zu sichern.

Dann begann man mit der Aufteilung aller geborgenen Kostbarkeiten. Eigens zu diesem Zweck erschienen mit dem Goldschmied Charles Duncombe drei hohe Beamte des königlichen Schatzamtes. Obendrein wurde des Königs Fregatte MONMOUTH zur JAMES AND MARY verholt, da das »Abwiegen und Messen des Edelmetalls von Seiner Majestät Beauftragten zu erfolgen« hatte.

Nach vier Tagen stand das Ergebnis fest:
13 778 Kilogramm Barrensilber
17 769 Kilogramm Silberpiaster und Silbergeschirr
13 Kilogramm Gold in runden Scheiben
188 Kilogramm Edelsteine und Perlen
1 885 Kilogramm Kultgegenstände aus Gold und Silber
Insgesamt rund 33,5 Tonnen an wertvollen Metallen zum damaligen Kurswert von 207 600 Pfund Sterling.

Des Königs Anteil betrug demnach 20 760 Pfund; dem Herzog von Albemarle standen entsprechend seiner Investition 43 000 Pfund zu; Phips aber erhielt 11 000 Pfund; die einzelnen Expeditionsmitglieder bekamen je nach Dienstrang zwischen 20 und 1 000 Pfund ausgezahlt; die restlichen 130 000 Pfund gehörten zu fast gleichen Teilen den übrigen fünf Teilhabern.

Die ungewöhnlich hohe Beute des vom Glück begünstigten Schatzfinders war in der englischen Hauptstadt wochenlang das beliebteste Thema. Der am 29. Juni 1687 herausgegebenen »London Gazette« konnten die sensationslüsternen Leser entnehmen, daß am Vortage William Phips vom Herzog von Albemarle bei Hofe eingeführt und vom König »in Anerkennung seiner hervorragenden und loyalen Dienste im Verlaufe der Expedition« zum Ritter geschlagen worden war. Das sollte allerdings nicht die einzige Auszeichnung für den ehemaligen Zimmermann bleiben. Ihm zu Ehren ließ man verschiedene Medaillen und Münzen prägen. Eine zeigt den mit Dreizack bewaffneten Neptun, der wohlwollend die Schatzsucher beobachtet. Da der Gott des Meeres dem Herzog von Albemarle auffallend ähnelt, dürfte dieser sicherlich der Auftraggeber gewesen sein, zumal auch die Inschrift »Ex aqua omnia« (»Alles kommt aus dem Wasser«) als Hinweis auf seinen plötzlichen Reichtum gedeutet wird. Eine andere Medaille zeigt auf der einen Seite das damalige englische Königspaar, auf der anderen Phips' Fregatte JAMES AND MARY und zwei bemannte Kanus, deren Besatzungen nach Schätzen suchen. Das darüber im Halbkreis stehende »Semper Tibi Pendeat Hamus« (»Möge dir immer ein Haken beschieden sein«) spielt auf die in der Karibik benutzten Enterhaken an.

Bevor William Phips nach Boston abreiste, überreichten ihm am 28. Juni seine bisherigen Teilhaber während eines großen

Medaille, die zu Ehren William Phips' geprägt wurde

Abschiedsbanketts im Londoner »Inn of the Swan« eine weitere goldene Erinnerungsmedaille – alle übrigen Expeditionsteilnehmer erhielten eine in Silber.

Nicht weit ab von dem Platz, wo der junge William Phips seine STERN VON BOSTON aufgebaut hatte, ließ sich der frischgebackene Sir ein zweistöckiges Wohnhaus errichten – es ist erhalten geblieben und erinnert in der Greenlane Street an den ersten wirklich erfolgreichen Schatztaucher.

Zur Ruhe sollte Sir Phips nicht kommen. König Jakob II. ernannte ihn zum Generalgouverneur von Neuschottland und Maine sowie zum Gouverneur von Massachusetts. Während des Krieges gegen Frankreichs Besitzungen in Amerika erlitten die englischen Truppen bei Quebec eine Niederlage – das militärische Fiasko wurde Sir Phips angelastet. Es kam, wie meist in solcher Situation: Sogenannte »Freunde« wandten sich von ihm ab, das Lager seiner politischen Gegner wuchs von Tag zu Tag, sein Reichtum dagegen nahm rapide ab. Nach knapp acht Jahren war er genauso arm und verschuldet wie vor Beginn der Schatzsuche. Er beschloß, nach

England zu fahren, um bei Hofe für seine Rechte zu kämpfen, landete jedoch diesmal wegen einer Schuld von 20 000 Pfund im Gefängnis. Der von Strapazen und Tropenkrankheiten Gezeichnete ertrug die feuchtkalten Kerkergewölbe nicht. Am 18. Februar 1695 starb Sir William Phips im Alter von 44 Jahren. Auf Kosten des Königshauses wurde er in der Londoner St.-Mary-Wollnoth-Kirche (Lombard Street) beigesetzt. Seine Grabstätte existiert nicht mehr, jedoch ein Epitaph ist erhalten geblieben: »Hier ruht Sir William Phips, ein edler Ritter, der unter unsäglichen Mühen im Jahre 1687 zwischen den Felsen der Bahama-Bank im Norden der Insel Hispaniola eine spanische Galeone entdeckte, die 46 Jahre auf dem Meeresgrund geruht hatte. Aus diesem Schiff barg er Gold und Silber im Wert von dreihunderttausend Pfund Sterling und brachte den ganzen Schatz – denn seine Treue und Redlichkeit standen seinem Mute in nichts nach – ungeschmälert nach London, wo der reiche Fund zwischen ihm und den Gefährten seines Abenteuers geteilt wurde.

Für diese treuen Dienste wurde er von Seiner Majestät, König Jakob II., in den Adelsstand erhoben. Auf Bitten der führenden Familien von Neu-England übernahm er das Amt des Gouverneurs von Massa-

chusetts, das er bis zu seinem Tode inne-
hatte. Er widmete sich seinen Aufgaben
mit so großer Hingabe an das Wohl seines
Landes und mit so selbstloser Verleugnung
seiner eigenen Interessen, daß er zu Recht
die Hochachtung und Liebe des größten
und besten Teils der Bewohner dieser Kolonien gewann.«

Remy de Haenens Halbmondriff. Nach
Phips' sensationellem Erfolg sollten reich-
lich zweieinhalb Jahrhunderte vergehen,
ehe man sich erneut für die NUESTRA SE-
ÑORA DE LA CONCEPCIÓN interes-
sierte. Mit moderner Technik ausgerüstete
Taucher, Abenteurer und Schatzsucher
träumten nach dem zweiten Weltkrieg davon, vor den Küsten Floridas und den karibischen Inseln zerschellte Schatzgaleonen
zu entdecken und die mit ihnen versunkenen Kostbarkeiten zu heben. Einer jener
Abenteurer war Remy de Haenen, seines
Zeichens Bürgermeister und Gastwirt auf
dem kleinen Eiland Saint Barthélemy. Auf
der Insel spielte de Haenen außerdem
noch als Pilot eine wichtige Rolle. Mit seiner Cessna unterhielt er eine regelmäßige
Nachrichten- und Transportverbindung
mit der Insel Saint Martin, mit Puerto Rico
und Guadeloupe. Während seiner Flüge
über die Inselwelt der Karibik hatte er genügend Gelegenheit, sich mit den Koral-
lenbänken vertraut zu machen und das Für
und Wider einer Schatzsuche abzuwägen.
Er wußte, daß zwischen dem 16. und
18. Jahrhundert die Schiffsverluste in den
tückischen Gewässern der Karibik ausge-
sprochen hoch waren. Viele spanische Galeonen endeten auf der Silberbank –
einem Riffgebiet nördlich Haiti beziehungsweise der Dominikanischen Republik (Hispaniola). Besonders gefährlich war
der »Friedhof« in den Sommermonaten.
Im Juli beginnt hier die Zeit der großen
Wirbelstürme, und diese trieben die mit
nur unzureichenden Navigationsmitteln

ausgestatteten, schwerfälligen Frachtsegler
gegen die Bank. Sie ist in der Karibik das
weitläufigste Korallenmassiv auf offener
See, liegt durchschnittlich 25 Meter tief,
erreicht dort eine Ausdehnung von rund
eintausend Seemeilen und steigt senkrecht
vom über eintausend Meter tiefen Meeresgrund auf. Auf diesem Plateau wiederum
wächst – vor allem an der Nordseite – ein
Wald von Korallentürmen und -spitzen.
Endstation für etliche Schiffe . . .

Viele der verlorengegangenen wertvollen
Ladungen konnten zur damaligen Zeit
nicht geborgen werden. Meist lagen sie zu
weit außerhalb des spanischen Einflußbe-
reiches und wurden – soweit nicht durch
Piraten geplündert – zur Beute frei tau-
chender Indios, die allerdings weniger
nach Edelmetallen suchten als nach praktisch verwertbaren Dingen wie Werkzeugen. Gold und Silber blieben liegen und
warten unter dicken Panzern aus Korallen
und Sediment auf glückliche Finder.

Die Wracksuche im Bereich der Silberbank wird den Tauchern durch die Natur
außerordentlich erschwert. Das Wasser ist
dort sehr planktonreich, also nicht besonders klar, und das Korallenwachstum außerordentlich groß. Man braucht schon ein
erfahrenes Auge, um im Gewirr der bizar-
ren Formen Strukturen zu bemerken, die
auf den letzten Liegeplatz eines Schiffes
hindeuten.

Auch ist die Zeit an den Silbermünzen
und -barren nicht spurlos vorübergegan-
gen: Unter der Einwirkung des salzigen
Meerwassers sind sie oxidiert, und das so
entstandene Silberoxid hat sie mit Korallen und Gestein zu tonnenschweren Klumpen verbacken, die meist nur mit schwerem
Hebezeug geborgen werden können. Es gehören also nicht nur Fachkenntnisse und
umfangreiche Technik zu einer erfolgreichen Schatzbergung, sondern auch Finder-
glück.

Mehr der Realität zugeneigt als viele
Gleichgesinnte befaßte sich de Haenen

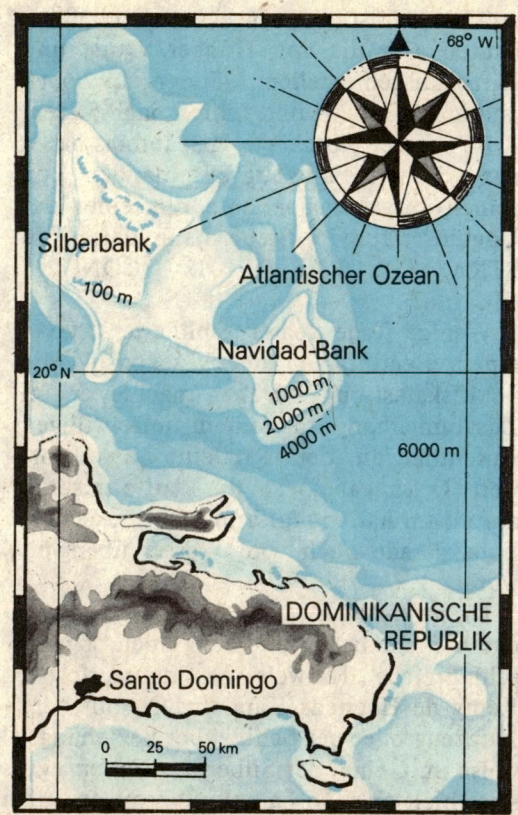

Die Silberbank

eingehender mit dem Schicksal der NUE-
STRA SEÑORA DE LA CONCEPCIÓN.
Damals wurde nachweisbar nur ein Bruchteil des Schatzes geborgen, der große Rest
lag also irgendwo in 25 Meter Tiefe in der
Nähe des Abreollio-Riffs. Dieses ist jedoch
auf modernen Seekarten nicht vermerkt.
Vergleiche mit älteren Karten lösten das
Rätsel: 1680 gab es diesen Namen noch,
später hieß die gleiche Stelle Plate Wrack
(1706) und Phips Folterbank (1707). Danach wurde das Korallengebiet als Silberbank bezeichnet. William Phips hatte zwar
für die Wrackstelle eine Position angegeben, doch betraf diese nur die nördliche
Breite – 20 Grad und 43 Minuten. Da es
im 17. Jahrhundert noch keine Borduhren
gab, mit denen man sich genau an die Nor-

malzeit von Greenwich oder Paris halten
konnte, war es den Navigatoren natürlich
auch nicht möglich, geographische Längen
auf See zu bestimmen. De Haenen wollte
deshalb in dem in Betracht kommenden
Gebiet nach Anhaltspunkten forschen, die
sich aus der Geschichte des Schiffes ableiten ließen.

1641 lieferte eine Werft von Vera Cruz
mehrere Schiffe ab, die im Auftrag des Vi-
zekönigs von Spanien, Herzog von Esca-
lón, Diege Pacheco, fertiggestellt worden
waren. Die Neubauten sollten Spaniens
stark dezimierte Silberflotte verstärken.
Unter den Fahrzeugen befand sich eine
große Galeone, die NUESTRA SEÑORA
DE LA CONCEPCIÓN. Ihre mit ge-
schnitzten Skulpturen und Girlanden reich
verzierte, farbenprächtige Heckpartie sollte
in erster Linie den Feinden Respekt einflö-
ßen. Die enorme Anzahl der Schmuckele-
mente galt aber auch als Zeichen dafür,
daß der Auftraggeber den Segler als Flaggschiff für Admiral de Villavicencio auser-
koren hatte.

Am 23. Juli des gleichen Jahres stachen
unter Führung der NUESTRA SEÑORA
DE LA CONCEPCIÓN die Galeonen von
San José d' Ulloa aus zur Jungfernfahrt mit
Kurs auf Kuba in See. Der Konvoi er-
reichte Habana ohne jeden Zwischenfall
und ging dort vor Anker, um auf die
»Tierra-Ferma«-Flotte zu warten.

Am 13. September hieß es für den inzwischen auf 31 Schiffe angewachsenen Geleitzug »Leinen los!«. Vier Tage später
sollte der Flottenverband jedoch schon wieder in Habana sein. Er war gezwungen um-
zukehren, da die NUESTRA SEÑORA DE
LA CONCEPCIÓN mehr Wasser aufnahm,
als die Männer an den Pumpen nach au-
ßenbords zu befördern vermochten.

Elf Tage dauerte die Reparatur. Den vielen undichten Stellen im Rumpf nach zu
urteilen, hatten die Schiffbauer in Vera
Cruz alles andere als mustergültig gearbeitet.

Erneut lief die Flotte aus, fuhr zunächst an der kubanischen Nordküste entlang bis Matanzas und segelte dann in nördlicher Richtung zur Florida-Straße. Vor dem Verband lagen nur die Große Bahama-Bank, die Insel Andros und einige hundert Korallenriffe.

Als sich die Flotte zwischen Florida Keys und der Cay Sal Bank befand, brach Sturm los. Bei der tobenden See konnten die Galeonen ihre Position innerhalb des Geleitzuges nicht mehr einhalten – für die meisten gab es aus dem Gewirr von Felsen und Korallenriffen kein Entrinnen, ein Fahrzeug nach dem anderen zerschellte in dem Inferno. Die NUESTRA SEÑORA DE LA CONCEPCIÓN befand sich nicht unter den gesunkenen Schiffen. Als hilfloses Wrack trieb sie im langsam abebbenden Sturm nach Südosten. Nach zwei Tagen sichtete man das von allen Fahrensleuten so gefürchtete Riff Abrejos – »das Riff, das einem die Augen öffnet!«. Die letzte Stunde der NUESTRA SEÑORA DE LA CONCEPCIÓN nahte, ihr Untergang war durch nichts mehr aufzuhalten. Einen Tag und eine halbe Nacht währte die Gnadenfrist, dann knirschten die Korallenfelsen unter ihrem Kiel, und die aufgepeitschte See schleuderte den Segler mit dem Bug voraus auf ein Riff. Der Todeskampf des Flaggschiffes dauerte jedoch noch bis in die Abendstunden, dann erst hatte das grausame Spiel ein Ende: Das Wrack verschwand in der Tiefe.

Einige Überlebende fertigten sich aus abgerissenen Planken und Treibholz zwei Flöße an und versuchten, in zwei Gruppen das rettende Land zu erreichen. Eine gelangte tatsächlich nach Hispaniola, von der anderen hatte man nie wieder gehört. Ungefähr dreißig Schiffbrüchige blieben in der Hoffnung auf eine Suchexpedition zurück. Sie errichteten aus Wrackresten auf dem Riff eine Plattform, um bei Flut nicht den Wogen ausgesetzt zu sein. Mehrere Wochen harrten die spanischen Seeleute

auf ihrer künstlichen Insel aus. Schließlich bauten sich die von Hunger, Durst und Hitze ausgemergelten Männer ein bootsähnliches Gefährt und fuhren nach Süden. Kurz vor der Nordküste Hispaniolas brach das primitive Fahrzeug auseinander. Von seinen Insassen überlebte nur einer das Unglück: Ottavio, Steuermann der NUESTRA SEÑORA DE LA CONCEPCIÓN.

Wenige Tage später schilderte Ottavio einem Beauftragten des Vizekonsuls die Schiffskatastrophe. Dabei machte er im Zusammenhang mit seinem unfreiwilligen Aufenthalt auf dem Riff eine bemerkenswerte Ortsangabe: » . . . die Plattform stand auf einem halbmondförmigen Riff, das bei Ebbe gerade noch vom Wasser überspült wurde . . .«

Dieser bislang von anderen Schatzsuchern nicht beachtete, aber doch so aufschlußreiche Hinweis bestimmte fortan Remy de Haenens Handeln: Ob mit dem Flugzeug oder per Schiff über beziehungsweise im Gebiet der Silberbank unterwegs, stets hielt er nach halbmondförmigen Riffen Ausschau.

Logischerweise hatten in den vergangenen drei Jahrhunderten Korallen und See solche Riffe verändert. Ihre Grundstruktur mußte jedoch noch vorhanden und somit zu erkennen sein. Diese Überlegung war ausschlaggebend für de Haenens zielgerichtete Suche. Riffe dieser Art sind in der Silberbank nicht selten. Sie sind zwanzig bis dreißig Meter lang und schließen mit der Wasseroberfläche ab, während sich einzelne Ausläufer auch über den Meeresspiegel erheben. So manche der vielen halbmondförmigen Untiefen wurden aus der Luft fotografiert, dann mit dem Schiff näher erkundet und danach mit alten Karten verglichen. Schließlich berechnete Remy den möglichen Kurs der wracken NUESTRA SEÑORA DE LA CONCEPCIÓN mit dem Ergebnis, daß die Galeone unmöglich an den bisher untersuchten Stellen gesunken sein konnte – andere gefährliche Riffe wären dem Segler bereits zuvor unweigerlich zum Verhängnis geworden.

Für de Haenens Aktivitäten erwies sich erschwerend, daß es in den zeitgenössischen Aufzeichnungen keine Andeutung auf die Größe des in Betracht kommenden Riffs gab. Doch der Schatzsucher ließ sich durch die vielen Mißerfolge nicht entmutigen, im Gegenteil, er steigerte immer verbissener seine Bemühungen. Letztendlich glaubte Remy das richtige Riff entdeckt zu haben. Es befindet sich bei 20 Grad und 42 Minuten nördlicher Breite nahe der von Phips angegebenen Position – nur eine geographische Minute entfernt, eine relativ unbedeutende Differenz.

Ein Wermutstropfen trübte de Haenens Freude: Das Riff wird durch einen etwa neun Quadratkilometer großen, fast undurchdringlichen Korallendschungel umschlossen. Wie sollte er, noch dazu mit umfangreicher Tauchertechnik, dorthin gelangen? Und was noch wichtiger war, gab es überhaupt eine Möglichkeit, an dieser unzugänglichen Stelle den restlichen Schatz der NUESTRA SEÑORA DE LA CONCEPCIÓN freizulegen und zu heben? Das konnte seiner Meinung nach nur eine mit modernsten Geräten ausgerüstete, erfahrene Tauchergruppe in monatelanger Unterwasserarbeit schaffen. Professionelle UW-Schatzgräber gab es genug, besonders im benachbarten Florida. Es widerstrebte de Haenen jedoch, sich an eine solche Gesellschaft zu wenden. Die Praktiken der Bergungsfirmen waren mitunter recht unseriös, wenn nicht sogar skrupellos ...

Wie es der Zufall wollte, weilte im Frühsommer 1968 Jaques-Yves Cousteau im französischen Teil der Westindischen Inseln. Der bekannte Meeresforscher bereitete dort eine neue Expedition vor. Sie sollte dem Studium der karibischen Korallenwelt dienen und sich der gerade im Indischen Ozean stattfindenden anschließen. Remy de Haenen sah plötzlich die Realisierung seines Bergungsplanes in greifbare Nähe gerückt. In seiner Eigenschaft als Bürgermeister lud er den Franzosen zum Abendessen ein, sprach mit ihm über dessen berühmt gewordene fünfjährige Wrackausgrabung am Grand Congloué bei Marseille, über die späteren Forschungsfahrten und unterbreitete seinem Gast einen verwegenen Vorschlag: Er solle mit seinen Männern die bevorstehenden Korallenriffuntersuchungen im Bereich der Silberbank durchführen und sozusagen »nebenbei« einen Schatz heben.

Cousteau überlegte nicht lange, er nahm das Angebot zur Zusammenarbeit an. Ihn reizte das Abenteuer, war es doch von der Art, die er nur vom Hörensagen her kannte. Außerdem bot sich ihm die einmalige Gelegenheit, das Wachstum der Steinkoralle in einem nachweisbaren Zeitraum zu erforschen – seit dem Untergangsjahr der NUESTRA SEÑORA DE LA CONCEPCIÓN.

So kam es, daß sich einige Wochen später Jacques-Yves Cousteau mit seiner CALYPSO auf den Weg zur berüchtigten Silberbank machte. Die 360 Tonnen große und etwa 40 Meter lange CALYPSO war 1942 in den Vereinigten Staaten für die Royal Navy gebaut worden. Sie ist ein außerordentlich stabiles hölzernes Zweihüllenschiff (doppelte Beplankung mit besonders engstehenden Spanten) und diente während des zweiten Weltkrieges als Minenräumboot. Während der ersten Nachkriegsjahre verkehrte die CALYPSO als Fähre zwischen Gozzo und Malta. Dort wurde das für ozeanographische Forschungen wie geschaffene Schiff von Cousteau erworben.

Auf einer Werft in Antibes ließ der Franzose die CALYPSO umbauen. Sie erhielt unter anderem einen zusätzlichen Außensteven und einen Beobachtungsraum, der knapp drei Meter unter die Wasseroberfläche reicht und mit acht Luken versehen ist. Von hier aus kann man die Unterwasser-

Die »Calypso«, unten Aufriß. 1 Kommandobrücke, 2 Funkraum, 3 zwei Kajüten, 4 Stauschränke für Tauchergeräte, 5 Messe, 6 Kombüse, 7 Kapitänskajüte, 8 wissenschaftliches Labor, 9 hydraulischer Kran, 10 Stauräume, 11 SP 350 (Untertasse), 12 Maschinenraum, 13 Fotolabor, 14 Werkstatt, 15 Besatzungslogis, 16 Unterwasserbeobachtungsraum

welt studieren und filmen – selbst wenn sich das Schiff in Fahrt befindet. Auf dem vorderen Deck wurde ein Doppelmast aus Leichtmetall errichtet. Er beherbergt die Radarantenne und bietet Platz für fünf Besatzungsmitglieder, die bei schwierigen Passagen von dieser zusätzlichen Brücke nach Riffen ausschauen. Übrigens läßt sich die CALYPSO hervorragend manövrieren, und sie hatte sich wegen ihres geringen Tiefgangs bei Fahrten durch Korallengebiete bestens bewährt.

Abgesehen von den äußerlich wahrnehmbaren Veränderungen wurde das Innere der CALYPSO nach modernsten Aspekten zum schwimmenden Meereslaboratorium ausgebaut.

Während der folgenden beiden Jahrzehnte unternahm Cousteau mit dem Schiff mehrere Expeditionen. Die dabei gemachten Erfahrungen führten zur Vervollkommnung der Ausrüstung: Galeazzi-Beobachtungskammer, Mini-Tauchboot, mehrere sinksichere Leichtmetallboote, Gummiflöße, Schlauchboote, Außenbordmotore. 15 Unterwasserkameras, sechs Normalkameras, Spezialfilmgeräte für UW-Aufnahmen, ein batteriegespeistes

Fernsehsystem, eine Ultraschalltelefonanlage zur Verständigung mit den in der Tiefe arbeitenden Tauchern, zahlreiche Tonbandgeräte und Hydrophone, etliche Kilometer verschiedenartiger Kabel, Unterwasserscheinwerfer und -lampen sowie hochmoderne Navigationsgeräte, wie automatische Kurssteuerung, Radaranlage, Sonar-Echolot und eine Spezial-Sonaranlage für den Gebrauch in sehr tiefen Meereszonen.

Die dreißig Mann starke Besatzung der CALYPSO setzte sich aus Seeleuten, Tauchern, Kameramännern, Technikern und Wissenschaftlern zusammen. Viele von ihnen begleiteten Cousteau bereits ins Mittelmeer, ins Rote Meer, in den Pazifik oder in den Indischen Ozean. Auch diesmal, beim Unternehmen »Schatzsuche«, waren langjährige Mitarbeiter des Meeresforschers dabei: Jean-Paul Bassaget, Raymonde Coll, Michel Deloire, Bernard Delemotte, Jean-Clair Riant, Marcel Forcherie, Claude Caillart, Christian Bonnici und Yves Omer. Später sollte noch Frederic Dumas zu ihnen stoßen. Letzter leitete in den fünfziger Jahren bei Marseille die archäologische Unterwasserausgrabung. Der Rat des versierten Wissenschaftlers würde bei den Arbeiten am Wrack der NUESTRA SEÑORA DE LA CONCEPCIÓN von großem Nutzen sein.

Je näher die CALYPSO dem karibischen Korallenmeer kam, umso ausführlicher kommentierte die Crew alle ihr geläufigen Geschichten von versunkenen Schätzen. Die Männer hatten schon so viel über die ungeheuren Reichtümer der Silberbank gehört, daß sie geradezu besessen waren – weniger vom Goldrausch, als vom Entdeckerfieber ...

Im Korallenlabyrinth. Jeder Schiffsführer meidet ängstlich das teuflische Riffgewirr der Silberbank, zumal es von ihr keine verläßliche Seekarte gibt. Und trotzdem

beabsichtigte Cousteau, mit der CALYPSO bis ins Zentrum dieses Korallenkomplexes vorzustoßen. De Haenen besaß von dem Areal der Silberbank recht viele Luftaufnahmen. Für den Franzosen bildeten sie die Basis einer speziellen, vom künftigen Operationsgebiet herzustellenden Karte. Zusätzlich wertete er mehrere Filme aus, die Kameramann Michel Deloire sozusagen in letzter Minute aus Remys Cessna gedreht hatte. Hauptanliegen dieser vorbereitenden Arbeiten war, den geeignetsten Weg für die CALYPSO auszukundschaften. Bei ruhiger See war dies vom Flugzeug aus verhältnismäßig einfach: Das blaugrün glitzernde Meer gab deutlich die Umrisse der Riffe preis. Die befahrbaren, etwa zehn Meter tiefen Zonen aber glichen einem Irrgarten – es kam nur darauf an, den richtigen »Kanal« in das Labyrinth zu finden. Schließlich glaubte Cousteau, einen Zugang zu Remys halbmondförmigem Riff ausgemacht zu haben. Doch Theorie und Praxis sind meist verschiedene Dinge. So auch in diesem Fall: Die Fahrt der CALYPSO drohte im Gewirr der Korallenspitzen für immer zu enden. Nur mit großer Mühe konnte Cousteau sein Schiff wieder in etwas freieres Wasser manövrieren, wo er sofort Anker werfen ließ. Das ersehnte Ziel lag jetzt nur noch etwa anderthalb Seemeilen Luftlinie entfernt – also gute zweieinhalb Kilometer. Gewiß eine geringe Distanz, doch sie in dem Korallendschungel zu bezwingen, schien unmöglich. Nun schickte man nacheinander zwei Gummiflöße aus, deren Besatzungen die nähere Umgebung des Basisschiffes erkunden und eine Fahrrinne zum vermutlichen Untergangsort der NUESTRA SEÑORA DE LA CONCEPCIÓN suchen sollten. Remy de Haenen befand sich aus verständlichen Gründen auf dem Floß, das zur Nordseite der Bank unterwegs war. Die nächsten Stunden verliefen recht eintönig. Ab und zu gaben beide Erkundungstrupps über Sprechfunk kurze Situationsberichte, damit man sich auf der CALYPSO ein Bild machen konnte. Die monotonen Meldungen wurden plötzlich durch Remys eigenartige Bitte unterbrochen: »Hallo, Jacques! Schicke mir doch eine Haue und andere Brechwerkzeuge her!« Obwohl Cousteau alle möglichen Gerätschaften mitführte – eine Spitzhacke befand sich nicht darunter. Wozu auch? Was wollte de Haenen mit den Werkzeugen? Was auch immer er beabsichtigte, seinem Wunsch sollte entsprochen werden. In einem der Leichtmetallboote brachte ihm Michel Deloire ein Sortiment an Hämmern und Brechstangen.

Auf der CALYPSO wurde die Crew von Stunde zu Stunde neugieriger, zumal Remy alle Anfragen nur ausweichend beantwortete. Der Nachteil des Sprechfunkverkehrs machte sich in solcher Lage besonders bemerkbar – man konnte seinem Gesprächspartner nicht in die Augen sehen, mußte ihm bedingungslos glauben. Kurz vor Sonnenuntergang erreichte die Spannung ihren Höhepunkt – de Haenens Trupp kehrte zurück. Mit strahlenden Gesichtern berichteten die Männer, daß sie an der von Remy vermuteten Untergangsstelle mehrere korallenverkrustete Takelageteile, eine eichene Planke und einen völlig von Korallen umschlossenen, geheimnisvollen Gegenstand entdeckt hatten. Letzterer könnte möglicherweise eine alte Lenzpumpe sein. Remys Erfolg galt als gutes Omen: Obwohl die praktische Suche nach der Schatzgaleone noch nicht aufgenommen worden war, hatte man sie bereits gefunden. Eine günstigere Ausgangsposition konnte es gar nicht geben. Die Begeisterung schlug hohe Wellen. Jeder sah der kommenden Zeit optimistisch entgegen, träumte im geheimen von Golddublonen oder Silberpiastern. Und daß der Schatz gehoben werden konnte, darüber bestand kein Zweifel mehr. Es würde auch wenig zeitaufwendig sein, denn Phips' Bergungsarbeiten kämen Cousteaus Tauchern sicherlich zugute – bestimmt hatte er einen

Teil der Schiffswand abtragen lassen, um in das Wrackinnere zu gelangen. Gemessen an bisherigen Expeditionen mutete das Unternehmen »Schatzsuche« als Spaziergang an, lautete die einhellig geäußerte Meinung der CALYPSO-Besatzung.

Die nächsten Tage brachten manche Überraschung: Remy fuhr mit der Barkasse nach Norden, um die Zone zu erkunden, die der von Phips angegebenen Position entsprach. Trotz intensiver Suche fand er weder den geringsten Anhaltspunkt eines Schiffsunterganges noch eine Korallenfläche, auf die sich Ottavio und die anderen Spanier gerettet haben konnten. Dann machte sich Cousteau auf, um mit Delemotte, Deloire und Riant das halbmondförmige Riff näher in Augenschein zu nehmen, in dessen Nähe Remy die ersten Wrackreste aufgespürt hatte. Zunächst gingen sie in Lee der Untiefe ins Wasser. Das Saumriff fiel hier 30 bis 40 Meter ab. Überall goldgelbe Korallen (Akroporen), soweit die Taucher sehen konnten – es war ein sinnloses Unterfangen, in diesem Gewirr nach den Umrissen eines alten, gesunkenen Schiffs auszuspähen. Ein völlig anderes Bild bot die Luvseite – flaches Wasser, ebenmäßiger Seeboden mit sandigen Stellen und toten Korallenstöcken. Dazwischen die für dieses Gewässer charakteristischen großen Muscheln, Seefedern, Schwämme und Röhrenwürmer. In dieser etwas übersichtlicheren Riffregion stieß Delemotte auf ein eisernes Wrack. Dem dichten Algenbewuchs sowie den angesiedelten Kolonien kleinerer Meerestiere nach zu urteilen, lag es mindestens dreißig Jahre auf Grund. Wie würde da erst die Schatzgaleone aussehen? Die Taucher erhielten so unverhofft einen kleinen, aber recht eindrucksvollen Vorgeschmack von dem, was ihnen bevorsteht. Im weiteren Verlauf des Unterwasserausfluges bemerkte Michel Deloire im Sand drei unnatürliche, längliche Erhebungen – etwa vier Meter lang, fünfzig Zentimeter hoch und über

und über mit Korallen bedeckt. Das Brecheisen angesetzt, mehrere Kalkklumpen abgebrochen, und das Rätsel war gelöst: alte
Kanonenrohre.

Cousteau und Delemotte eilten dem
glücklichen Finder zu Hilfe. Gemeinsam
erkundeten sie die Umgebung – mit dem
Ergebnis, daß vier weit auseinanderlie-
gende Korallenhügel ausgemacht werden
konnten, deren Umfang etwa 30, 40, 65
und 80 Meter betrug. Aus dem kleinsten
Hügel ragte der eiserne Griff einer Hand-
kurbel heraus. Den anderen Anhäufungen
konnten die Taucher einige wuchtige
Schiffsnägel und etliche Takelwerkteile ab-
ringen. Zu Deloires drei Kanonen kamen
außerdem noch zwei Rohre hinzu. In einer
Vertiefung lagen neben zwei rund vier Meter großen Ankern zwei weitere Geschützrohre, zerbrochenes Porzellan, mehrere
Ziegelsteine – eindeutiger Hinweis auf den
ehemaligen gemauerten Kochplatz, der auf
dem Orlopdeck seinen Platz hatte –, Ei-
chenholzplanken und ein rostiges Bündel,
das man als Nagelpaket identifizierte.
70 Meter nördlich der Senke fanden die
Männer schließlich noch einen Anker, der
drei Meter maß.

Jacques-Yves Cousteau äußerte sich spä-
ter einmal zu jenen aufregenden Minuten:
»Eines scheint absolut sicher gewesen zu
sein, an dieser Stelle mußte ein Schiff ge-
sunken sein, und zwar vor sehr langer Zeit.
In mir stieg freudige Erregung hoch, das
Entdeckerfieber eines Menschen, dem ein
Schatz zu Füßen lag.«

Die Taucher mußten aber auch eine für
sie schmerzliche Entdeckung machen: Das
Armaturenbrett eines Motorbootes, ein
Vergaser, eine Kreiselpumpe, Teile eines
Kühlaggregates, mehrere gespannte Kunst-
stoffbänder und Sprengkabelreste bewiesen, daß hier kürzlich gearbeitet worden
war – mit Dynamit. Hatten Schatzgräber
das Wrack aufgespürt und es bereits ausge-
schlachtet? Die unbeachtet gebliebenen
Korallenhügel und Kanonen deuteten auf

Laien hin. Cousteau tröstete seine Gefährten und versprach »alles zu tun, um die
einmal begonnene Schatzsuche zu einem
glücklichen Ende zu führen«.

Um der übrigen Crew den Fundort recht
anschaulich beschreiben zu können, fertigten die Männer von ihm einen Lageplan
an. Anschließend bannten sie alle angetrof-
fenen ungewöhnlichen Dinge auf den
Film. Tiefenmessungen an verschiedenen
Punkten ergaben Durchschnittswerte von
fünfzehn Metern – ideale Tauchbedingungen, die nur durch starke Gezeitenströ-
mungen beeinträchtigt wurden. Der erfolg-
verheißende Bericht Cousteaus ließ die
Herzen aller Expeditionsteilnehmer höher
schlagen. Worte brennender Ungeduld,
endlich mit der Schatzhebung beginnen zu

Ein erster Lageplan von der Fundstelle

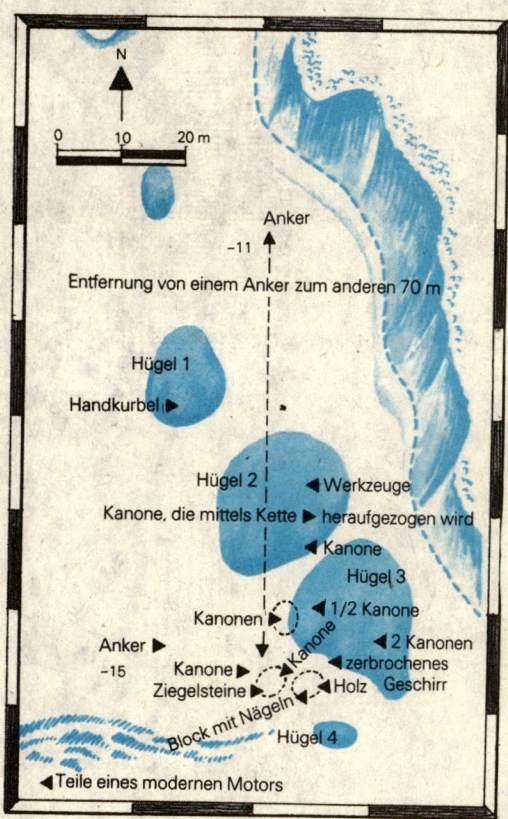

können, wurden laut. Es gab zuversichtliche Mienen, niemand dachte an einen Fehlschlag. Ja, man riß sogar Witze über ihre CALYPSO, auf der sich bald das Gold Seiner Allerkatholischen Majestät, des Königs von Spanien, häufen und die als gewaltiger Nugget die Heimreise antreten würde.

Ein wesentliches Problem harrte immer noch seiner Lösung: Das Basisschiff mußte so nah wie möglich zum Wrackplatz manövriert werden, danach erst kamen ernsthafte Arbeiten an den Galeonenresten in Betracht. Abermals schickte Cousteau Erkundungstrupps in den Korallenwald mit dem Auftrag hinein, eine Fahrrinne zu suchen. Und wirklich, es gelang, einen wenn auch aus vielen Windungen und Engen bestehenden Durchschlupf auszuloten. Ihrem geschickten Navigator würde es bestimmt gelingen, die CALYPSO zum gewünschten Ziel zu bringen. Dort aber befand sie sich wie in einer Mausefalle. Käme unverhofft Sturm auf, wäre das schwimmende Laboratorium verloren. Dem vorzubeugen war oberstes Gebot. Mit verschiedenartigen Bojen – je nach Gefährlichkeit der Stelle – markierte man zunächst den Fahrkanal, dann wurden an wichtigen Punkten Radarstangen verankert und besonders störende Riffvorsprünge weggesprengt. Diese Maß-

Bergung durch Hebeballons: Die am Fund befestigte Plastfolie wird mit Luft gefüllt

nahmen sowie eine exakt angelegte Karte vom »Fluchtweg« erlaubten es Cousteau, im Notfall die CALYPSO schnell zurück ins offene Meer steuern zu lassen.

Ausloten, Bojenlegen, Sprengen und Vermessen nahm mehrere Tage in Anspruch. Abschließend schufen die Männer einen geeigneten Ankerplatz für ihr Forschungsschiff. Dies bereitete ihnen die größten Kopfzerbrechen. Er sollte nahe der gesunkenen Galeone sein, mußte für ein Wendemanöver ausreichen und solche Tiefe haben, daß für die CALYPSO bei Ebbe oder starker Dünung Grundberührung ausgeschlossen war. Auch in diesem Fall half Dynamit, ehe in einer Fläche von etwa 50 Metern im Durchmesser Ankerbojen mittels starker Stahltrossen an den Korallenblöcken befestigt werden konnten.

Unterdessen filmte Deloire und fotografierte Delemotte abermals jede Kleinigkeit des unveränderten Fundortes, erkundete ein anderes Taucherpaar systematisch dessen Umfeld, widmete sich Cousteau intensiv den Hinterlassenschaften der kürzlich hier gewesenen Schatzgräber. Diese mitunter fast neuwertigen, kaum verrosteten Gegenstände warfen Fragen auf, gaben Anlaß zu Vermutungen: Weshalb hatte man soviel Material zurückgelassen? War an dieser Stelle etwa ein Bootsunglück geschehen, wenn ja – wo befand sich das Wrack? Wurde der Schatz bereits gehoben? Mit Sprengungen wäre das durchaus möglich gewesen. Dem widersprach das Bild der Korallenlandschaft. Eindeutig stand fest, daß während der vergangenen fünf Jahre an diesem Platz nicht mit Dynamit gearbeitet worden war. Wenn man nun damals den Großteil von Phips' zurückgelassenem Schatz gehoben, kürzlich aber einen weiteren Versuch durchgeführt hatte? Vielleicht kämpften rivalisierende Gruppen um »ihren Besitz«? Fragen über Fragen!

Da de Haenens hartnäckig verteidigte These: »Niemand außer mir kennt die Untergangsstelle der NUESTRA SEÑORA DE LA CONCEPCIÓN« auf der CALYPSO zum Allgemeingut gehörte, wurden Zweifel an der Identität des von ihnen lokalisierten Wracks laut. Falls es sich aber doch um die Schatzgaleone handeln sollte, lag das Schiff fast 300 Jahre auf dem Meeresboden und dürfte nunmehr von einem drei bis fünf Meter dicken Korallenpanzer umgeben sein. Auf jeden Fall wollten Cousteaus Taucher die Schiffsreste freilegen und der Sache auf den Grund gehen.

Freitag, 19. Juli: Seit einer Woche hatte der Ostpassat höchstens mit 20 Knoten geweht, jetzt drehte er auf Südost. Seine Geschwindigkeit stieg langsam auf 25 Knoten an. Die bisherige Schönwetterperiode neigte sich ihrem Ende zu, der Himmel war mit grauen Wolken dicht verhangen. Trotz des Wetterumschwungs ordnete Cousteau an, die Anker zu lichten, die CALYPSO durch den mit Bojen gekennzeichneten Kanal zu ihrem neuen Liegeplatz zu manövrieren. Am Nachmittag konnte er ins Logbuch schreiben: »Wir haben die Durchfahrt glücklich hinter uns und sind am Ziel. Caillart machte sich mit anderen Männern sofort an die Arbeit, um die CALYPSO im Zentrum eines sechsstrahligen Sterns von Stahltrossen fest zu vertäuen. Wir liegen nun sicher im Herzen der Silberbank, so undurchführbar das vor einigen Tagen auch scheinen mochte.«

Für den Fall, daß die Taucher bei der nun nichts mehr im Wege stehenden Wrackausgrabung tatsächlich Gold, Silber oder Schmuck entdecken würden, mußte von Anfang an Klarheit über die Beuteverteilung herrschen. Der lebenserfahrene Franzose wußte Spannungen innerhalb der Crew geschickt vorzubeugen. Er ließ diesen heiklen Punkt in geheimer Abstimmung durch die Mannschaft festlegen. Das einstimmig beschlossene Ergebnis sah folgendermaßen aus: Remy de Haenen bekäme 20 Prozent; 40 Prozent gingen an den Eigner der CALYPSO, »Les Campagnes Océanographiques Française«; die restlichen

40 Prozent sollten gleichmäßig unter die Expeditionsteilnehmer aufgeteilt werden.

Und nun konnte die eigentliche Schatzsuche beginnen. Schon bei der Erkundung des Wrackgebietes war den Männern eine kleinere, von Korallenstöcken umgebene schlammige Stelle aufgefallen. Mit ihrem Miniatur-Air-Lift befreiten die Taucher jetzt diesen Platz von Mud und Sand. Zutage förderten sie eichene Planken, eine Kaffeekanne, mehrere Blockrollen, Geschirrscherben und zwei Gürtelschnallen, deren größere, aus massivem Silber gefertigt, bei der Mannschaft Jubel auslöste: kaum hatte man mit dem Saugen angefangen, gab das Meer schon eine Kostbarkeit her! Die Funde boten aber auch Anlaß, Überlegungen anzustellen, wie die Ausgrabungen beschleunigt werden könnten und somit dem Schatz am ehesten beizukommen wäre. Vor allem galt es, die Wrackteile richtg einzuordnen, die Lage der gesunkenen Galeone zu bestimmen: Wo war ihr Bug, wo ihr Heck, wo befanden sich weitere, erhaltene Rumpfpartien? Niemand wagte, konkrete Aussagen über die bisher entdeckten Schiffsteile zu machen – man tappte völlig im dunkeln. An eine zielgerichtete Freilegung des alten Seglers war demnach nicht zu denken. Den Tauchern blieb nichts anderes übrig, als an verschiedenen Punkten Probegrabungen vorzunehmen. Dies geschah mit unterschiedlichem Erfolg: Dort, wo sich ihrer Meinung nach das Achterdeck befinden müßte, lag nichts. Wo sie aber keine Wrackreste vermuteten, stießen sie auf eine lange Planke.

Einige verschiedenartig geformte Hölzer, ein paar Keramikgefäße und ein halbes Dutzend Lehmziegel waren das dürftige Ergebnis ihres vollbrachten Tagwerkes. Wahrlich, kein Grund zu Freudensprüngen. Dafür wurden neue Theorien über das einstige Schiffsunglück aufgestellt; doch keine lüftete auch nur andeutungsweise das Geheimnis um die Schatzgaleone. Nach wie vor standen Cousteau und seine Gefährten vor der Frage: Wo innerhalb der relativ umfangreichen Wrackstelle sollte man mit der Arbeit beginnen?

Das Problem klärte sich von selbst, genauer gesagt, die Beantwortung dieser grundlegenden Frage konnte zunächst einmal hinausgeschoben werden. Über Funk teilte Frederic Dumas mit, daß er am 24. Juli auf Puerto Rico eintreffen werde. Auf die erhitzten Gemüter wirkte die Nachricht äußerst beruhigend. Jeder wußte: War erst einmal der versierte Meeresarchäologe an Bord, läuft die Ausgrabung unter anderen Gesichtspunkten als bisher ab. Für Cousteau bedeutete Dumas' bevorstehende Ankunft zweierlei: Erstens mußte man die CALYPSO wieder aus dem Korallenlabyrinth hinausmanövrieren und Kurs auf San Juan, den Hafen von Puerto Rico, nehmen, um den langjährigen Freund abholen zu können. Zweitens ließ sich bei dieser Gelegenheit die teilweise doch sehr unzulängliche Bergungsausrüstung ergänzen. So zeigte zum Beispiel ihr Miniatur-Air-Lift keine überzeugende Leistung. Er saugte Wasser, Sand und Schlamm ab, kleinere Gegenstände jedoch nicht – sie blockierten ihn, zwangen immer wieder zur Arbeitsunterbrechung. Die Crew bewältigte außerdem nur mühsam die Masse der geborgenen Korallenstücke. Letztere mußten wegen eventuell enthaltener Gegenstände aufgeschlagen werden. Da sich jeder abkömmliche Mann als »Korallenklopfer« betätigte, reichten bald die Hämmer nicht mehr aus, deren Stiele leider allzuschnell abbrachen. Und schwere Vorschlaghämmer, Bohrer und Transportkarren fehlten überhaupt . . .

Mühe ohne Lohn. Puerto Rico. Die Geschichte der Insel ist reich an Gold und sinnlos vergossenem Blut – ihre Akteure waren Kreolen, Hidalgos und Abenteurer aller Art. 1493 betraten Europäer das Eiland und nahmen es für den spanischen

König in Besitz. Später brachen von hier aus die nach Reichtum strebenden Konquistadoren zu ihren Raubzügen in die Karibik und nach Mittelamerika auf. Und als die Piraterie ihre Blütezeit erlebte, wurde Puerto Rico mehr als einmal überfallen und schließlich besetzt. Bis 1898 dauerte die spanische Kolonialherrschaft auf der Insel an – Sprache, Gebräuche und Bauwerke erinnern an diese Epoche.

San Juan ist eine außergewöhnlich faszinierende Stadt mit bewegter Vergangenheit. Exklusive Hotels stehen neben der ältesten Kirche des amerikanischen Kontinents, San José. Auch San Geronimo, das ehemalige spanische Fort mit seinen vielen Schießscharten, hat die Zeit überdauert. Dem Jahre 1530 wird die Befestigungsanlage La Fortalezza zugeschrieben, sie dient der heutigen Regierung als Verwaltungsgebäude. Mit jedem Schritt wird einem der Gegensatz zwischen Besitzenden und Besitzlosen vor Augen geführt: Breite Ladenstraßen wechseln mit engen Gassen, modern eingerichtete Geschäfte mit armseligen Hütten ab.

Kaum hatte die CALYPSO an der Pier festgemacht, schwärmten auch schon ihre Besatzungsmitglieder in die malerische Ortschaft aus, um dringend benötigte Dinge zu besorgen: Zwei dreieinhalb Meter lange eiserne 18-Zentimeter-Rohre mit dazupassendem siebzehn Meter langem biegsamem Ansaugschlauch (Air-Lift), gummibereifte Schubkarren, zweigriffige große Körbe, Wannen, Eimer, Bürsten, grobe Besen, Bretter, Nägel, Schrauben, Hämmer, Schlegel, Hauen, Lederriemen, Tauwerk, Kunststoffschnüre, $3/4$-Zoll-Rohre mit Verbindungs- und T-Stücken.

Vom Flughafen wurden in Frankreich bestellte und mit Frederic Dumas eingetroffene Leuchtbojen und Saugmundstücke abgeholt, bei einer Baufirma ein leistungsstarker neuwertiger Verdichter – Marke »Worthlington« – gemietet.

Zu guter Letzt mußte an das leibliche Wohl der Männer gedacht werden – Proviant und Trinkwasser für einige Wochen Seeaufenthalt verschwanden in der Vorratslast. Das Einkaufen – obwohl auf viele Hände verteilt – dauerte seine Zeit, das Verstauen der beschafften Gegenstände nicht viel weniger, da der Platz an Bord beschränkt war. Cousteau half sich, indem er die beiden Kleinsttauchboote samt Zubehör für die Dauer des Unternehmens an Land bringen ließ.

Zu all der hektischen Betriebsamkeit des Ein- und Ausladens kam, daß man das Vordeck zu einer Schlosserwerkstatt umgewandelt hatte. Hier wurde zwei Tage lang ununterbrochen geschnitten, gesägt, gebohrt, geschraubt, gehämmert und gelötet – große Metallkörbe entstanden, in die der Air-Lift später seine Beute entleeren würde. Am 25. Juli, gegen Mittag, war alles soweit geregelt, daß einem Auslaufen nichts mehr im Wege stand. Nach wenigen Stunden verschwand die Silhouette der Insel Puerto Rico mit ihren waldbedeckten Bergen im Dunst – erneut steuerte die CALYPSO die Silberbank an. Auf dem Achterdeck begann der unermüdliche Remy mit drei Gefährten ein Arbeitsfloß zu bauen. Diese Konstruktion, liebevoll »Ausleger-Korbträger« genannt, sollte sich in den nächsten Wochen als unentbehrliches Hilfsmittel erweisen.

Nach knapp 24 Stunden war die markierte Fahrrinne erreicht, am Abend die CALYPSO wieder fest an ihren Ankerbojen im Herzen der Silberbank vertäut.

An drei folgenden Tagen gehörte Frederic Dumas die Wrackstelle allein. Er vermaß sie, führte mit dem Miniatur-Air-Lift Probegrabungen durch und brachte einige von der Zeit geschwärzte Teller vom Meeresgrund herauf. Aufmerksam verfolgte die Mannschaft seine Arbeit. Nach jedem Auftauchen wollte sie seine Meinung hören – doch der versierte Meeresarchäologe schwieg sich aus. Die Spannung nahm deshalb von Stunde zu Stunde zu. Für die

Männer war das Urteil des Experten von ausschlaggebender Bedeutung, entschied es doch darüber, ob ihre Träume vom Gold in Erfüllung gehen würden.

Um die Zeit bis zum klärenden Wort Dumas' sinnvoll zu überbrücken, führte die Crew verschiedene Arbeiten durch: An wichtigen Punkten der Fahrrinne wurden die neuen Leuchtbojen verankert, die in San Juan begonnenen Metallkörbe fertiggestellt, der große Air-Lift montiert, aus mehreren Eisenfässern, Balken und Brettern ein Floß für den Kompressor gebaut sowie Remys Arbeitsplattform JAMES AND MARY vom »Stapel gelassen«. Der Name sollte – so wünschten es sich ihre Paten – der Expedition ebenso wie vor dreihundert Jahren dem Schiffszimmermann aus Boston Glück bringen.

Die von Dumas aufgenommenen Meßdaten übertrug Cousteau auf den von der Wrackstelle gezeichneten Lageplan, und siehe da, langsam entstanden die Umrisse eines Schiffes. Sein vorderer Teil ruhte in Höhe der beiden dicht beieinanderliegenden Anker. Die entdeckten Kanonenrohre hatten ursprünglich auf dem unteren und oberen Batteriedeck ihren Platz. Lediglich das Achterdeck der Galeone blieb immer noch unauffindbar. »Es kann«, so Dumas, »nur in der Nähe des dritten Korallenhügels liegen oder unter diesem begraben sein«. Das wichtigste aber, die Wrackreste belegten dies einwandfrei: Der Schiffsuntergang war vor mindestens zweihundert Jahren erfolgt.

Den ersten Spatenstich vorzunehmen ist stets ein feierlicher Akt. In der Silberbank betrachtete die CALYPSO-Besatzung den 30. Juli als Ehrentag – sie begann die NUESTRA SEÑORA DE LA CONCEPCIÓN aus ihrem Korallengrab zu befreien. Die JAMES AND MARY mit den Metallkörben war im sechzehn Meter tiefen Wasser sicher verankert worden. Der flexible Schlauch und die Rohre des Air-Lifts reichten nun mehr als sechs Meter unmittelbar über dem Meeresgrund zur Grabungsstelle. Man arbeitete in Schichten, je neunzig Minuten lang. Zu jeder gehörten Taucher zur Bedienung des Saugkopfes und zur Untersuchung des abzusaugenden Gutes. Sperriges sortierten sie aus, legten es in Metallkörbe, die anschließend nach oben gehievt wurden. Auf den beiden Plattformen überwachten Männer den Kompressor und kümmerten sich um die durch den Air-Lift herangeführten, im Drahtgitter hängengebliebenen Korallenstücke. Auf dem Achterdeck der CALYPSO schlug eine andere Gruppe größere Korallenbrocken entzwei, suchte nach darin verborgenen Gegenständen und beförderte den Korallenschutt am Bug wieder so ins Meer zurück, daß man die unterseeische Ausgrabung nicht behinderte. Trotz umsichtigen Verhaltens schwebte über der Arbeitsstelle ständig eine Wolke aus Schlamm und Korallenkalk. Mitunter war sie so stark, daß die Taucher kaum noch etwas sehen konnten. Dann mußten sie mit dem Saugen aufhören und warten, bis sich das Wasser wieder einigermaßen geklärt hatte.

Die einzigen Funde dieses neunstündigen Arbeitstages bestanden aus zwei Kanonenrohren, die als tonnenschwere Korallenblöcke mühevoll an die Oberfläche gebracht wurden. Abends spürten einige Männer erste Anzeichen von Erschöpfung. Raymond Amaddio, ein junger Taucher, gab sogar völlig auf – er bat Cousteau, bei der ersten sich bietenden Gelegenheit nach Frankreich zurückkehren zu dürfen . . .

31. Juli, 6.30 Uhr Arbeitsaufnahme, 19.00 Uhr Feierabend. Ergebnis: Etliche Kubikmeter Schlamm und Sand abgesaugt, mehrere Tonnen Korallenstücke zerkleinert, außer Holzteilen keinen Fund gemacht. Ein deprimierendes Resultat. Jacques-Yves Cousteau brachte seine Unzufriedenheit über den Ausgrabungsbeginn zum Ausdruck: »Wir müssen mit unserer Schatzsuche schneller vorankommen, die Arbeiten noch mehr rationalisieren.« Er

schlug vor, die Position der CALYPSO so zu verändern, daß sich ihr Heck genau über dem Punkt befand, an dem die Taucher mit dem Air-Lift gruben. Dadurch würde der Transport größerer Korallenbrocken unter Wasser entfallen, man könnte sie sofort mit der Achterwinde an Bord holen.

Cousteaus Gedanke wurde am nächsten Morgen verwirklicht. Die Ausgrabung ging danach zügiger vonstatten. Jeder spürte, die entscheidende Phase der Schatzjagd war angebrochen. Die Ausbeute ließ alle Mühen des Tages vergessen: zwanzig sechs- und neunpfündige Kanonenkugeln, Bleimunition für Pistolen und Arkebusen, Keramik- und Porzellanscherben, Eichenplanken und zwei goldene Schmuckstücke – ein Amulett und ein Kreuz. Die kleine mit Öse versehene Medaille zeigt einen bärtigen Heiligen und die Inschrift S. FRAN. ORA PRO NO. (S. Franciscus, ora pro nobis – »Sankt Franziskus, bitte für uns«.). Die Prägung der Rückseite stellt einen weiteren Heiligen dar, der mit einem auf einer Wolke schwebenden Engel spricht.

Dieser bescheidene Goldfund spornte die Männer zu verstärkten Leistungen an und nährte in ihnen die Hoffnung, dem Schatz einen großen Schritt nähergekommen zu sein.

Doch der folgende Tag brachte außer einem abgebrochenen Messinglöffel, einem bronzenen Dolchgriff und einigen Kanonenkugeln nur Sturmböen und heftige Regenschauer – die Arbeiten auf dem Meeresgrund mußten eingestellt werden, die JAMES AND MARY an Bord der CALYPSO gehievt, die Kompressorplattform durch zusätzliche Verankerungen gesichert werden. Einerseits kam Cousteau der Regen sehr gelegen, da durch ständiges Duschen des unter beizendem Korallenstaub leidenden »Klopferkommandos« der Trinkwasservorrat schneller als vorausgesehen zur Neige ging. Andererseits war es für den Expeditionsleiter nicht gerade angenehm zu wissen, daß die unaufhaltsam heranrückende Hurrikanzeit sich durch Boten bereits angekündigt hatte.

3. August: Wegen der aufgewühlten See untersagte Cousteau das Tauchen, beorderte aber alle Mann zum Korallenklopfen. Vier bis fünf Tonnen warteten auf sie. Zutage traten eine Bleiplombe mit der Inschrift RO 100, die nur »einhundert Goldstücke« bedeuten konnte, die Reste eines Stuhls, ein Krug, ein zerbrochener großer und mehrere kleinere Zinnteller sowie etliche Tierknochen. Frederic Dumas vermutete, daß alle Funde aus der vordersten Bugpartie der Galeone stammten – weil dort bekanntlich das Schlachtvieh untergebracht worden war.

Eine weitere Bleiplombe zeigt auf der einen Seite ein nicht identifizierbares heraldisches Zeichen, auf der anderen ein gekröntes Lilienwappen und die Worte QUO FERA . . . – der Rest war unleserlich.

Im Laufe des Nachmittags gestattete es die Wetterlage, wieder ins Wasser zu gehen. Bisher fanden die Saugarbeiten am südlichen Rand des Korallenhügels statt, in dessen unmittelbarer Nähe Michel Deloire die ersten Kanonenrohre entdeckt hatte. Ein metertiefer Graben zeugte vom Kampf zwischen Tauchern und undurchdringlich scheinendem Dickicht aus Dörnchenkorallen, das als aufgerissenes, totes Gestein den schlammigen Meeresboden bedeckte.

Dann stießen die Männer auf eine in weißen Korallen eingelagerte zwanzig Zentimeter starke Schicht mit Wrackresten. Große Eisenbolzen, -nägel und Eichenplanken wiesen auf die Backbordseite des Vorschiffes der verunglückten Galeone hin. Dahinter lagen ganzes und zerbrochenes Geschirr (u. a. ein Weintraubenkerne enthaltener Krug), eine Unmenge Glasscherben und dazwischen vier unscheinbare Bleiplomben, deren Inschrift diesmal vollständig entziffert werden konnte: FLO-

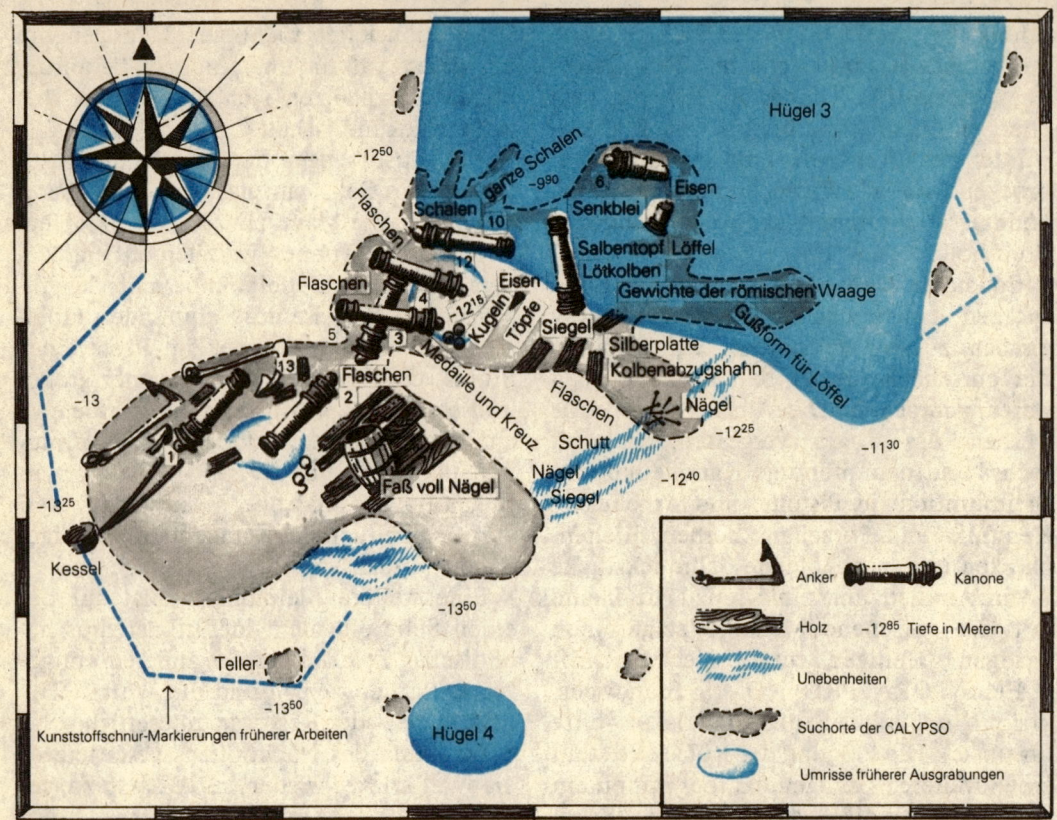

Labels within the image:
Hügel 3
−12⁵⁰
ganze Schalen
−9³⁰
Schalen
Flaschen
10
12
Flaschen
4
−12¹⁵
Kugeln
Eisen
Töpfe
Siegel
5
3
13
Medaille und Kreuz
Flaschen
2
Flaschen
−13
1
−13²⁵
Kessel
Teller
−13⁵⁰
Hügel 4
Kunststoffschnur-Markierungen früherer Arbeiten
−13⁵⁰
6
Senkblei
Eisen
Salbentopf Löffel
Lötkolben
Gewichte der römischen Waage
Silberplatte
Kolbenabzugshahn
Nägel
Schutt
Nägel
Siegel
−12²⁵
−12⁴⁰
−11³⁰
Gußform für Löffel
Faß voll Nägel

Legend:
Anker — Kanone
Holz — −12⁸⁵ Tiefe in Metern
Unebenheiten
Suchorte der CALYPSO
Umrisse früherer Ausgrabungen

Detail von den Ausgrabungen am Vorschiff

REBO QUO FERAR – »Ich werde, wohin ich auch gehe, Erfolg haben.«

Lilienwappen und Text ließen keine verbindlichen Schlüsse über die Nationalität des gesunkenen Seglers zu. Damals bediente man sich in ganz Europa des Lateinischen, und die Lilien könnten ein Hinweis auf die Regierungszeit des Bourbonenkönigs Philipp V. sein – letzteres bedeutete, die Galeone war nicht die NUESTRA SEÑORA DE LA CONCEPCIÓN, sondern ein etwa einhundert Jahre jüngeres Schiff. Aber das waren nur Vermutungen, über die niemand ernsthaft diskutierte ...

Bis zum 6. August sollten noch weitere interessante Funde das Tageslicht erblicken: eckige verzierte Flaschen, zwei Anker mit ausnehmend großen Ringen und Flunken, der Griff eines Schwertes und die Reste einer Pistole.

Die für den Fortgang des Unternehmens wichtigste Entdeckung aber machte Dumas – er stieß auf eine Kanone, die sowohl in als auch unter dem Korallenhügel begraben lag. Somit war klar, die Erhebung mußte abgetragen werden, um an das fehlende Drittel des Vorschiffes heranzukommen. Für den Unterwasserarchäologen stand inzwischen auch fest, daß die Galeone zwei dicht übereinanderliegende Decks gehabt hatte. Der oberste Rumpfteil war höchstwahrscheinlich auf den Meeresgrund abgesunken, während die untere Rumpfpartie von Korallen abgefangen und eingeschlossen worden war. Der von Dumas inspizierte Hügel sollte von den Tauchern als nächstes angegangen werden. Zuvor glaube Cousteau, ihnen eine Ruhepause gönnen zu müssen – er manövrierte die saubergeschrubbte CALYPSO ohne Zwischenfälle durch den Riffkanal und nahm Kurs auf San Juan, um Treibstoff- und Frischwasservorräte zu ergänzen. Aus den von den Männern erhofften Erholungsstunden wurde jedoch nichts. Sobald ihr Schiff das offene Meer erreicht hatte, rollte es auch schon in der schweren Dünung. Und je weiter sie nach Osten kamen, desto spürbarer wurde die rauhe See. Dazu kamen Schwüle und einsetzender Regen. In dieser Nacht dachte niemand an Schlaf, zumal mancher von ihnen mit gewissen Nebenwirkungen der Seekrankheit den Kampf aufnehmen mußte.

In San Juan erwartete Cousteaus Sohn, Jean-Michel, die CALYPSO. Er kam gerade aus Peru zurück, wo er seines Vaters nächste Expedition »Forschungen im Titicaca-See mit Kleinsttauchbooten« vorbereitet hatte. Der Beginn des neuen Unternehmens war auf die zweite Septemberhälfte festgelegt worden. Für die Schatzjäger bedeutete dies, daß sie spätestens Anfang September die Silberbank verlassen müßten. Ihnen blieb demnach nur noch ein knapper Monat, um den mit Kostbarkeiten gefüllten Laderaum der spanischen Galeone ausfindig zu machen und die Werte zu heben. Ungeduldig warteten die Männer auf das Auslaufen der CALYPSO. Sie wollten so schnell wie möglich wieder am Halbmondriff sein. Endlich, am Nachmittag des 11. August, konnten sie das Forschungsschiff im »Silberbank-Hafen« verankern und alles sofort für die Arbeitsaufnahme über und unter Wasser vorbereiten.

Bis zum 21. August wurde zwölf bis fünfzehn Stunden lang täglich auf der Untergangsstelle im wahrsten Sinne des Wortes das Unterste zuoberst gekehrt. Mit geradezu fanatischem Eifer saugten die Taucher einen Graben nach dem anderen durch den Korallenhügel, legten das Vorschiff des Wracks völlig frei, förderten Unmengen von Korallenbrocken zu ihren Ge-

fährten nach oben, die meist mit dem Aufklopfen kaum nachkamen – und das bei unterschiedlicher Wetterlage, selbst, als der Ausläufer eines Hurrikans über der Silberbank hinwegzog. Die geborgenen Gegenstände standen jedoch in keinem Verhältnis zu dem Aufwand: ein eisernes Türscharnier, Kanonenkugeln, zwei Gürtelschnallen, ein bronzener Uniformknopf, ein konisch geformtes Angelschnurgewicht, eine Taljenrolle, ein mit Nüssen gefülltes Gefäß, der Abzugshahn einer Schußwaffe, Bruchstücke eines großen kupfernen Kessels, Flaschen, Tonkrüge, sieben unbeschädigte Kochtöpfe, ein dekorativer Schwertgriff, einhundertsieben unversehrte Trinkbecher (davon 19 ineinander durch Kalkablagerungen »verschmolzen«) und neunundfünfzig Schüsseln, von denen 36 gleichfalls »unzertrennlich« waren, zwei alte Brecheisen (sollten sie etwa von Phips' Tauchern liegengelassen worden sein?), eine korallenüberkrustete Pistole mit reichverziertem Griff, ein irdener Teller, zwei Bronzeformen für die Herstellung von kleinen Zinn- oder Silberlöffeln und zwei zu einer römischen Waage gehörende, bewegliche Bronzegewichte, deren eiserne Haken fehlten. Beide Gewichte sollten die Wende im Unternehmen »Schatzsuche« herbeiführen, die Stimmung aller Expeditionsteilnehmer auf den Nullpunkt sinken lassen. Nach dem Säubern der Gegenstände konnte man die Buchstaben DC und einige Ziffern einwandfrei erkennen. Bei den letzteren handelte es sich um Jahreszahlen. Diese beiden Gewichte sind regelmäßig geprüft und geeicht worden, das letzte Mal im Jahre 1756 – der Tatbestand war eindeutig, die seit Wochen mühsam ausgegrabenen Galeonenreste hatten mit der NUESTRA SEÑORA DE LA CONCEPCIÓN von 1641 nichts, aber auch absolut nichts zu tun!

Was nun? Aufgeben oder die noch verbleibenden vierzehn Tage bis zum geplanten Abschluß des Unternehmens aushar-

Unversehrt aus dem Wrack geborgenes chinesisches Porzellan

ren, sie mit »sinnlosem« Schlammabsaugen und Korallenaufbrechen ausfüllen? Irgendwer äußerte die Vermutung, daß an dem Riff zwei Schiffe zu unterschiedlichen Zeiten gescheitert sein könnten. Ein Strohhalm, ein recht schwacher zwar – doch er reichte zum Festklammern, machte den Männern Mut! Die Ausgrabung ging weiter, nicht mehr so enthusiastisch wie bisher, aber es ging voran.

Ein 1250 Kilogramm schweres Kanonenrohr wurde gehoben und gesäubert. Die Inschrift H 2250 A sagte nichts aus. Die fehlende Jahreszahl bereitete kein Kopfzerbrechen, eine Zeitangabe hätte zur Identifizierung des Wracks kaum beigetragen. Jeder an Bord wußte von Dumas, daß man noch bis 1820 Geschütze verwendete, die im 16. Jahrhundert gegossen worden waren.

Nach und nach versiegte der Fundstrom: ein zerbrochener Teller mit indianischem Dekor, ein paar uninteressante Holzstücke und Kanonenkugeln . . .

Cousteau beschloß, das Arbeitsfeld zu erweitern, die Ausgrabung etwa sechzig Meter weiter nördlich fortzusetzen. Das bedeutete weitere Unterwassersprengungen, um Raum für einen neuen Ankerplatz der CALYPSO zu schaffen.

Schon nach wenigen Stunden förderten die Taucher mit dem Air-Lift Ziegel, sechs Schüsseln, vier Becher, einen Krug, viele eckige Flaschen, Teile der Takelage und Plankenreste nach oben – kein Zweifel, sie gruben die lang gesuchte Heckpartie der Galeone aus. Ein Hoffnungsschimmer beseelte alle, vielleicht stieß man nun doch noch auf Gold, Silber und Juwelen . . .

Die insgeheim gehegten Erwartungen sollten sich nicht erfüllen. Außer den üblichen Ton- und Glasscherben kamen lediglich sechs große Kessel (fünf eiserne und ein kupferner), die Klinge einer Hiebwaffe und eine Feldschlange (kleine Kanone) ans Tageslicht. Insgesamt vierundvierzig Tage währte das Unternehmen »Schatzsuche«. Es waren anstrengende Wochen in der Silberbank. Fast täglich, von früh bis spät, bei Hitze, Schwüle, Regen oder Sturm, unter ohrenbetäubendem Kompressorlärm hatten die Männer über dreihundert Tonnen Korallenbrocken aufgeklopft und durchsucht. Diese Menge mußte aber erst dem Meere abgerungen werden – eine Leistung, die Achtung vor den Tauchern gebietet. Und der Lohn für diese Plagerei, für die hohen Kosten: ein paar verhältnismäßig wertlose Dinge.

Es gab keinen unter der CALYPSO-Crew, der nicht Pläne geschmiedet hätte, wie er seinen Schatzanteil anlegen würde.

Der eine wollte sich ein Haus bauen oder ein Schiff kaufen, der andere einen wertvollen Pelzmantel für seine Frau, der dritte seinen Eltern ein Geschäft einrichten, ein Wettbegeisterter beabsichtigte, sich Rennpferde anzuschaffen.

Die Beuteaufteilung sah ganz anders aus, als vor Beginn der Expedition erträumt: Jeder Teilnehmer bekam drei Erinnerungsstücke, der Rest war für Remy de Haenen und verschiedene Museen bestimmt. Wenige Tage später, in San Juan, sollte Jacques-Yves Cousteau erfahren, daß weder er noch seine Gefährten durch eventuell geborgene Millionenwerte zu Reichtum und Wohlstand gekommen wären. Seine Pariser Anwälte hatten in der Zwischenzeit die Rechtslage eruiert und teil-

ten sie ihm brieflich mit: »Hebt ein französischer Staatsbürger einen Schatz – sei es auf der Silberbank oder anderswo –, so muß er den Fund unverzüglich den zuständigen Behörden melden, die ihm die bei der Bergung entstandenen Kosten zurückerstatten. Der gesamte Schatz aber gehört der Regierung von Frankreich. Meldet man den Fund nicht bei den Behörden, so riskiert man eine Gefängnisstrafe wegen Betrugs und Unterschlagung . . .«

Burt Webber, ein Millionär. Cousteaus 44-Tage-Unternehmen ließ sich nicht geheimhalten – der Meeresforscher war zu berühmt, als daß sein Aufenthalt in der Karibik unbemerkt von Presse und Funk geblieben wäre. Außerdem erschien 1971 sein mit Philippe Diolé gemeinsam verfaßtes Buch »Diving for Sunken Treasure«, in dem er ausführlich auf die Arbeiten am Halbmondriff einging. Auch konnten in vielen Ländern die Fernsehzuschauer in ihren Wohnzimmern diese Expedition nacherleben. So war es ganz natürlich, daß vor allem in der Karibik tätige Schatztauchergruppen Cousteaus Veröffentlichung eingehend studierten, sie mit den Ergebnissen eigener Archivforschungen verglichen und letztere vervollständigten.

Tauchergruppen, die den verlorengegangenen spanischen Schatzgaleonen nachspürten, gab es genug. Erfolg, wenn mitunter auch nur bescheidenen, hatten nur wenige. Eines jener glücklosen Taucherteams war das von Burt Webber aus Pennsylvania. Mit seinen aus dem gleichen US-Bundesstaat stammenden Freunden Jack Haskins, Harry Wyman und Bob Coffey tauchte er seit Anfang der sechziger Jahre – meist während des Urlaubs – vor der Küste Floridas und im Karibischen Meer. Zu ihrem Suchprogramm zählten die mit wertvollen Kleinoden untergegangenen Galeonen MARAVILLA (1972 jedoch durch den UW-Archäologen Robert F. Marx ent-

Gesamtübersicht der Ausgrabungen des »Calypso«-Teams

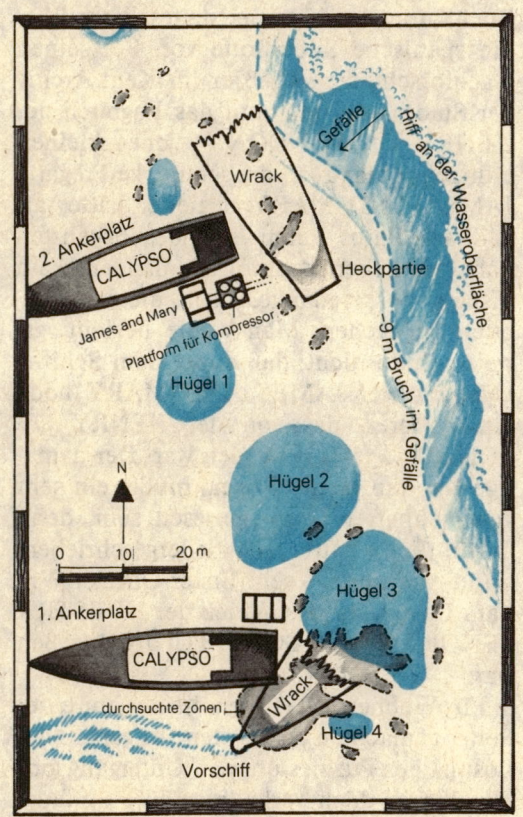

113

deckt) und NUESTRA SEÑORA DE LA ATOCHA (1973 von Melvin Fisher gefunden – siehe auch vorangegangenes Kapitel). Im Laufe der Zeit schlossen sich den vier Abenteurern Gleichgesinnte an – bald zählte die Gruppe zwölf Mann, die über eine beachtliche Ausrüstung verfügte.

Jahr um Jahr verging, ohne daß Webbers Gruppe nennenswerte Wrackfunde zu verbuchen vermochte. Als sie dann von Cousteaus Mißerfolg Kenntnis bekam und die Koordinaten der französischen Ausgrabung prüfte, stellte Webber befriedigt fest, daß sie über mehr und bessere Anhaltspunkte vom Untergang der NUESTRA SEÑORA DE LA CONCEPCIÓN verfügte, als bislang angenommen. Haskins hatte nämlich während einer Spanienreise in Sevilla Station gemacht und im »Archivo General de Indias« viele Details über die berühmte Schatzgaleone sammeln können.

Für Webbers unterseeische Schatzsuche wirkten sich auch positiv seine engen Kontakte zum »The University of Pennsylvania Museum« in Philadelphia aus. Die damals von Dr. George Bass im Auftrag des Museums durchgeführten archäologischen Unterwasserforschungen vor der türkischen Küste waren in aller Munde. Der Schatzjäger ließ sich von Teilnehmern der Museums-Expedition über die im Mittelmeer erstmals im großen Stil eingesetzten Suchgeräte und die mit ihnen gemachten Erfahrungen berichten. Für Webber bedeuteten diese Informationen viel. Sie versetzten ihn in die Lage, sofort die richtigen, technisch hervorragenden Magnetometer und Metalldetektoren zu erwerben.

Im Herbst 1976 gab Burt Webbers Gruppe ihren Amateurstatus auf und reihte sich in die Gilde der professionellen Schatzsucher ein. Ihr Leiter glaubte, nunmehr über solche eindeutigen Hinweise und ausgezeichneten Suchgeräte zu verfügen, daß seinem Team die Ortung der gesunkenen NUESTRA SEÑORA DE LA CONCEPCIÓN nicht schwerfallen würde.

Er beantragte und erhielt von den Behörden der Dominikanischen Republik die Bergungslizenz, nahm bei US-amerikanischen Konzernen und Banken Kredit in Höhe von fast einer halben Million Dollar auf, erwarb ein Basisschiff, komplettierte die Suchausrüstung und startete im Januar 1977 zur Silberbank.

Schlechtes Wetter zwang Ende Mai – nach fünfmonatiger Erkundung – zum Abbruch des Unternehmens. Zudem war das geliehene Geld fast aufgebraucht, die Männer ziemlich erschöpft und deprimiert. 1891 Korallenriffe im nordöstlichen Randgebiet der Silberbank hatten sie abgesucht, dabei zwar sechs unbedeutende Wracks, aber keine Spur von der NUESTRA SEÑORA DE LA CONCEPCIÓN entdeckt.

Eine wenig sensationelle Begebenheit sollte jedoch Webbers Leben schlagartig verändern helfen: Peter Earl, britischer Buchautor, bereitete ein neues Werk über die spanische Silberflotte vor. Bei seinen Nachforschungen stieß er im Kent-Archiv der Stadt Maidstone auf das Logbuch der HENRY OF LONDON – jenes kleinen Fahrzeugs, das 1686 die schmucke Fregatte JAMES AND MARY begleitet hatte, als William Phips einen Teil des begehrten Schatzes heben konnte. Niemandem kam bislang der Gedanke, nach diesem Logbuch zu suchen. Man wußte beziehungsweise ahnte nicht, daß außer dem Schiffstagebuch der JAMES AND MARY noch ein weiteres, das von der HENRY OF LONDON, geführt worden war. Der damalige Kapitän Henry Rogers mußte ein sehr gewissenhafter Mann gewesen sein, denn ausführlich hatte er niedergeschrieben, wann, wie und wo sein Erster Offizier William Covell auf das Wrack der NUESTRA SEÑORA DE LA CONCEPCIÓN gestoßen war.

Für Webber bedeuteten die auf nur einer Seite gemachten konkreten Angaben die Lösung des Puzzles um den Untergangsort: Das bisher doch verhältnismäßig umfangreiche Suchgebiet konnte nunmehr wesentlich eingegrenzt werden.

Ende 1978 befand sich die Schatztauchermannschaft erneut in der Silberbank. Östlich des Platzes, wo einst Cousteau gearbeitet hatte, schwammen die Taucher mit hochempfindlichen Detektoren durch den Korallendschungel. Bereits am zweiten Tag reagierten die Geräte, zeigten an, daß unter einer über fünf Meter dicken Korallenschicht ein größeres Wrackteil liegen mußte – auf einer Fläche von etwa 30 mal 20 Meter. Bei Probegrabungen am nächsten Tag erfolgte umgehend die Bestätigung: Keramikscherben, Ballaststeine und ein 1640 geprägter Silberpiaster traten zutage. Alle Anzeichen sprachen dafür, daß das Grab der NUESTRA SEÑORA DE LA CONCEPCIÓN gefunden worden war.

Abermals nahm Burt Webber einen enorm hohen Kredit auf, kaufte weitere Bergungsgeräte wie zum Beispiel pneumatische Kettensägen und einen leistungsstarken Air-Lift. Im Februar 1979 nahm er wiederum Kurs auf die Silberbank, um die von William Phips zurückgelassenen Werte zu heben.

Was in den sich anschließenden Monaten geschah, kann eigentlich nur als perfekt organisiertes Wrackplündern bezeichnet werden. Ohne Rücksicht auf die Unterwasserwelt wurde mit den pneumatischen Kettensägen ein Korallenstock nach dem anderen solange bearbeitet, bis ein Areal von rund 50 Meter im Durchmesser restlos von Korallen befreit war. Dann saugte man mit dem Air-Lift systematisch Schicht um Schicht den Meeresboden ab. Für das Wrack interessierten sich die Männer

nicht, nur für die Ladung. So ging es ununterbrochen bis zum Herbst, bis kein einziger Silberpiaster mehr zum Vorschein kam, der Seegrund an dieser Stelle wie ein verlassener Tagebau aussah.

Die Schatztaucher konnten ein beachtliches Resultat vorweisen: Zehntausende Gold- und einige Tonnen Silbermünzen; Scheibengold und ungemünztes Silber; goldene, mit Edelsteinen besetzte Kultgefäße; Brust- und Halsketten – Zeugnisse vollendeter Goldschmiedekunst; Bestecke und verschiedene Haushaltsgegenstände aus Silber; goldene Ringe, Broschen, Armreifen und Haarspangen, teilweise mit eingefaßten Edelsteinen verziert; weiterhin spanische Fayencen; hunderte Teller, Tassen oder Schalen aus feinstem chinesischem Porzellan, hergestellt während der Regierungszeit Kaisers Wanli (1573 bis 1620) – einige Stücke schrieb man sogar der rund 250 Jahre früheren Ming-Periode zu.

Auf 250 Millionen Dollar wurde die gesamte Ausbeute geschätzt. Nach Abzug des Anteils für die Dominikanische Republik sowie dem Verkauf einiger besonders wertvoller Stücke an Privatsammler beauftragte Webber ein namhaftes Auktionshaus mit der Versteigerung des Restschatzes – die kostbare Ladung der NUESTRA SEÑORA DE LA CONCEPCIÓN (übersetzt etwa: »Unsere liebe Frau von der unbefleckten Empfängnis«) war damit für Wissenschaft und Allgemeinheit verloren, nichts gelangte offiziell in die Museen ...

Und Burt Webber? Sein Unternehmen zählt heute zu den führenden und bestens ausgerüsteten Schatztaucherfirmen der USA.

Das Gold der EDINBURGH

Ende April 1942 in Murmansk
In der Barentssee
Operation Greyhound
Anfang Oktober 1981 in Murmansk

Ende April 1942 in Murmansk. Graue Berge. Graues Wasser. Grauer Himmel. Berge an drei Seiten und an der vierten das Meer. Der Himmel ist kalt, die Erde hart wie Stein. Unter diesem Himmel inmitten der Berge vor dem grauen Meer eine ungewöhnliche Stadt: Murmansk, die größte Stadt der Welt oberhalb des Polarkreises. Nicht einmal im Sommer kann sich das Auge am satten Grün des Rasens oder des Waldes erfreuen. An den sanft ansteigenden Ufern zu beiden Seiten des Kola-Fjordes gedeiht auf felsigem Boden nur kümmerliche Vegetation: dürftiges Gras und Gestrüpp. Lediglich an den geschützt liegenden, nach Süden abfallenden Hängen ist der Bewuchs weniger karg. Hier stehen einzelne Kiefern und Birken.

Der etwa 25 Seemeilen einwärts im Fjord gelegene Hafen von Murmansk an der Barentssee ist für die Sowjetunion sehr wichtig. Er wird von einem Ausläufer des Golfstromes erreicht und bleibt dadurch während des Winters offen. Die Geschichte der jungen Stadt ist kurz: Zwar fuhren bereits im 13. Jahrhundert kühne Seefahrer mit primitiven Booten von der Küste na-Murman nach Chrumant – dem heutigen Spitzbergen –, gründete man 1565 am südlichsten Punkt des Fjordes die Ortschaft und Festung Kola, die wenige Jahre später mehrere Angriffe der Schweden abgeschlagen hatte, doch erst 1915 erlangte die Küste na-Murman strategische Bedeutung. Quer durch ganz Europa zogen sich die

Fronten – Rußland war plötzlich von seinen Verbündeten abgeschnitten. Die Türken hatten die Dardanellen und den Bosporus gesperrt, der Hafen von Petrograd war im Winter zugefroren. Verzweifelt suchte das Zarenregime eine schnelle Verkehrsverbindung zu England und Frankreich. Das war nur über das Meer möglich – und zwar im hohen Norden, von Kola aus, einer Halbinsel, die von der nie zufrierenden Barentssee umspült wird.

Eiligst wurde ein Vermessungsschiff in Marsch gesetzt, um die günstigste Stelle für einen Hafen erkunden zu lassen. Man fand sie dort, wo der 104 Jahre alte Semjon Karschnjew seine Blockhütte errichtet hatte. Der greise Fischer lebte damals ganz allein in diesem Fjordabschnitt.

Jetzt mußte »nur noch« eine etwa 1450 Kilometer lange Eisenbahnlinie von Petrograd zum Kola-Fjord gebaut werden. Dies geschah gleichzeitig von beiden Richtungen. Während man im Süden russische Gleise verlegte, waren es im Norden amerikanische. Ein norwegisches Schiff hatte amerikanische Baumaterialien, eine Lokomotive und mehrere Waggons nach Kola gebracht. Zehntausende Arbeiter – vor allem österreichische Kriegsgefangene und Tataren – rangen den fast undurchdringlichen Urwäldern und Sümpfen Kareliens sowie der Polartundra buchstäblich Meter für Meter Boden ab. Nach 15 Monaten hatten sie es geschafft. Die Eisenbahnlinie zum nördlichen 69. Breitengrad konnte er-

116

öffnet werden. Am 4. Oktober 1916 trafen kirchliche Würdenträger und Vertreter vom Zarenhof sowie ranghohe Militärs im hohen Norden ein. An der Stelle, wo heute der Kulturpalast steht, legten sie den Grundstein für eine Kirche für die nach dem letzten Zaren aus dem Hause Romanow genannte Hafenstadt Romanow-na-Murman. Holzhäuschen schossen wie die Pilze aus dem Boden, die Stadt entwickelte sich zusehends. Im Jahre 1920 – nach der Niederlage der Weißgardisten und ausländischen Interventen – lebten bereits 2500 Menschen in Murmansk, wie der Ort nun hieß. 1928 errichtete man die ersten größeren Steingebäude, die vor allem an der unteren der beiden Hauptstraßen konzentriert waren – Murmansk zählte schon 11 000 Einwohner.

Zehn Monate nach dem Überfall des nationalsozialistischen Deutschlands auf die Sowjetunion wohnten in dem sich wie ein Schlauch nach Norden ausdehnenden Murmansk bereits über 100 000 Menschen, von denen allerdings etwa zwei Drittel wegen der nahen Front vorsorglich evakuiert worden waren. Fast täglich starteten bei gutem Flugwetter vom finnischen Luostari aus deutsche Bomber, die ihre tödliche Last über der jungen Hafenstadt abwarfen. Die Angriffe richteten sich besonders gegen die an den Kais vertäuten oder auf der Binnenreede – zwischen Kap Mischukew und der Salnyi-Insel – ankernden Frachter. Und Dampfer lagen ständig hier, denn ebenso wie Archangelsk bedeutete Murmansk für die Sowjetunion den Anfang beziehungsweise das Ende einer wichtigen Schiffsroute zu ihren Verbündeten. Die UdSSR war auf die Seeverbindung angewiesen, um die gegenseitige Unterstützung der Hauptmächte der Antihitlerkoalition verwirklichen zu können – deshalb die ständigen Bombenangriffe auf das Hafengebiet, deshalb die vergeblichen Bemühungen der deutschen Wehrmacht, Murmansk zu erreichen und einzunehmen.

Seit dem 19. April 1942 ankerten Transporter des aus Reykjavik (Island) eingetroffenen Geleitzuges PQ 14 (die Kennung PQ ist auf den britischen Commodore P. Q. Roberts zurückzuführen, der den ersten Ge-

Die Lage im Geleitzuggebiet Nordmeer, 1942

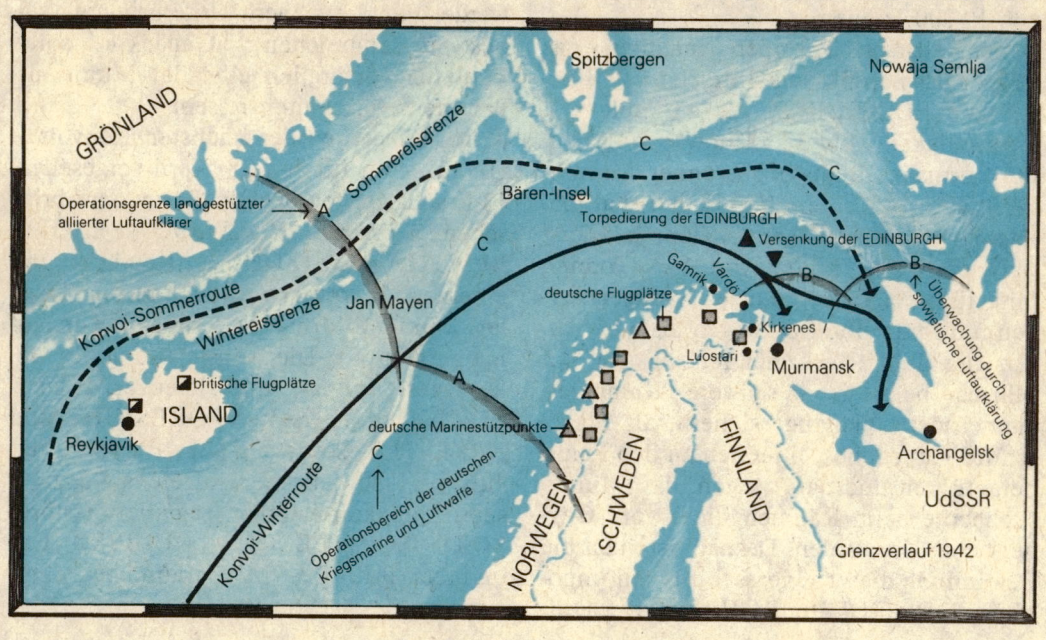

leitzug auf der Nordmeerroute organisierte; die Gegenrichtung befahrende Konvois wurden QP benannt) im südlichen Teil des Kola-Fjordes, die britischen Sicherungsfahrzeuge dagegen im nordwestlichen Gewässerabschnitt, in der kribbeligen Enge des Hafens von Poljarny – Hauptbasis der sowjetischen Nordflotte. Die Konvoi-Eskorte wurde vom Kommandierenden des 18. Kreuzergeschwaders, Konteradmiral Stuart Bonham-Carter, befehligt, der sich seit einem Monat mit seinem Stab bei Captain Hugh Faulkner auf dem Kreuzer EDINBURGH befand. Dieser wurde jedoch nicht nach Poljarny, sondern nach Rosta dirigiert. Dort lag seit dem 7. April der beschädigte Kreuzer TRINIDAD im Trockendock. Die EDINBURGH hatte nicht nur die dringend benötigten Ersatzteile geladen, sondern brachte außerdem Spezialisten von der H. M. Dockyard aus Devonport mit, die diesen Typ gebaut hatte.

Die EDINBURGH wurde bei »Swan Hunter« auf Kiel gelegt und 1939 in das Flottenregister der Royal Navy aufgenommen. Sie war 187 Meter lang, 19,3 Meter breit und hatte eine Wasserverdrängung von 10 000 Tonnen.

Acht Parsons-Turbinen machten das »Herz« des Schiffes aus. Ihre 80 000 PS ließen die EDINBURGH bis auf eine Geschwindigkeit von 32,5 Knoten kommen. Bei normaler, treibstoffsparender Marschfahrt von 14 Knoten betrug der Fahrbereich ungefähr 10 000 Seemeilen, dann erst war der letzte Tropfen von 1970 Tonnen mitgeführtem Öl verbraucht. Kreuzer werden mit ihren Bordflugzeugen als »die Augen der Flotte« bezeichnet, da sie auf Marsch befindliche schwere Kampfverbände oder Geleitzüge sichern, als Flaggschiffe Torpedobooteinheiten an den Feind heranführen und dafür sogen, daß Minensuchboote beim Räumen nicht vom Gegner behindert werden. Deshalb ist auch die Bewaffnung dieser Kriegsschifftypen imponierend. Die EDINBURGH hatte vier Drillingstürme mit 15,2-cm-Schnellfeuergeschützen, sechs Zwillingslafetten mit 10,2-cm-Flak, die auch gegen Seeziele eingesetzt werden konnten, acht 4-cm-Maschinenwaffen und zwei Drillingstorpedoausstoßrohre (53,3 cm).

Einige Tage nach Ankunft des PQ 14 gab der Befehlshaber der sowjetischen Nordflotte, Vizeadmiral Arseni Grigorjewitsch Golowko, im komfortablen Murmansker Hotel »Arktika« einen Empfang. Anwesend waren außer Konteradmiral Bonham-Carter und den übrigen Schiffskommandanten auch die britischen Offiziere des hier eingerichteten Koordinationsstabes S. B. N. O. N. R. (Senior British Naval Officer North Russia). An diesem Abend wurde Captain Faulkner mit dem Mitglied des Kriegsrates Divisionskommissar Alexander Andrejewitsch Nikolajew bekannt gemacht. Dieser wiederum stellte ihm einen sowjetischen Offizier vor: Sergej Sinowjew von der Militärmission in Großbritannien. Vertraulich teilte man dem Kreuzerkommandanten mit, daß Sinowjew »auf allerhöchsten Befehl« mit der EDINBURGH nach England zurückkreisen werde. Für die sichere Unterbringung seines umfangreichen »Gepäcks« sollte Faulkner vorsorglich eine der Munitionskammern vorbereiten lassen.

Das Auslaufen des nächsten Konvois – QP 11 – war für den 28. April vorgesehen. 13 Frachtschiffe, begleitet von den britischen Zerstörern BULLDOG, BEAGLE, BEVERLY, AMAZON, vier Korvetten und einem A/S-Trawler (Antisubmarine-Trawler), würden Murmansk verlassen, Kurs auf Island nehmen. Die Nahsicherung des Geleitzuges sollten die Kreuzer EDINBURGH, die Zerstörer FORESIGHT und FORESTER, sowie bis zum Passieren der äußeren sowjetischen Defensiv-Minensperre am kommenden Tag die Zerstörer SOKRUSCHITELNY, KUIBYSCHEW und ein britisches Minenräumboot übernehmen.

Kreuzer »Edinburgh«, rechts unten der Goldschatz

Während die Besatzungen der in Betracht kommenden Fahrzeuge ihre Schiffe seeklar machten, wurde die EDINBURGH nach Murmansk verholt. Der Kreuzer lag mit ausgeschwungenem Ladebaum am Kai. Rotarmisten bildeten einen Sperrkordon um die Anlegestelle, so daß dieser Hafenabschnitt wie ausgestorben wirkte. Die Stille wurde durch eine sich nähernde Rangierlok unterbrochen. Sie schob einen Güterwagen zum Schiff und entfernte sich wieder. Zwei Soldaten öffneten den Waggon und gaben das Zeichen zum Arbeitsbeginn: Unscheinbare Kisten – 93 Stück – wurden aus dem Wagen gehievt und verschwanden im Bauch der EDINBURGH.

Die ganze Ladezeremonie dauerte nur einige Minuten. Dann holte die Lok den Eisenbahnwagen wieder ab. Schlepper nahmen von der EDINBURGH Trossen über, um den Kreuzer ins freie Wasser zu bugsieren. Das alles verlief mit großer Präzision. Nur wenige Eingeweihte wußten, was da eben geschehen, welche Fracht an Bord gebracht worden war.

Captain Hugh Faulkner, der grundsätzlich jedes An- oder Ablegen selbst leitete, ließ die weiteren Manöver den Ersten Wachoffizier durchführen und begab sich in seine Kajüte, um im Logbuch zu vermerken: »In Gegenwart des Konteradmirals Bonham-Carter und der sowjetischen

Offiziere Golowko und Sinowjew erfolgte unter außergewöhnlich strengen Sicherheitsmaßnahmen die Übernahme von 93 nach Großbritannien zu befördernden Kisten. Sie enthalten 465 Goldbarren – jeder 11 bis 13 Kilogramm schwer, insgesamt 5,5 Tonnen. Das Gold soll den Vereinigten Staaten von Amerika zum Ausgleich der Avancen, die vom Finanzministerium der USA der UdSSR für die Bezahlung amerikanischer Kriegslieferungen gewährt worden waren, zugestellt werden. Eine recht außergewöhnliche Fracht für einen Kreuzer, aber im Krieg ist alles möglich ...«

Als am frühen Nachmittag des 28. April die Schiffe des QP 11 den Hafen verließen, hüllte dichtes Schneegestöber den Kola-Fjord ein. Auf der vorausfahrenden EDINBURGH frohlockte man über das Wetter – weder die deutsche Luftaufklärung noch die hier ankernden »Neutralen« dürften das Auslaufen des Konvois bemerken. Gegen 19.00 Uhr, das Geleit hatte bereits die offene Barentssee erreicht, hörte es auf zu schneien. Zu dieser Jahreszeit wird es etwa in acht Stunden wieder hell. Bis dahin war QP 11 schon weit vom Festland entfernt. Doch das von den Deutschen besetzte Norwegen im Süden und die Eisgrenze im Norden ließen nur geringe Kursabweichungen auf der vorgeschriebenen Route nach Island zu. Das wußten auch die deutschen U-Boot-Kommandanten, die mit ihren Fahrzeugen östlich der Bäreninsel operierten. Aber vorerst geschah nichts Außergewöhnliches ...

In der Barentssee. Um 4.00 Uhr des 29. April – nur wenige Stunden, nachdem QP 11 den Kola-Fjord hinter sich gelassen hatte – lief im rund 150 Kilometer entfernten Kirkenes Kapitänleutnant Max-Martin Teichert mit U 456 zu einer neuen Feindfahrt aus. Hubert Schmundt, der in Nordnorwegen für die Operationen der deutschen Kriegsmarine verantwortliche Admiral Nordmeer, hatte befohlen, daß U 456 im Planquadrat AC 5739 der geheimen Marinequadratkarte auf Warteposition gehen sollte. Teicherts Boot gehörte zu der aus sieben Tauchfahrzeugen gebildeten »Strauchrittergruppe«, die gegen das alliierte Geleitzugpaar PQ 15/QP 11 eingesetzt worden war.

20.00 Uhr. Der U-Boot-Kommandant führte das zu Beginn jeder Feindfahrt obligatorische Prüfungstauchen durch. 45 Minuten blieb U 456 unter Wasser – alles funktionierte einwandfrei. Nach dem Auftauchen ließ der Kommandant in der Spalte »Angabe des Ortes, Wind, Wetter, Seegang, Beleuchtung, Sichtigkeit der Luft, Mondschein usw.« des Kriegstagebuches (KTB) vermerken: »NWN 7–8, See 6–7, bedeckt, Sicht 10 sm.«

Weiter jagte das Boot nach Norden. Aufmerksam suchte die Brückenwache den Horizont ab. Zu sehen war nichts in dieser grauen Wasserwüste. Nichts geschah ...

Indessen zog etwa 100 Seemeilen nordöstlich von U 456 der Konvoi QP 11 mit der EDINBURGH an der Spitze seine Bahn – mit nur 5 Knoten. Die geringe Geschwindigkeit war auf den langsamsten Dampfer zurückzuführen, denn nach ihm mußte sich der Geleitzug richten. Um 20.00 Uhr hatte der Wachoffizier des britischen Kreuzers seinem Vorgesetzten das Logbuch zum Abzeichnen vorgelegt. Die letzte Eintragung »Kurs 310°, Geschwindigkeit 16 kn, Temperatur 9°unter Null, Wind 7, Seegang 6« war ähnlich wie die im KTB von U 456 – sie wies ebenfalls auf keine Besonderheit hin. Zwar tauchte am Nachmittag eine »Focke Wulf FW 200« am bedeckten Himmel auf, doch nur für Sekunden. Diesen Typ, ursprünglich als Verkehrsflugzeug vorgesehen, hatte die deutsche Luftwaffe in Ermangelung eines geeigneteren als Fernaufklärer eingesetzt. War der Konvoi von der feindlichen Aufklärung bemerkt worden? Auf den Sicherungsfahrzeugen hatte man sich vorsorglich auf einen Luftangriff eingerichtet – doch dieser blieb aus. Trotzdem »zackten« die Nahsicherungsfahrzeuge um das Geleit, stießen mit Höchstgeschwindigkeit in das vorausliegende Seegebiet hinein ...

Genau 80 Minuten war der neue Tag alt, als Teichert geweckt wurde. Funkmaat Urbild übergab ihm das gerade von U 88 (Kapitänleutnant Heino Bohmann) abgesetzte Funksignal 0055/788: »Feindlicher Geleitzug in Sicht Quadrat 5924. Feind steuert NO-Kurs«.

Entsprechend der damaligen Weisung des Befehlshabers der U-Boote (BdU) mußte Bohmann, der als erster nahe dem Konvoi war, mit diesem Fühlung halten und in regelmäßigen Abständen seine Position melden. Diese taktische Maßnahme gestattete den in der Nähe operierenden U-Booten, schnell an das Geleit heranzukommen. Von der »Strauchrittergruppe« sollten jedoch später nur U 436, U 251, U 589 und U 456 den Konvoi sichten. Die von U 88 übermittelten weiteren Fühlungshaltermeldungen zeigten, daß QP 11 im Zick-Zack-Kurs zur Treibeisgrenze fuhr:

01.45 Uhr: »Geleitzug Quadrat AC 5913 mit NW-Kurs«

03.40 Uhr: »Geleitzug Quadrat AC 5687 mit N-Kurs«

04.00 Uhr: »Geleitzug hat Treibeisgrenze erreicht«

05.03 Uhr: »Geleitzug Quadrat AC 5688, NW-Kurs, geringe Fahrt«.

Teichert errechnete nach diesen Angaben den Generalkurs von QP 11. Wenn der Konvoi so weiter fuhr, würde U 456 dessen Kurs kreuzen, brauchte man am Schnittpunkt nur auf ihn zu warten.

Kurz nach 5.00 Uhr fiel jedoch auf U 456 das Peilgerät aus. Es konnten keine Fühlungshaltermeldungen mehr empfangen werden. Erst um 5.49 Uhr gab Bohmann über Funk eine neue Positionsmeldung bekannt. QP 11 befand sich nunmehr im Quadrat AC 5921, allerdings auf Westkurs. Als Teichert diese Nachricht erhielt, stand er mit seinem Boot bereits auf dem bisher angenommenen Konvoi-Kurs, also zu weit nördlich. Für ihn hieß es deshalb, seine Lauerstellung aufzugeben, auf den neuen QP 11-Kurs 290° zuzuoperieren.

Als sich U 456 im Quadrat AC 5554 befand, machte die Brückenwache voraus einen westwärts ziehenden, stark »zackenden« Kreuzer aus. Im KTB wurde dies mit den Worten vermerkt: »Im Süden Kreuzer in Sicht, einwandfrei ›Belfast‹-Klasse.« Wenig später gab Funkmaat Urbild die Beobachtung an den Admiral Nordmeer weiter. Nunmehr lief U 456 parallel zum Kreuzer nach Westen. Der Zick-Zack-Kurs des Briten brachte es mit sich, daß das Kriegsschiff mal außer Sicht, mal bedenklich nahe kam. Nach zwei Stunden war der Generalkurs des Kreuzers ermittelt: 300°. Um 14.22 drehte er plötzlich nach Südost ab – kehrt zum QP 11 zurück.

Teicherts Überlegungen, der Kreuzer würde bald wieder in Sicht kommen und auf seinen ursprünglichen Kurs weiterfahren, sollten sich nach einer knappen Stunde bestätigen. Auf U 456 traf man die notwendigen Verrichtungen für den bevorstehenden Angriff, ging letztendlich auf Tauchstation. Da das Angriffsrohr wegen beschlagener Optik kaum benutzbar war, wurde überwiegend mit Horchpeilung das Boot auf mitlaufendem Kurs gehalten. Die anschließenden Eintragungen im KTB sprechen für sich, geben die Geschehnisse der nächsten Minuten am anschaulichsten wieder: «16.10 Uhr. Kreuzer zackt zu (oder ab?). Im Sehrohr nur schwach zu erkennen. –

Lage 20, 4000 m ab, also Kurs 180°.

Angriff angesetzt. Tiefensteuerung nur mit H. F.

16.18 Uhr. Quadrat AC 5519, NW 6–7, See 5–6, Sicht 8 sm.

Dreierfächer aus Rohr I, II und IV ...

2 aufeinanderfolgende Detonationen, Laufzeit 80 sek. = 1200 m.

Boot scheidet unter.«

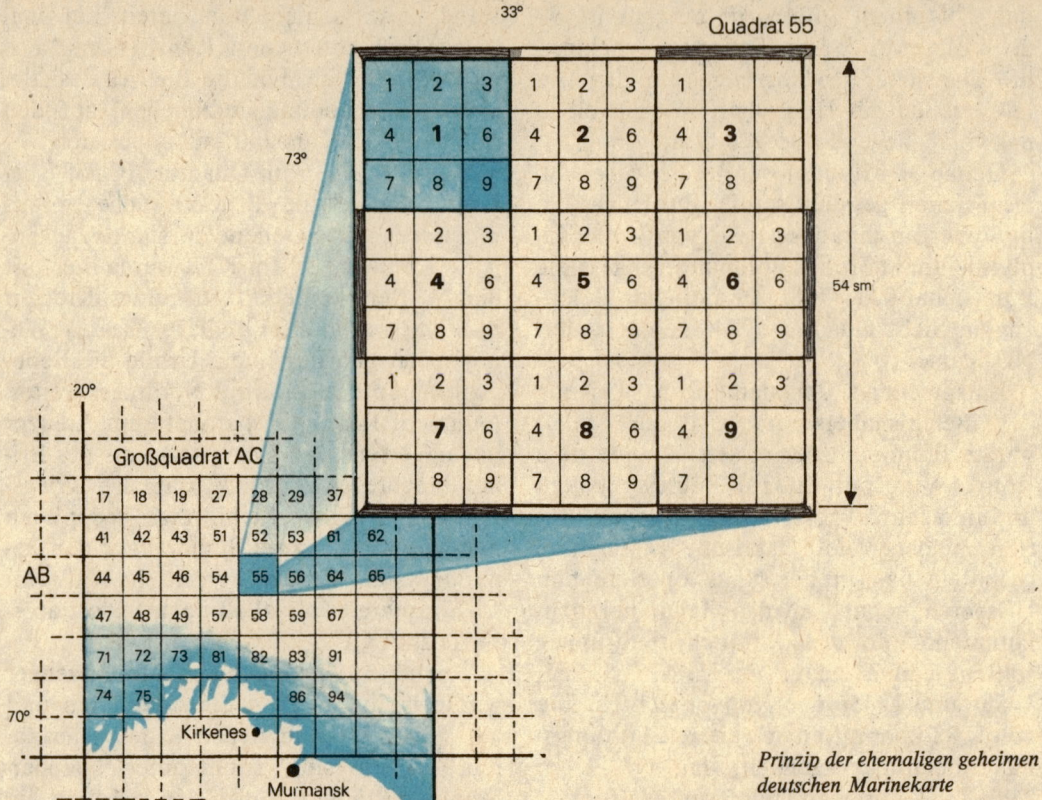

*Prinzip der ehemaligen geheimen
deutschen Marinekarte*

Nur wenige Minuten vor Teicherts Feuerbefehl hatte man auf der EDINBURGH die Position ins Logbuch eingetragen: 73°08' N, 33° O. Plötzlich erzitterte der Kreuzer. Steuerbord mittschiffs, in Höhe des vorderen Schornsteins und achtern stiegen nacheinander zwei 60 bis 80 Meter hohe Wasser- und gelbliche Rauchsäulen empor. Das stolze Schiff krängte etwas nach Steuerbord, wich vom bisherigen Kurs ab, fuhr einen Halbkreis und blieb bewegungslos liegen. Innerhalb der nächsten Minuten gelangte eine Meldung nach der anderen an die Schiffsführung: Beschädigungen, vollgelaufene Abteilungen, Ausfälle bei der Besatzung. Verwundete wurden ins Lazarett gebracht. Die Mannschaft arbeitete fieberhaft an der Beseitigung der Schäden. Vor allem die Elektriker hatten alle Hände voll zu tun, da die Stromversor

gung ausgefallen war. Schließlich erfuhr Captain Faulkner von seinem Chefingenieur das volle Ausmaß des Schadens: Das Schiff konnte zwar über Wasser gehalten, jedoch nicht mehr manövriert werden – die Ruderanlage war völlig zerstört. Diese Hiobsbotschaft stand im Mittelpunkt einer eingehenden Besprechung in der Admiralitätskajüte. Wie würde sich der Konteradmiral entscheiden? Stieg er mit seinem Stab auf einen Zerstörer über, um entsprechend seiner Aufgabe beim Geleit zu bleiben, oder kehrte er mit der EDINBURGH und ihrer wertvollen Fracht nach Murmansk zurück? Eines war allen anwesenden Offizieren klar, der Kreuzer mußte abgeschleppt werden.

Bonham-Carter teilte seine Entscheidung mit: »Die EDINBURGH ist mit Bordmitteln soweit wie möglich wieder flottzumachen. Zur Abwehr feindlicher Angriffe verbleiben FORESTER und FORESIGHT sowie vorläufig noch der sowjetische Zerstörer KUIBYSCHEW beim Havaristen.« Außerdem wollte Bonham-Carter vom Stab der sowjetischen Nordflotte weitere Sicherungskräfte – insbesondere die in der Nähe gemeinsam mit sowjetischen leichten Einheiten operierende 6. Minensuchbootflottille unter Commander Jay anfordern, die im Rahmen des Lend-Lease-Abkommens in Murmansk stationiert worden war.

Die Führung des QP 11 übertrug er Commander Richmond, dem bewährten Kommandanten des Zerstörers BULLDOG.

Inzwischen nahmen die herangekommenen drei Zerstörer die U-Jagd auf, mußten sie aber bald wieder abbrechen, da ihre ausfahrbaren ASDIC-Unterwassersuchgeräte (ASDIC = Abkürzung von »Anti Submarine Detection Investigation Committee», das erstmals den Gedanken des auf Schallmessungen unter Wasser basierenden Sonargerätes entwickelte) bei den starken Minustemperaturen und den schwankenden Dichten der verschiedenen Wasserschichten keine verläßliche Ortung gewährleisteten.

Die Besatzung des treibenden Kreuzers ging jedoch mit Elan an die Arbeit. So manchen Defekt konnte sie beheben, doch in vielen Fällen war ihre Mühe vergebens. Das traf besonders auf die vollgelaufenen Heckabteilungen zu. Aber etwas Unwahrscheinliches gelang: den Steuerbordantrieb einigermaßen funktionstüchtig zu machen. So konnte die EDINBURGH, wenn auch vorsichtig und maximal acht Knoten, wieder fahren. Da die Ruderanlage nicht zu reparieren war, wurde die Maschine nur zur Kurskorrektur des Kreuzers angeworfen.

Auf Grund des Hilfeersuchens Bonham-Carters wurde Oberleutnant Schewarnadse, Kommandant des Küstenwachschiffes RU-BIN, durch den Chef des Stabes, Konteradmiral Stephan Grigorjewitsch Kutscherow, angewiesen, Kurs auf die EDINBURGH zu nehmen und die Anordnungen des britischen Konteradmirals zu befolgen. Die RUBIN befand sich zu dieser Zeit beim Kap Pikschujew. Sie hatte mit anderen leichten Einheiten der Nordflotte an der am 28. April begonnenen Landeoperation der 14. Armee in der Motowski-Bucht teilgenommen und war dem torpedierten britischen Kreuzer am nächsten.

Wie von dem britischen Konteradmiral gewünscht, setzte man gleichfalls die 6. M-Bootflottille mit den Booten NIGER, HARRIER, GOSSAMER und HUSSAR sowie einen sowjetischen Schlepper in Marsch. Die Schiffe sollten helfen, die torpedierte EDINBURGH sicher nach Murmansk zurückzugeleiten.

FORESIGHT und FORESTER umschwärmten indessen ihr Flaggschiff. Zusätzliche Wachen hielten Ausschau nach den Periskopen gegnerischer U-Boote. Auch die ASDIC-Geräte waren eingeschaltet. Aufmerksam wurden die Meßdaten beobachtet. Da, die reflektierenden Impulse deuteten auf ein »Fremdobjekt« hin. Doch nach wenigen Minuten zeigte der Sonarempfänger wieder normale Werte an. U-Boot oder Fehler am Gerät?

Zur gleichen Zeit hielt man im KTB von U 456 fest: »22.15 Uhr. 2 Zerstörer in der Nähe. S-Gerät und Horchverfolgung. Sie haben mich nur kurze Zeit, keine Wabos. Nach 1 Std. läuft 1 ab, einer bleibt in der Nähe. Oben nur noch leichte Dämmerung.«

Der von Teichert an Admiral Nordmeer abgesetzte »Erfolgsfunkspruch« bewirkte, daß in Kirkenes die deutsche Zerstörergruppe »Nordmeer« (Z 7, Z 24 und Z 25) in Seeklarbereitschaft versetzt wurde. Das blieb wiederum der sowjetischen Abwehr nicht verborgen, so daß über der Barentssee zusätzliche Seefliegerkräfte eingesetzt wurden. Im Aktionsradius der Flugzeuge mit dem roten Stern lag die EDINBURGH, der man so zusätzlichen Schutz gewähren konnte.

Genau nach Ablauf der ersten dreißig Minuten des 1. Mai legte in Kirkenes ein R-Boot an dem Führerzerstörer HERMANN SCHOEMANN (Z 7) an. Kapitän zur See Schulze-Hinrichs empfing den seit Stunden erwarteten Einsatzbefehl. Aufgabe der Zerstörergruppe »Nordmeer« war die Vernichtung des angeschlagenen britischen Kreuzers. Die drei sofort ausgelaufenen Schiffe operierten jedoch, auf einen neuen Funkspruch Schmundts hin, zunächst nicht gegen die EDINBURGH, deren Standort vorübergehend unbekannt war, sondern gegen den QP 11.

13.40 Uhr. Die Nachhut von QP 11 sichtete den aufkommenden deutschen Zerstörerverband. Während die Dampfer hart an der Eisgrenze entlang nach Westen fuhren und somit von einer Seite geschützt waren, schoben sich die sichernden Zerstörer mit Rauch- und Nebelschleiern zwischen das Geleit und den Angreifer. Um 14.07 Uhr feuerten Z 24 und Z 25 vier Torpedos in Richtung Konvoi ab – einer traf das sowjetische 2847 BRT-Handelsschiff ZIOLKOWSKIJ –, ehe sie von den vier britischen Zerstörern und der Korvette SNOWFLAKE zurückgeschlagen werden konnten. Innerhalb der nächsten vier Stunden versuchte die Zerstörergruppe »Nordmeer« noch fünfmal, an die Frachter heranzukommen, und fünfmal gingen die waffentechnisch weit schwächeren Briten dazwischen und wehrten die Angriffe erfolgreich ab. Schließlich gaben die Deutschen auf und liefen ab, um entsprechend ihrem Befehl die beschädigte EDINBURGH auszumachen.

Diese wurde seit dem frühen Morgen des 1. Mai nur noch von den beiden britischen Zerstörern bewacht (die sowjetischen Zerstörer hatte Bonham-Carter wegen Treibstoffmangels nach Murmansk entlassen müssen). Gegen 18.00 Uhr trafen jedoch

die RUBIN und kurz vor Mitternacht die vier erwarteten M-Boote sowie der sowjetische Schlepper bei ihr ein. Zwischen Kreuzer und Schlepper konnte trotz schwieriger Seeverhältnisse eine Trossenverbindung hergestellt werden. Der nun folgende Bugsiervorgang erwies sich als äußerst kompliziert. Mit normalem Schleppen war er nicht zu vergleichen. Der Kreuzer machte nur geringe Fahrt nach Süden, auf den rettenden Hafen zu. Meist trieb er quer zum Wind. Zeitweise standen hohe Qualmwolken über ihm – ein untrügliches Zeichen dafür, daß die Maschinenanlagen nicht in Ordnung waren.

Kaum war die Nacht gewichen, ging der Kreuzer mit »eigener Kraft« langsam ostwärts. Mit der Kursänderung hatte das mühselige Schleppen ein Ende. Auf allen Schiffen bestand höchste Alarmstufe, da seit Stunden regelmäßig ausgestrahlte Fühlungshaltersignale »j« eines U-Bootes auf 442 kHz empfangen wurde. Man mußte stets mit neuen Unterwasserangriffen rechnen. Bonham-Carter konnte nicht wissen, daß bei dem Fühlungshalter – U 456 – das Angriffssehrohr ausgefallen war und sich andere Unterseeboote nicht in unmittelbarer Nähe befanden, die Peilzeichen vor allem deutschen Fliegern als Orientierung dienten.

Im Laufe der Nacht marschierte die Zerstörergruppe »Nordmeer« nach Osten mit der Absicht, von Norden her, mit achterlichem Wind, den gemeldeten Standort zu erreichen. Um 6.00 Uhr passierten die nunmehr in Gefechtsformation laufenden drei Zerstörer große Ölfelder – ein Hinweis auf den gesuchten Kreuzer. Die Sicht betrug, je nach den wechselnden Schneeschauern, zwischen drei und acht Seemeilen. 6.17 Uhr. Auf Z 25 sichtete man plötzlich die EDINBURGH, aber auch die beiderseits von ihr hervorbrechenden Zerstörer. Eine Schneebö schob sich zwischen die britischen und deutschen Schiffe. Nur Z 7 hatte noch einigermaßen freie Sicht. Die

Entfernung zum Kreuzer verminderte sich zusehends. Bei 78 Hektometern beabsichtigte gerade Z 7-Kommandant, Korvettenkapitän Hinrich Wittig, für die Torpedowaffe Feuererlaubnis zu geben, als hinter dem Boot drei Wassersäulen aufstiegen. Auch auf der EDINBURGH hatte Captain Faulkner blitzschnell reagiert und dem noch einsatzfähigen ersten 15,2-cm-Drillingsturm den Feuerbefehl erteilt. Die Turmbesatzung – bei jedem Übungsschießen stets ausgezeichnete Ergebnisse erzielend – zeigte nun, was in ihr steckte. Bereits die zweite Salve traf: Zwei Geschosse bohrten sich in die beiden Turbinenräume des feindlichen Zerstörers. Dessen Maschinen fielen sofort aus, die Stromversorgung brach zusammen – alle Schießführungs- und Feuerleitgeräte dadurch mit einem Schlag wirkungslos. Das Fahrzeug drehte nach Steuerbord und blieb mit Schlagseite liegen. Z 7 war nicht mehr zu retten, zumal er jetzt von den nahenden britischen Zerstörern beschossen wurde. Die Besatzung ging von Bord und sprengte um 8.30 ihr Boot – Position 72° N, 34° O (Quadrat AC 5917).

Inzwischen griffen auch die anderen beiden deutschen Zerstörer in das Gefecht ein. Um 7.02 Uhr riß ein von Z 25 abgefeuerter Torpedo mittschiffs, auf der Backbordseite, ein weiteres Loch in den Rumpf des Kreuzers und zerstörte dabei den Maschinenraum. Hilflos trieb das Fahrzeug mit seiner wertvollen Ladung im Wasser der arktischen See – weitere Abteilungen liefen nach und nach voll. Die Besatzung erhielt Befehl, in die Boote zu gehen. Das Schiff wurde aufgegeben. Da auch die beiden britischen Zerstörer Gefechtsschäden aufwiesen, nahmen die vier M-Boote die Seeleute – etwa 790 Mann – auf. Außer der Besatzung und dem Admiralsstab hatten sich an Bord auch englische, kanadische und amerikanische Handelsmatrosen befunden, deren Schiffe früher versenkt worden waren und die von Murmansk ihre

Heimreise antreten wollten. Dann gab Konteradmiral Bonham-Carter der FORESIGHT Order, die EDINBURGH auf den Meeresgrund zu schicken, um das Gold nicht in die Hände der Deutschen fallen zu lassen.

Ein gezielter Torpedoschuß aus geringer Distanz, und das Schiff sank mit 60 während der Angriffe gefallenen Seeleuten um 8.52 Uhr in die Tiefe – etwa 180 Seemeilen von Murmansk entfernt. Captain Faulkner ließ sich auf der HARRIER die nautischen Daten geben, um sie später mit den letzten Ereignissen in seinem Bericht festhalten zu können: 71° 51' N, 35° O. Die 6. M-Bootflottille erreichte am 3. Mai gemeinsam mit den beiden beschädigten Zerstörern unangefochten den Kola-Fjord. Während die verwundeten britischen Seeleute auf schnellstem Wege nach Murmansk ins Lazarett gebracht wurden (das Gebäude des ehemaligen Lazaretts ist erhalten geblieben, heute Allgemeine Polytechnische Oberschule Nr. 1), kam die übrige EDINBURGH-Besatzung vorläufig in Poljarny, Waenga (heute Seweromorsk) und Archangelsk unter. Die deutschen Zerstörer kehrten, nachdem sie einen Teil der Z 7-Besatzung aufgenommen hatten (der Rest wurde durch U 88 gerettet), nach Kirkenes zurück. Auch U 456 fuhr wieder nach Kirkenes, wo es am 4. Mai, um 12.45 Uhr festmachte . . .

Operation Greyhound. Wenige Monate nach der bedingungslosen Kapitulation Hitler-Deutschlands erschienen bereits die ersten wissenschaftlichen Publikationen über die einzelnen Kriegsschauplätze. So wurde zu einem relativ frühen Zeitpunkt auch das Schicksal der EDINBURGH näher bekannt – ja, man erfuhr sogar von ihrer Goldladung, die in 260 Meter Tiefe auf dem Grund der Barentssee ruhte.

Viele Bergungsspezialisten schmiedeten

die phantastischsten Pläne, um an das Gold heranzukommen. Doch das waren vorerst nur Träume, denn die Ende der vierziger Jahre vorhandene Unterwassertechnik gestattete keinem Taucher, in solch große Tiefen vorzudringen. Die britische Regierung setzte zudem den Spekulationen goldlüsterner Hebeunternehmer ein rasches Ende, indem sie die EDINBURGH zum »War Grave« – zum Militärfriedhof – erklärte. Die Sowjetunion, die im Großen Vaterländischen Krieg zwanzig Millionen Tote zu beklagen hatte, erkannte diesen Status und das sich daraus ergebende Recht Großbritanniens auf Unantastbarkeit des Kreuzers in vollem Umfang an.

Außerdem war 1942 das Gold für die Dauer des Seetransportes bei der sowjetischen Gesellschaft GOSSTRACH (Gossudarstwennoje Strachowanije, Staatliche Versicherung) gegen See- und Kriegsrisiken versichert und gemäß der internationalen Versicherungspraxis bei »The British War Risks Insurance Office« (Britisches Büro der Kriegsrisikoversicherung) mit 32,32 Prozent rückversichert worden. Nach Auszahlung der Versicherungsentschädigung für den Totalverlust des Goldes ging das Eigentumsrecht auf dieses Gold zu 67,68 Prozent auf GOSSTRACH und zu 32,32 Prozent auf das britische Büro über. So war für jedermann die Rechtslage eindeutig: Ein englisches Wrack, das nicht betreten werden durfte, mit einem Goldschatz, der zu einem Drittel Großbritannien und zu zwei Dritteln der Sowjetunion gehörte.

Im geheimen befaßten sich aber nach wie vor einige Bergungsfirmen mit dem Projekt. Ein professioneller Archivar wertete zum Beispiel seit 1954 regelmäßig die vom britischen Verteidigungsministerium freigegebenen Dokumente aus, um weitere Anhaltspunkte zum einstigen Geschehen in der Barentssee zu erhalten. Er erledigte das im Auftrag der bekannten Bergungsgesellschaft »Risdon Beazley Limited« aus

Southampton. Diese Gesellschaft machte später wiederholt durch spektakuläre Unternehmen auf sich aufmerksam. So konnte sie 1970/72 aus dem zwischen den Färöer- und den Shetlandinseln in 300 Meter Tiefe liegenden Frachter HALLINGTON 900 Tonnen Zinn und 1973 aus der 1944 bei Neuseeland gesunkenen EMPIRE MENOR 62 von den 70 an Bord befindlichen Goldbarren heben.

Ende der sechziger Jahre beschäftigte sich noch jemand mit der EDINBURGH: Keith Jessop aus der englischen Grafschaft Yorkshire. Er war auf den Ölfeldern der Nordsee zu Hause. Als Berufstaucher bei der großen schottischen Taucherfirma »Wharton-Williams« angestellt, lernte Jessop die moderne Tieftauchtechnologie kennen. Dabei nahm die Idee, mit solchen Systemen versunkene Schätze aufzuspüren und zu heben, bei ihm immer festere Gestalt an. Viele Jahre später sagte Jessop zu dieser Phase in seinem Leben: »Das Tieftauchen war und ist eine Leidenschaft von mir. Nachdem ich von dem Gold in der untergegangenen EDINBURGH wußte, konnte ich den Gedanken daran nicht mehr verdrängen. Auf den Bohrtürmen im nördlichen Eismeer verdiente ich 120 bis 150 Pfund pro Tag, mich aber lockten die millionenschweren Goldbarren des gesunkenen Kreuzers . . .«

Zunächst aber verbrachte er seine Freizeit in den Archiven. Ebenso, wie viele andere Interessenten vor ihm, mußte auch Jessop entmutigt feststellen, daß die genaue Untergangsstelle der EDINBURGH nicht zu ermitteln war – alle sowjetischen, britischen und deutschen Aufzeichnungen wichen erheblich voneinander ab. Demnach käme für die eventuelle Suche ein 15 Quadratkilometer großes Seegebiet in Betracht. Das bedeutete nichts anderes, als der berühmten »Stecknadel im Heuhaufen« nachzuspüren. Anderseits aber trug das Studium der verstaubten Akten dazu bei, viele noch offene Fragen zu beantworten. So hatte Jessop zum Beispiel aus den Geheimberichten Bonham-Carters und Faulkners den genauen Ort der Goldlagerung im Kreuzer erfahren, und aus weiteren Dokumenten war ihm die Art und das Ausmaß der Beschädigungen des Kriegsschiffes bekannt geworden. Nachdem er alle Fakten eingehend und mehrmals geprüft hatte, kam Jessop zu dem Schluß, daß sich das Gold noch immer in der Munitionskammer befinden mußte, in der es in Murmansk verstaut worden war – und dieser Raum ist von den Torpedos verschont geblieben.

Ihm wurde aus den Schriftstücken auch klar, daß die Munitionskammern – dem damaligen geringen Granatenverbrauch nach zu urteilen – noch fast vollständig gefüllt sein mußten. Die Goldbarren lagen demzufolge in einem »Gefahrengebiet« . . .

Jessops Fahndung nach den EDINBURGH-Dokumenten erwies sich als kostspielig und zeitraubend. Seine Ersparnisse gingen langsam, aber sicher zur Neige. Um aber überhaupt ein Suchunternehmen auf die Beine stellen zu können, bedurfte es einiger Geldmittel. Er war gezwungen, sein Haus zu verpfänden und Kredite aufzunehmen. Gleichzeitig sah er sich nach einem geeigneten Partner um, da er allein die umfangreichen Arbeiten nicht bewältigen konnte. Er fand ihn in James Ringrose, einem ehemaligen Offizier der Royal Navy.

Im Oktober 1979 starteten sie gemeinsam mit der norwegischen Firma »Stolt Neilsen« zu ihrer ersten Suchexkursion in die Barentssee. Ziel dieser Fahrt war zunächst die Befragung von Fischern, die in der Barentssee ihrer Arbeit nachgingen. Jessop registrierte alle Fälle, bei denen Schleppnetze an Unterwasserhindernissen hängen geblieben waren. Als besonders aufschlußreich erwies sich die Aussage eines Trawler-Kapitäns: Er hatte einst Wrackteile im Netz, vermutlich von der EDINBURGH.

Den Hinweisen zufolge kamen nunmehr sogar zwei Suchgebiete in Betracht, die 13 Seemeilen voneinander entfernt lagen. Der Radius des ersteren betrug drei, der des zweiten rund fünf Seemeilen. Letzteres deckte sich zum Teil mit dem Gewässerabschnitt, den man bereits durch Archivforschung ermittelt hatte.

Nach 42 Tagen mußten sie das abenteuerliche Unternehmen wegen Geldmangels und schlechten Wetters abbrechen. Doch Keith Jessop steckte nur vor den Umständen auf, seiner Idee blieb er treu.

Der nächste Schritt, nach Gründung der eigenen Bergungsfirma »Jessop Marine Recoveriers« und der damit verbundenen Eintragung in das Handelsregister, zeugte vom guten Verhältnis zu seinen ehemaligen Arbeitgebern. Mit Ric Wharton besprach er ausführlich das Vorhaben und erreichte, daß sich »Wharton-Williams« aus Aberdeen zur Teilnahme an dem Projekt verpflichtete. Der andere Firmeninhaber, Malcolm Williams, allerdings hegte Zweifel an dem Gelingen, behielt sie aber zunächst für sich. Laut äußerte er sie viele Monate später: »Ich hätte mit Jessop nie ernsthaft seinen verrückten Plan beraten, aber Ric war dieser verwegenen Idee sehr zugeneigt. So ließ ich mich damals doch verleiten, dem Projekt zuzustimmen. Schließlich lockten Millionen, die nur auf uns zu warten schienen.«

Williams kümmerte sich um die Auswahl der richtigen Leute und besorgte für sie die notwendige Ausrüstung. Jessop indessen erhielt von der britischen Regierung, nachdem sich diese mit der UdSSR konsultiert hatte, die Erlaubnis, den gesunkenen Kreuzer zu lokalisieren und bei dieser Gelegenheit Filmaufnahmen von dem Wrack zu machen. Eine Fernsehgesellschaft schloß daraufhin mit Jessop einen Exklusivvertrag ab und sicherte sich so alle Aufführungsrechte.

Noch fehlten den Schatzjägern das geeignete Suchschiff – derartige Spezialfahrzeuge kosteten pro Tag etwa 50 000 Mark – sowie verschiedene elektronische Navigationsgeräte und hydroakustische Instrumente. Die »Offshore Supplies Association« (OSA), sie ist ein Tochterunternehmen der »Vereinigte Tanklager- und Transport-GmbH.« (VTG), stellte den Bohrinselversorger DAMMTOR, und die Firma »Racal Decca Survey Ltd.« die nötige nautische Vermessungsausrüstung zur Verfügung. Beide Firmen beteiligten sich somit offiziell an dem Unternehmen.

Keep Punch, Mitarbeiter der »Decca«, gilt in Fachkreisen als Experte für die Auswertung nautischer Dokumente. Er prüfte die Logbucheintragungen der meisten an dem damaligen Gefecht beteiligten Kriegsschiffe und gelangte zu dem Ergebnis, daß die vom Navigationsoffizier der HARRIER errechneten Daten am genauesten sind. Seine Angaben wiesen am ehesten auf den Untergangsort der EDINBURGH hin.

Im Frühjahr 1981 errichtete »Decca« an den Gestaden Nordnorwegens – in der Nähe von Vardö und Gamvik – zwei Sender eines Phasen-Funknavigationssystems. Es gestattet, die Koordinaten des Expeditionsschiffes im Suchgebiet mit einer Genauigkeit bis zu 30 Metern zu bestimmen und gewährleistet das genaue Anlaufen des Fahrzeugs auf der vorausberechneten Peilung.

Nach Abschluß der Installationsarbeiten lief am 6. Mai 1981 die DAMMTOR von Kirkenes aus in die Barentssee. Man einigte sich, zuerst das von Keep Punch theoretisch ermittelte Gebiet abzusuchen. Was nun folgte, war ein technisches Wunder unserer Zeit: Die DAMMTOR wurde exakt in die gewünschte Position dirigiert. Einige Stunden später konnte mit dem Unterwassersonargerät ein großes eisernes Wrack geortet werden. Die Unterwasservideoanlage lieferte den letzten Beweis, daß es sich um die EDINBURGH handelte. Auf dem Monitor erschienen typische Kreuzeraufbauten, ein Drillings-

turm mit 15,2-cm-Geschützen, ein Torpedoausstoßrohr. Der Kreuzer liegt mit einer Neigung von etwa 90 Grad auf dem Meeresgrund, mittschiffs das von dem Torpedo in die Steuerbordwand gerissene Loch – es zeigt nach oben. Ein Rettungsboot, an dem noch deutlich der Schiffsname zu erkennen war, beseitigte alle noch bestehenden Zweifel. Mitte Mai traf die DAMMTOR wieder in Kirkenes ein. Die erfolgreiche Suchaktion dauerte alles in allem nur 14 Tage.

Während die DAMMTOR in der Barentssee operierte, flog Keith Jessop in Begleitung eines britischen Regierungsvertreters nach Moskau, um den Bergungsvertrag zu unterzeichnen. Leonid L. Bogdanov, Generaldirektor der Versicherungsgesellschaft INGOSSTRACH, im September 1981 dazu: »Es wurde ein sowjetisch-britisches Abkommen über die Bergung des mit dem Kreuzer EDINBURGH gesunkenen Goldes geschlossen. Das britische Handelsministerium als Rechtsnachfolger von »The British War Risks Insurance Office« und INGOSSTRACH als Rechtsnachfolger von GOSSTRACH unterzeichneten am 5. Mai dieses Jahres in Moskau mit ‚Jessop Marine Recoveriers Ltd.‘ einen auf zwei Jahre befristeten Bergungsvertrag nach der Formel ‚kein Erfolg – keine Bezahlung‘. Das heißt, die britische Firma trägt alle Bergungskosten. Da die Arbeiten äußerst kompliziert und wegen der beim Gold lagernden Munition gefährlich sind, erhält ‚Jessop Marine Recoveriers Ltd.‘ 45 Prozent des gefundenen Goldwertes. Die übrigen 55 Prozent teilen sich die UdSSR (67,68 %) und Großbritannien (32,32 %).«

Am Londoner Themseufer, nahe der Tower-Bridge, haben mehrere Museumsschiffe für immer festgemacht. Eines davon, mit der Kennung C 35, ist die bei »Harland & Wolff« gebaute HMS BELFAST – ein Schwesterschiff der EDINBURGH. Auf diesem Museumskreuzer begann das eigentliche Unternehmen Goldbergung, das den Codenamen Operation Greyhound erhielt. Malcolm Williams hatte sich sorgfältig in der internationalen Taucherwelt umgesehen, ehe er Taucher aus Neuseeland, Australien, Simbabwe und aus allen Teilen Großbritanniens unter Vertrag nahm. Sie untersuchten während der nächsten drei Wochen sehr genau die HMS BELFAST. Cheftaucher Mike Stewart machte immer wieder auf die 127 Millimeter starke Rumpfpanzerung in der Nähe der Munitionskammer aufmerksam. Auf dem UW-Video-Farbfilm von der EDINBURGH war nämlich zu erkennen gewesen, daß der Torpedo die Kammer nur um wenige Meter verfehlt hatte. Es war also durchaus möglich, daß sich die Taucher einen neuen Einstieg in den Rumpf bahnen oder aber ein großes Loch in eine innere Trennwand brennen mußten, um an das Gold heranzukommen.

Im Juli 1981 wurde die HMS BELFAST Treffpunkt für Reporter von Presse, Funk und Fernsehen. Fast täglich kamen sie an Bord und stellten Fragen. Barrie Penrose von der Londoner »Sunday Times«, der auch an der späteren Bergungsaktion teilnahm – gehörte zu den Hartnäckigsten. Auf seine Standardfrage: »Was reizt Sie an dem Projekt?« reagierten die Taucher recht unterschiedlich:

»Es ist der Höhepunkt meiner dreizehnjährigen Taucherkarriere, und ich fühle mich geehrt, teilnehmen zu dürfen. Es ist einfach wunderbar!«

»Was soll ich sagen? Wenn ich einmal Kinder habe, werde ich ihnen davon erzählen. Na ja, sie werden dann ihren Vater sicherlich voller Stolz herumreichen.«

»Wozu stellen Sie diese Frage? Das ist doch kein Spaß hier. Das ist ein sehr ernstes Jahrhundertereignis. Und wenn es gelingt, wirft es für jeden von uns einen Haufen Geld ab.« Gewiß, jedem Taucher standen pro Einsatztag in der Barentssee 4000 Mark zu, aber unter welchen Gefahren sie werden arbeiten müssen, darüber schwieg man . . .

Über Geld verhandelte auch Keith Jessop. Immerhin benötigte er zehn Millionen Mark. Angesichts der zu erwartenden 170 Millionen nahm sich dieser »geringe« Kredit nahezu lächerlich aus – man drängte ihm die gewünschte Summe förmlich auf. Nach der ersten Kalkulation kostete die kommende Operation zwar nur etwa 8,6 Millionen Mark – allein für das Bergungsschiff mit seiner Stammbesatzung müssen pro Tag 60 000 Mark gezahlt werden –, aber eine »kleine« Reserve für unvorhergesehene Ereignisse mußte vorhanden sein. Ein Abbruch des Unternehmens wegen Geldmangels durfte auf keinen Fall erfolgen, denn wovon sollte man dann die Kredite erstatten, oder wer würde ihnen noch neue Millionen leihen? Jessop hatte alles auf eine Karte gesetzt – die Schatzbergung durfte unter keinen Umständen mißlingen!

Samstag, 29. August 1981. Das 68,4 Meter lange, 13,6 Meter breite und 816 tdw große Taucherschiff STEPHANITURM, wie die DAMMTOR ein VTG-Schiff, verließ den schottischen Hafen Peterhead mit Kurs auf die Barentssee. Die STEPHANITURM ist erst 1978 für die »Hansa« gebaut worden. Nachdem diese BRD-Firma in Konkurs gehen mußte, erwarb die OSA das Spezialschiff. Herzstück des Fahrzeugs ist der mittschiffs gelegene Tieftauchkomplex. Er besteht aus einem Druckkammersystem, der Tauchanlage mit Glocke sowie den Steuer-, Kontroll- und Rettungseinrichtungen. Zwei je fünf Meter lange und drei Meter hohe Druckkammern, die mit der Transferkammer verbunden sind, bilden das Kammersystem. Die Druckkammern dienen unter normalen Bedingungen den Tauchern etwa 20 Tage als Wohn- und Schlafräume. Sie sind mit allem nur erdenklichen Komfort ausgestattet: Radio- und Fernsehgeräte gehören ebenso dazu wie

WC, Dusch- und Waschbecken. Über Versorgungsschleusen erhalten die Männer ihre Mahlzeiten und notwendigen Utensilien. Der Druck in den Kammern ist dem der Arbeitstiefe angepaßt, die Taucher atmen ein abgestimmtes Helium-Sauerstoff-Gemisch. Insgesamt führte die STEPHANITURM etwa 350 000 Kubikmeter davon mit. Um in großen Tiefen – wie zum Beispiel der geplanten – erfolgreich, sicher und ökonomisch arbeiten zu können, wird das als Sättigungstauchen bekannte Verfahren angewendet: Jeweils zwei unter Druck stehende Männer begeben sich mit ihrer Ausrüstung über die Transferkammer in die angedockte Glocke. Nach dem Schließen wird diese abgedockt, seitlich versetzt und über das Moonpool gehängt – einen Schacht, der mittschiffs durch alle unteren Decks und den Schiffsboden führt.

Zwei Leitseile – an ihrem unteren Ende mit tonnenschweren Gewichten versehen – führen zum Meeresgrund hinab. An diesen Seilen gleitet die an einer Haltetrosse hängende Glocke in die Tiefe. Sie kann sich so nicht um ihre Vertikalachse drehen. Im Moonpool wird die 7,5 Tonnen schwere Glocke durch den Cursor – eine Art Führungsschlitten – vor Beschädigungen geschützt.

Verläßt ein Taucher für vier Stunden die Glocke, übernimmt sein Partner in dieser Zeit Sicherungs- und Kontrollaufgaben. Danach wechseln die beiden ihre Plätze. Nach acht Stunden wird die wieder geschlossene Glocke nach oben gehievt und das Team gegen ein neues ausgetauscht. So geht es rund um die Uhr.

Die Versorgung der in der Tiefe arbeitenden Männer erfolgt ausschließlich von Bord des Basisschiffes. Eine zur Glocke führende Nabeltrosse enthält Telefon-, Fernseh- und Stromkabel sowie Schläuche für das Atemgasgemisch, Werkzeugdruckluft und Warmwasser zum Aufheizen: Es strömt durch ihre stabilen Naßanzüge, wo-

durch sie gegen den eigenen Wärmeverlust im kalten Wasser gefeit sind.

Ein Computer sorgt dafür, daß bei Seegang die Glocke nicht die Schiffsbewegung mitmacht. Er beeinflußt die Winden für Leitseile, Nabel- und Haltetrosse so, daß ein Ausgleich bis zu sieben Metern ermöglicht wird.

Das ganze System funktioniert natürlich nur dann einwandfrei, wenn man das Taucherschiff so über der Arbeitsstelle verankert, daß es weder durch Wind noch durch Strömung seine Lage verändert. Mit herkömmlichen Methoden ist das bei großen Tiefen nicht möglich.

Die STEPHANITURM ist aber gemäß ihrer Aufgabe mit einem Positionierungssystem ausgestattet. Selbst bei stärkerem Seegang weicht sie nicht von ihrer vorprogrammierten Position ab. Zwei Transponder, Sender, werden auf dem Meeresgrund ausgelegt. Diese strahlen regelmäßig Funksignale aus, die von den im Schiffsboden befindlichen Transducern empfangen werden. Ändern die Impulse ihre Richtung, weil das Fahrzeug abzutreiben beginnt, setzt ein Computer die betreffenden Antriebsschrauben (zum Teil mit Verstellpropeller) oder die um 360 Grad drehbaren Kortdüsen, in Tunneln laufende Schrauben, entsprechend in Bewegung. So vermag die STEPHANITURM stets an der gleichen Stelle liegenzubleiben.

An Bord des Taucherschiffes befanden sich außer der Kapitän Roland Götz unterstellten Besatzung: Keith Jessop und 29 Mitarbeiter von »Wharton Williams« (davon 12 Taucher), 2 Männer von »Decca«, 3 Journalisten sowie David Keogh vom britischen Verteidigungsministerium, der Leningrader Leonid Melodinski, Vorsitzender der »Unionsvereinigung SOWSUDOPODJOM« des Ministeriums für Hochseeschiffahrt der UdSSR, und Igor Ilin aus Moskau. Insgesamt fünf Tage dauerte die Reise zum Nördlichen Polarkreis. Während der Fahrt überprüften die Schatz-

Taucherbasisschiff »Stephaniturm«

sucher zum x-ten Male ihre Geräte. Alles mußte störungsfrei funktionieren, nichts durfte dem Zufall überlassen bleiben. Die ersten acht Taucher hielten sich bereits in den Druckkammern auf. Langsam wurde der Druck in den Kammern erhöht, bis er dem der geplanten Arbeitstiefe entsprach. Ein Techniker kontrollierte regelmäßig die Daten und beobachtete über den Monitor seine eingeschlossenen Kameraden. Einer von ihnen äußerte am dritten Tag über sein Befinden: »Zunächst verspürte ich keine Veränderung. Ich fühlte mich weder krank noch kurzatmig. Aber dann wurde ich schnell müde und mußte viel ruhen. Dazu kam die innere Anspannung der bevorstehenden Tage. Jetzt ist bei mir aber alles normal. Ich habe mich gut eingelebt. Nur unsere piepsigen Stimmen klingen merkwürdig, als wenn wir uns in einem Märchenland befinden. Doch auch daran haben wir uns gewöhnt, lachen nicht mehr darüber.«

Auf die Taucher kam etwas Neues zu. In ihrer bisherigen Praxis wurde das Helium-Sauerstoff-Gemisch beim Ausatmen ins Wasser abgegeben. Mike Stewart konnte jedoch ein verbessertes Helmsystem beschaf-

fen. Es basierte auf der Erfindung von Don Rodocer: Ein großer Teil des verbrauchten Atemgases wird aufgefangen und regeneriert. Dadurch würde der mitgeführte Vorrat des teuren Heliums länger reichen.

Donnerstag, 3. September. Die STEPHANITURM hatte ihr Ziel erreicht. Am selben Tag trafen zwei sowjetische Schiffe bei ihr ein. Die UdSSR übernahm in Übereinstimmung mit der britischen Regierung die Sicherung des Bergungsunternehmens in der Barentssee. Immerhin ging es bei der Operation Greyhound um Werte von rund 170 Millionen Mark. Im Zeitalter moderner Piraterie – erinnert sei nur an die wiederholte Entführung beziehungsweise Ausplünderung von Tankern – war das wehrlose Taucherschiff ein lohnendes Ziel solch dunkler Existenzen.

Die notwendigen Vorbereitungen für den Abstieg am kommenden Tag geschahen rein routinemäßig: Orten des Wracks, Auslegen der Transponder, Programmieren der Computer und Verbringen der STEPHANITURM auf Position direkt über dem gesunkenen Kreuzer.

Freitag, 4. September. In der Glocke hatten drei Taucher Platz genommen. Der Abstieg begann. Nach zwanzig Minuten meldeten sie über Sprechfunk, daß sie sich 15 Meter über dem Wrack befanden. Die Glocke hing ruhig, in ihrem Innern herrschte jedoch Aufregung. In der Enge behinderten sich die Männer gegenseitig. Im Kontroll- und Leitzentrum des Basisschiffes betrachtete man voller Sorge die Bilder auf den Monitoren. Einsatzleiter David Keene bemerkte, daß die Versorgungsleitungen in der Glocke in Unordnung geraten waren. Der Abstieg mußte abgebrochen werden. Das Risiko war zu groß. Die Glocke wurde wieder nach oben geholt.

Nachdem sich ein Taucher ausgeschleust hatte, erfolgte der zweite Abstieg durch das Moonpool. Diesmal verlief alles reibungslos. Künftig würde man, wie allgemein üblich, nur zwei Männer gleichzeitig in die Tiefe schicken – für drei reichte der Platz nicht aus. Einzige Aufgabe der ersten Schicht war das genaue Vermessen der Entfernung bis zum Torpedoleck. Außerdem sollten sie mit der Unterwasser-Fernsehkamera von diesem Bereich des Wracks Aufnahmen machen. Die Maße waren wegen der Versorgungsleitungen wichtig – je kürzer die Strecke zum Arbeitsort, desto günstiger die Bedingungen für den Taucher. Wider Erwarten stellte sich heraus, daß keine Veränderung der programmierten Position vorgenommen werden mußte. Die im Kontrollraum mit Spannung erwarteten Video-Bilder zeigten keine »bedrohlichen« Ansichten von dem Kreuzer. Der über Sprechfunk vom Meeresgrund übermittelte Begleittext des Tauchers Jeff Ruedavey klang auch nicht aufregend: »Ich bin wirklich überrascht. Die EDINBURGH liegt ganz friedlich da. Abgesehen von dem Loch, das der Torpedo in den Rumpf gerissen hatte, sieht sie wie ein ganz normales Schiff aus. Ich bemerke nur geringe Korrosionserscheinungen. Es gibt hier kaum Algenbewuchs. Man denkt, der Kreuzer sei erst vor kurzem gesunken . . .«

Schicht 2 sollte durch das Torpedoeinschußloch in die dahinter liegenden Räume vordringen und einen genauen Situationsbericht geben. Die Nachricht, für alle eine Hiobsbotschaft, ließ nicht lange auf sich warten: »Aufgabe kann nicht realisiert werden, da das Passieren des Lecks unmöglich!« Leonid Melodinski notierte für seinen Bericht: »Zunächst schien es so, daß es am einfachsten und ungefährlichsten wäre, durch das Steuerbordleck – sein Radius beträgt etwa fünf Meter – ins Innere des Kreuzers zu gelangen. Doch nun zeigt sich, daß dies unmöglich ist, denn am Eingang befinden sich zwischen Unmengen von Sand Berge verbogenen Metalls . . .«

Ratlosigkeit herrschte bei Jessop und seinen Gefährten. Was nun? Um die Wrackteile im Leck beseitigen zu können, reichte die Zeit nicht aus. Das würde einige Wochen dauern und brächte äußerste Gefahren mit sich.

Erneut beugte man sich über den Schiffsriß der EDINBURGH und erwog eine Variante nach der anderen, verwarf sie jedoch immer wieder. Entweder wegen technischer Schwierigkeiten oder um sich nicht den Protesten der Kriegsveteranen wegen »Schändung und Verhöhnung der Kriegsopfer« auszusetzen. Letztendlich stimmte David Keogh einem Kompromiß zu: Unweit des Einschusses sollte eine zweieinhalb mal drei Meter große Platte aus der gepanzerten Schiffswand gebrannt werden. Von hier aus könnten die Taucher durch einen Treibstofftank zu dem Schott gelangen, das zur Munitionskammer führt.

In den folgenden Tagen brannten die Taucher den vorgesehenen Einstieg in die Panzerung und in die innere Rumpfwand – eine schwere Arbeit, die nur langsam voranging. Immerhin lagen in unmittelbarer Nachbarschaft scharfe Granaten und 125-Kilogramm-Phosphorbomben.

Allmählich entwickelte das Leben in den Druckkammern seine eigene Regelmäßigkeit. Zwei Männer arbeiteten im Wrack, die anderen erholten sich. Der Wechsel zwischen Anspannung und Untätigsein machte ihnen zu schaffen. Von dem Journalisten Penrose nach ihrem Befinden befragt, antwortete einer aus der Druckkammer: »Bei einem Job wie diesem, an dem wir dauernd unter Druck stehen, sind alle hundemüde. Zehn Stunden sind wir praktisch unten, um zu arbeiten. Am schlimmsten ist die Zeit, die jeder allein in der Glocke verbringt. Vier Stunden muß derjenige äußerst konzentriert darauf achten, daß mit den Versorgungskabeln alles in Ordnung ist. Wehe, wer dort vor sich hin duselt . . .«

An Deck der STEPHANITURM kontrollierten die Techniker ständig die Temperatur des Heizwassers und die exakt für diese Tiefe berechnete Zusammensetzung der Atemluft. Sie kannten ihre hohe Verantwortung. Eine falsche Dosierung hätte tödliche Folgen und würde automatisch das Ende der Expedition bedeuten. Und das wollte niemand verschulden.

Und noch jemand war an Deck mit wissenschaftlicher Akribie tätig: Dr. Sidney Alford und John Clarke, die Dokumentaristen. Stunde um Stunde verfolgten sie über die Monitore die Unterwasserarbeiten und hielten jede auch noch so unbedeutend erscheinende Kleinigkeit in ihren Aufzeichnungen fest.

Plötzlich herrschte Aufregung auf dem Schiff. Das erste, wertlose Wrackstück wurde vorsichtig an Bord gehievt. Alles starrte gebannt auf den Metallfund, als ob er aus purem Gold sei. Das Stahlteil bewies, es ging, wenn auch langsam, voran.

Endlich hatten es die Taucher geschafft! Die mehrere Tonnen schwere Stahlplatte konnte mit dem Kran beiseite geschleppt werden. Die innere Schiffswand zu bezwingen, so glaubten die Taucher, würde – gemessen an den Anstrengungen der letzten Tage – ein Kinderspiel sein.

Der nun offene Zugang zum Kreuzer verlockte zum Einstieg. Einer mußte schließlich den Anfang machen. Daß sich im Tank kein Öl mehr befand, wußte man.

Aber was sie jetzt entdeckten, übertraf alle Erwartungen. Ihnen bot sich ein Chaos. Bei der Torpedoexplosion herabgefallene Decksteile füllten den Tank vollständig aus.

Die Aufräumungsarbeiten dauerten schon über eine Woche, obwohl nicht alle Trümmer im Tank zu beseitigen waren, sondern nur ein fünf Meter langer Schacht angelegt werden mußte. Außer Wrackteilen schickten die Taucher einen rostigen Teekessel, ein Brett und etliche Granaten zur STEPHANITURM hinauf. Waffenspezialisten entschärften sofort die Geschosse – man saß auf einem Pulverfaß!

Die Stunden im Tank zehrten an den Kräften, nagten an den Nerven. Jede der 240 Minuten in fast völliger Dunkelheit – die Unterwasserscheinwerfer vermochten wegen aufgewirbelter Schlammablagerungen die Finsternis nur wenig zu durchdringen – wurde für die Männer zum Alptraum. Wollten die Strapazen nie enden? Mürrische Stimmung breitete sich aus. In den Druckkammern war jeder Scherz verpönt. Explosive Reaktionen auf harmlose Äußerungen waren keine Seltenheit.

Die Taucher klagten über Kopfschmerzen, ihre Leistungskraft ließ mehr und mehr nach. Einige litten bereits an einer akuten Ohrenentzündung – der typischen Tieftaucherkrankheit. Hinzu kamen Magenbeschwerden oder Verbrennungen infolge des zeitweilig zu heißen Wassers, das durch den Anzug strömte. Noch nie zuvor wurde unter solchen Bedingungen in der Tiefe gearbeitet. Das Unternehmen setzte schon jetzt für Industrie und Forschung neue Maßstäbe.

Vier Taucher waren den Anforderungen nicht mehr gewachsen, sie gaben auf. Apathisch lagen sie in den Kojen ihrer Druckkammer. Für sie begann die Dekompression, sie wurden wieder langsam an normale Druckverhältnisse gewöhnt.

Dr. Sidney Alford hatte alle Hände voll zu tun. Das Unternehmen stand auf des

Messers Schneide. Mit verbissenen Gesichtern ging jeder seiner Beschäftigung nach. Sollte das alles vergebens gewesen sein?

Die Aufregungen rissen nicht ab. Aus einem Förderkorb fischten die Decksleute einen ölverschmierten Packen Papier – Dokumente des ehemaligen Kreuzerkommandanten, die merkwürdigerweise die letzten 39 Jahre gut überstanden hatten. Andere Funde brachten Verwirrung und stellten die Weiterführung der Operation Greyhound erneut in Frage: Skelettreste. Sie wurden auf der STEPHANITURM mit der britischen Staatsflagge bedeckt. Die Expeditionsteilnehmer gedachten der Opfer, ehe man die schnell in Leinen gehüllten Knochen nach alter Seemannstradition dem Meer übergab.

Fast gleichzeitig kam aus der Tiefe die Meldung »Schott zur Munitionskammer erreicht!«. Diese Nachricht veranlaßte Keogh zu dem Entschluß, das Unternehmen nicht »von Amts wegen« beenden zu lassen.

Die Botschaft erwies sich jedoch als falsch. Der Taucher hatte nicht das Schott, sondern eine darauf gestürzte Stahlwand ertastet. Doch was machte das jetzt noch aus? Wieder begann die mühevolle Arbeit mit den Schneidbrennern. Der Erfolg ließ nicht lange auf sich warten: Der Weg zur Munitionskammer war frei.

Freude an Deck. Dann ungläubige Gesichter. Man glaubte seinen Ohren nicht zu trauen, als im Kontrollraum der Situationsbericht des Tauchers aus dem Lautsprecher schallte: »Das ist eine ganz böse Überraschung. Außer zerstörten Ausrüstungsteilen, verbogenen Rohrstücken, kleinen Metallkästchen, Kompressoren, Sand, Algen und Masut kann ich nichts weiter ausmachen als die in dem Gewirr überall dazwischenliegenden Granaten.«

Das bekannte Spiel begann von vorn – Schlamm absaugen und sperrige Trümmer beiseite schaffen. So manches Stück Eisen mußte erst mit dem Schneidbrenner bear-

beitet werden, ehe man es hieven konnte. Ein mühseliges Unterfangen, doch mit jeder Minute wuchs die Hoffnung.

Barrie Penrose hielt aus der Tiefe kommende Bemerkungen für seine Reportage fest: »Der Schneidbrenner ist eine Gefahr. Wie leicht kann es zu einer Katastrophe kommen. Bevor ich ihn einsetze, taste ich erst die Umgebung nach Granaten ab. Schließlich ist das eine Munitionskammer, in der das Zeug nun einmal hingehört.«

Als man im Förderkorb ein kleines Brettchen entdeckte, stürzten die Umstehenden erwartungsvoll zum Korb. Das Relikt einer Goldkiste? Nein, die eingebrannten Buchstaben verrieten, daß es sich um den spärlichen Rest eines Munitionsbehälters handelte. Voller Ungeduld erwarteten die Männer an Deck die Nachrichten aus der Tiefe. Doch immer wieder mußte die Arbeit unterbrochen, an manchen Tagen konnte wegen des schlechten Wetters überhaupt nicht getaucht werden.

Am Mittwoch, dem 16. September, verlief der Arbeitsrhythmus normal. Schicht 27 befand sich im Wrack. Der 27jährige John Rossier tastete sich auf dem jetzigen Boden der Munitionskammer vor. Seine Hände durchwühlten vorsichtig den schlammigen Untergrund. Plötzlich fühlte er einen harten, eckigen Gegenstand. Rossier richtete sich mühsam auf und hielt den Metallklotz dicht vor die Scheibe seines Taucherhelms. Der Strahl der Unterwasserlampe reichte gerade aus, um einen matten, gelblichen Schimmer erkennen zu lassen. John war erregt. Er begab sich zu dem für die Fernsehkamera am Einstiegsloch angebrachten Scheinwerfer. Seine Vermutung wurde zur Gewißheit.

20.48 Uhr. Auf der STEPHANITURM herrschte relative Ruhe. Einsatzleiter David Keene hielt sich im Leitzentrum auf. Unerwartet dringen Freudenschreie aus dem Lautsprecher: »Ich habe das Gold gefunden! Ich habe das Gold gefunden!« Wie ein Lauffeuer breitete sich die sensationelle Nachricht auf dem Schiff aus. Jeder eilte zum Kontrollraum, wollte genau wissen, was sich in der EDINBURGH abspielte.

Auf den Bildschirmen sahen sie einen Taucher, der mit einem rechteckigen Gegenstand in den Händen einen seltsamen Tanz vollführte. »John dreht durch«, sagte Keene, »er kann sich da unten keine Freudensprünge leisten. Die Leitungen können sich leicht verheddern, und dann ist es aus mit ihm!« Aber auch Keene verbarg vor den anderen nicht seine Freude über die lang ersehnte Nachricht. Lachend brachte er Rossier zur Vernunft: »Alter Junge, du Glückskerl, hör' endlich auf mit dem Indianertanz und ordne deine Kabel. Und dann nach oben mit dem Gold, wir wollen es auch anfassen!«

Alle erwarteten voller Spannung den nächsten Metallkorb. Wenn der Fund doch bloß erst an Deck wäre, damit man sich überzeugen konnte, ob es wirklich ein Goldbarren war. Als dann endlich das Behältnis an Deck gehievt wurde, drängten sich die Männer um den Drahtkorb. Jubel erscholl, zusammengesetzt aus Hoch!- und Hurra!-Rufen. Ein ölverschmierter Goldbarren lag vor ihnen . . .

Ein Goldbarren

Irgendwer brachte Benzin und Bürste. So schnell war wohl noch nie ein Gegenstand gereinigt worden. Auf der Oberseite des Barrens wurden drei erhabene Ziffern- und Buchstabengruppen sichtbar. Links in der Mitte eine Art ovales Siegel mit dem Hammer-und-Sichel-Emblem und einigen Wörtern. Igor Ilin bestätigte die Echtheit des Barrens und erklärte die einzelnen Bezeichnungen: „Hier, die 0620 mit den beiden Buchstaben K R davor ist eine Seriennummer. Die vier Neunen in der linken unteren Ecke weisen auf den Reinheitsgrad des Goldes hin, also 999,9. Daneben ist mit der Zahl 11542,7 das Barrengewicht in Gramm angegeben. Die Siegelinschrift lautet: UdSSR, NKZM (Volkskommissariat beziehungsweise Nationales Komitee für Edelmetalle), reines Gold, Moskau." Der Jubel kannte nun keine Grenzen mehr. Der strahlende Keith Jessop hielt das Gold über seinem Kopf und lief auf dem Schiff eine Ehrenrunde. Alle applaudierten. Immer wieder Hurrarufe. Die Szene erinnerte an die Abschlußzeremonie bedeutender Sportwettkämpfe – siegreiche Manschaftskapitäne umrunden bekanntlich mit erhobenem Pokal auf der Aschenbahn das grüne Stadionoval.

Man reichte die „Siegestrophäe" reihum. Niemand wurde ausgelassen. Selbst die in

den Druckkammern Eingeschlossenen konnten den Barren in Augenschein nehmen. Ununterbrochen klickten die Fotoapparate. Jeder ließ sich mit dem ersten Goldbarren für immer auf den Film bannen – der bewegende Augenblick mußte schließlich festgehalten werden. Nach diesem Fund ging es Schlag auf Schlag. Dr. Alford kam in dieser Schicht 27 mit der Buchführung kaum nach:

»2.28 Uhr. Taucher hat einen Goldbarren.«

»2.29 Uhr. Taucher hat einen Goldbarren.«

»2.32 Uhr. Taucher hat zwei Goldbarren.«

»2.40 Uhr. Taucher hat einen Goldbarren.«

John Rossier richtete sich aus der Taucherglocke speziell an den Reporter Penrose ». . . der erste Barren, der war für mich der wertvollste. Es ist schon ein irrsinniges Gefühl, wenn man nach mühseliger Dreckarbeit endlich das ersehnte Gold findet. Ich werde das wohl nie vergessen. Bei den anderen Barren war es schon nichts Besonderes mehr . . .«

Als am Nachmittag das britische Verteidigungsministerium verlautbaren ließ, daß bereits »sieben Goldbarren aus der EDINBURGH sichergestellt werden konnten«, war die Meldung längst überholt. Allein Taucher Dougie Matheson, mit 22 Jahren der Benjamin in Jessops Team, fand während der achtundzwanzigsten Schicht Gold im Wert von 17,2 Millionen Mark.

40 Barren enthielt der nächste Korb. Beim Hieven blieb er an den Wrackteilen hängen. Man bekam ihn jedoch wieder frei. Ein Teil des Schatzes wäre beinahe wieder verlorengegangen. So ging es also nicht! Künftig verpackten die Taucher das Gold in Plastsäcke – jeweils zwanzig Barren ein Hiev. Diese Beförderungsart bewährte sich, es traten keinerlei Komplikationen mehr auf.

Die Taucher arbeiteten oft bis an die Grenze ihrer physischen und psychischen Belastbarkeit. Einige gaben auf. Doch der Goldstrom aus der Tiefe riß nicht ab.

An Bord der STEPHANITURM war jeder abkömmliche Mann damit beschäftigt, die Barren vom Dreck zu befreien. Die Regierungsvertreter registrierten indessen exakt jedes einzelne Stück und verglichen es mit alten Frachtpapieren.

Samstag, 19. September. Dr. Alford notierte: »Der hundertste Barren gehoben.« Das ergab einen Wert von 46,8 Millionen Mark.

Der Gesundheitszustand von vier Tauchern hatte sich in den letzten Tagen zunehmend verschlechtert. Drei klagten über die akute Ohrenentzündung, einer über eine schmerzhafte Schulterverletzung. Eilends forderte man aus Großbritannien einen Facharzt an. Als Dr. Mike Childs die Behandlung einleitete, war dies für einige Männer im wahrsten Sinne Rettung in letzter Minute. Es hätte nicht viel gefehlt, und körperliche Dauerschäden wären die Folgen gewesen . . .

Donnerstag, 1. Oktober. Im »goldenen Zimmer«, wie die Bootsmannskammer liebevoll getauft worden war, lagen bereits 386 Goldbarren. Da verschlechterte sich schlagartig das Wetter. Die Arbeiten mußten unterbrochen werden. Einen Tag driftete die STEPHANITURM in der Nähe, dann flaute der Sturm endlich ab – die Bergung ging weiter.

Jetzt rackerten die Taucher gegen die Uhr, um soviel Gold wie möglich sicherzustellen, bevor das nächste Sturmtief die Expedition gar beenden könnte.

Montag, 5. Oktober. Der 431. Goldbarren wurde in der provisorischen Schatzkammer verstaut. In der Geschichte der Schatzbergung aus den Meeren hatte man nie zuvor solch wertvolle Ladung in so kurzer Zeit gehoben. Wellengang und Kälte nahmen zu. Der Sturm zwang erneut zu einer Pause. Zwei Tage später forderte David Keene nachdrücklich den Abbruch des

Unternehmens: „Meine Männer sind total erschöpft. Es wird Zeit, daß sie aus den Druckkammern herauskommen und sich erholen." Keene setzte sich durch. Obwohl sich noch 34 Goldbarren in der EDINBURGH befanden, gab Keith Jessop widerstrebend nach. Operation Greyhound – zumindest die Taucherarbeiten in der Barentssee – galt als beendet.

Bevor das VTG-Schiff Kurs auf den Kola-Fjord nahm, ließ die Besatzung einen Kranz auf das Wasser herab – eine letzte Ehrung für die gefallenen Matrosen der EDINBURGH.

Anfang Oktober 1981 in Murmansk. Während in der Barentssee die letzten Goldbarren geborgen wurden, stellte man sich in Murmansk auf die Ankunft der Schatzjäger ein. Aus Moskau kamen Anatoli Slobin, Stellvertreter des Generaldirektors der INGOSSTRACH, und Wjatscheslaw Iwanowitsch Scherbakow, Leiter der Abteilung Edelmetalle bei ebendieser Versicherungsgesellschaft. Sie bereiteten mit Vertretern von Staatsbank und örtlichen Einrichtungen sowohl die Goldübernahme als auch den Aufenthalt der Briten in der Hafenstadt vor. Am 8. Oktober erreichte die STEPHANITURM Murmansk. Boris Gnetev von der Schiffsmaklergesellschaft INFLOT vermerkte ihr Festmachen mit „11.30 Uhr, Kai 11" in der Kladde und begab sich an Bord, um dem Kapitän die notwendigen Informationen zu geben. Roland Götz revanchierte sich mit einem kleinen Imbiß und bat um Verständnis dafür, daß er keinen Begrüßungskognak anbieten könne. „Alkohol", so der Kapitän, „haben wir keinen einzigen Tropfen mitgenommen. Wegen der erwarteten Millionenfracht wollten wir von vornherein jedes Risiko ausschließen – bekanntlich werden bei fröhlichem Umtrunk die verwegensten Ideen geboren. Wer weiß, auf welch dumme Gedanken meine Crew gekommen wäre?"

Am Nachmittag dieses 8. Oktober lernten die Expeditionsteilnehmer – mit Ausnahme der in den Druckkammern dekomprimierenden Männer – während einer Stadtrundfahrt Murmansk kennen: das nach neuesten Erkenntnissen angelegte

Der Kola-Fjord, links geht es nach Murmansk

moderne Südviertel, das unmittelbar nach Kriegsende wieder aufgebaute Zentrum und die wenigen Häuserzeilen älterer Zeit am Stadtrand. Die Briten erfuhren, was nach dem Auslaufen der EDINBURGH im Mai 1942 geschah: Die deutsche Heeresführung hatte ihren Plan fallengelassen, Murmansk zu erobern, und der Luftwaffe die Vernichtung der Stadt überlassen. Ab Mitte 1942 »regneten« mehr als 180 000 Brand- und Sprengbomben auf die Hafenstadt herab, die dem Erdboden gleichgemacht, die für immer von der Landkarte verschwinden sollte ...

Unmittelbar am Fjordhang, an der nördlichen Stadtgrenze, befindet sich die am 19. Oktober 1974 eingeweihte »Gedenkstätte für die heldenhaften Verteidiger des Sowjetischen Polargebietes im Großen Vaterländischen Krieg 1941–1945« – von den Murmanskern liebevoll Aljoscha-Denkmal genannt. Hier, am ewigen Feuer, legten Jessops Männer die ersten Blumen nieder. Dann fuhren sie zum Heldenfriedhof an der Leningrader Fernverkehrsstraße. Ein kleiner Teil des Friedhofs ist abgegrenzt, hier ruhen vor allem britische Seeleute, die während der Geleitzugkämpfe in der Barentssee schwer verwundet wurden und später im Murmansker Lazarett ihren Verletzungen erlagen. Die Exkursion endete beim Internationalen Seemannsklub. In der Nähe steht das Denkmal für die im Kampf gegen den Faschismus gefallenen Verbündeten. Die erfolgreichen Schatzjäger ehrten auch sie mit Blumen, ehe sie sich ins nur 400 Meter entfernte Hotel »Severnaja« begaben. Eigentlich hatte Keith Jessop beabsichtigt, den glücklichen Abschluß des Unternehmens dort zu feiern, wo vor 39 Jahren alles begann – im Hotel »Arktika«. Doch das alte stand nicht mehr, und das neue war noch nicht bezugsfertig. So fanden sich Jessop und seine Männer in der Bar des »Severnaja« ein, um endlich die Sektpfropfen knallen zu lassen, um Abschied von den sowjetischen Partnern zu nehmen.

Während es im »Severnaja« hoch herging, machte sich Kapitän Roland Götz Sorgen wegen der bevorstehenden Heimreise nach Peterhead. Immerhin trug er die Verantwortung für den sicheren Transport der über 100 Millionen Mark wertvollen Goldfracht. Vorsichtshalber hatte er von den britischen Behörden Geleitschutz angefordert, damit die STEPHANITURM nach Verlassen sowjetischer und vor Erreichen britischer Hoheitsgewässer vor möglichen Piratenüberfällen bewahrt bleibe. Nun wartete er auf Antwort. Sie sollte erst am Vormittag des 9. Oktober kommen. In einem Fernschreiben wurde ihm mitgeteilt, daß er mit keiner Eskorte rechnen könne ...

Zur gleichen Zeit riegelten Milizionäre den Kai hermetisch ab. Für die herbeigeeilten Schaulustigen gab es nicht allzuviel zu sehen: Ein Spezialwaggon der sowjetischen Staatsbank und ein Portalkran standen bei dem VTG-Schiff, daneben einige Armee- und Milizoffiziere, Hafenarbeiter, Vertreter von Bank und INGOSSTRACH. Alles war für die Goldübernahme bereit. Doch nichts geschah.

Auch an Bord sehnte jeder voller Ungeduld den feierlichen Augenblick herbei, fand man sich vor der Bootsmannskammer ein. Endlich begann die Zeremonie. Die Verschlüsse der Kameras klickten ununterbrochen. Jeder Anwesende erhielt ein Polaroid-Foto zum Andenken. Kalina Nikolajewitsch Konwalov, Leiter der Murmansker Außenstelle von INGOSSTRACH sagte später: „Das war ein erhebendes Gefühl, als mich der Brite in dem Moment fotografierte, als ich einen Goldbarren in den Händen hielt. Goldbarren, die unsere Väter in der für unser Land bedrohlichen Situation den Engländern anvertraut hatten, erhielten wir jetzt von ihnen zurück."

Edelmetall im Wert von 62 Millionen Mark machte den sowjetischen Anteil aus. Dem britischen Handelsministerium stand Gold im Wert von 31 Millionen, dem Bergungsteam in Höhe von 76,5 Millionen Mark zu. Keith Jessop mußte davon freilich die aufgenommenen Anleihen zurückerstatten, seinen Partnern ihren Anteil auszahlen und alle angefallenen Kosten bestreiten. Dennoch blieb ihm eine beachtliche Summe. – er konnte für sich in Anspruch nehmen, nun zu den Millionären zu gehören. Mancher Taucher hatte in diesen vier Wochen zwar 150 000 Mark verdient, doch auch mit seinem Leben gespielt.

Um 19.50 Uhr des gleichen Tages hieß es für die STEPHANITURM »Leinen los!« Wie vor vier Jahrzehnten die EDINBURGH schlich das Schiff mit dem Gold aus dem Kola-Fjord, strebte der eisigen Barentssee zu – würde es Großbritannien ungeschoren erreichen?

Die Fahrt verlief ohne Zwischenfälle, am 16. Oktober traf das VTG-Schiff in Peterhead, dem Hafen der schottischen Stadt Aberdeen, ein. Die von Erfolg gekrönte Operation Greyhound hatte damit für alle Teilnehmer ihren Abschluß gefunden. Die zuletzt eingesetzten Taucher konnten endlich die Druckkammern verlassen, den restlichen Goldschatz in seiner ganzen Fülle in Augenschein nehmen. Obwohl also das Unternehmen als beendet galt, ließ Keith Jessop auf einer Pressekonferenz verlauten: »Im nächsten Jahr bin ich wieder in der Barentssee, um die restlichen 34 Goldbarren zu holen ...«

Für Keith Jessop hatte die erfolgreiche Goldbergung ein Nachspiel. Er, der monatelang im Licht der Öffentlichkeit stand, saß im Frühjahr 1983 auf der Anklagebank. Nach einjähriger Ermittlungstätigkeit warf ihm die Staatsanwaltschaft Verabredung zum Betrug der Steuerzahler und

In der Südvorstadt von Murmansk

der konkurrierenden Bergungsgesellschaften vor. Der mitangeklagte John Jackson vom Verband britischer Bergungsunternehmer sollte ihm die Angebote der Konkurrenten besorgt haben, so daß Jessop mit seiner Forderung von nur 45 Prozent Schatzanteil alle Mitbewerber unterbieten konnte und dadurch den Zuschlag bekam.

Anhang

Begriffserklärungen
Tabellen
Verwendete Literatur

Begriffserklärungen

Ausrüstung des Sporttauchers. Des Tauchers unentbehrliche ABC-Geräte (Maske, Flossen und Schnorchel) können durch mehrere Zusatzgegenstände ergänzt werden: z. B. Gewichtsgürtel, Messer oder wasserdichte Lampe. Bei längerem Aufenthalt im Wasser beziehungsweise bei niedrigen Temperaturen schützt er sich hauptsächlich durch den Naß- oder vereinzelt noch durch den Trockentaucheranzug gegen Kälte.

Bei ersterem dringen zwar geringe Wassermengen zwischen Körperoberfläche und Neoprene-Anzugsinnenseite ein, doch machen sich diese kaum negativ bemerkbar, da die verschäumte Kautschukschicht (geringes Wärmeleitvermögen) ausgezeichnet isoliert.

Für den praktisch unbegrenzten Unterwasseraufenthalt an einer bestimmten Arbeitsstelle (bis 10 Meter Tiefe) eignet sich das leichte Schlauchtauchergerät. Die Luftversorgung erfolgt mittels Niederdruckkompressor oder aus einer Hochdruckflaschenbatterie über Druckschläuche vom Basisschiff aus.

Um Unterwasserarbeiten in größerer Tiefe (bis etwa 60 Meter) durchführen zu können, werden autonome Tauchergeräte benutzt. Am gebräuchlichsten sind Drucklufttauchergeräte (DTG, früher PTG = Preßlufttauchergeräte). Sie bestehen aus einer bis drei Leichtstahlflaschen mit Ventil (jeweils 7 oder 10 Liter Inhalt, Fülldruck 150 atü), dem ein- oder zweistufigen Lungenautomaten (Regler), aus Ausatemventil, Atemschläuchen, Finimeter, Reserveschaltung und Tragegestell.

Das Tauchen mit dem DTG erfordert die Mitnahme von Tiefenmesser und Unterwasseruhr, um Tauchtiefen und -zeiten kontrollieren zu können (wichtig für die Dekompressionsstufen beim Auftauchen). Schließlich sei die Aufstiegsweste (Rettungskragen) erwähnt, die im Notfall mit Kohlendioxid oder mit Druckluft (in einer eingebauten Druckpatrone enthalten) aufgeblasen wird.

Kommerzielles Tauchen. Bei Einsätzen mit autonomen Tauchergeräten bis zu 60 Meter Tiefe gibt es kaum Unterschiede zwischen der Ausrüstung des Sport- und der des Berufstauchers. Bei Tiefen über 60 Meter (bis etwa 300 Meter) findet das sogenannte Sättigungstauchen Anwendung. Die Taucher verbleiben dabei längere Zeit (unter Umständen sogar mehrere Wochen) unter dem Druck, der in der Arbeitstiefe herrscht. Das erspart ihnen den langwierigen Auftauchvorgang nach jeder Schicht und erhöht die Arbeitsproduktivität. Die Druckerhöhung wird bereits an Deck des Basisschiffes in Dekompressionskammern herbeigeführt. Die Taucher werden über Tauchkammern (Glocken) zum Arbeitsort und zurück befördert. Bei diesem Verfah-

141

ren muß die normale Atemluft durch künstliche Atemgasgemische ersetzt werden – sie enthalten in der Regel einen stark verminderten Anteil Sauerstoff, keinen Stickstoff, dafür aber einen hohen Anteil Helium.

Das Atemgasgemisch bewirkt beim Taucher eine verstärkte Abgabe von Körperwärme. Er ist deshalb gezwungen, einen Schutzanzug mit Warmwasser- oder Elektroheizung zu benutzen.

Der Berufstaucher kann auf die klassische oberflächenabhängige Helmtaucherausrüstung nicht verzichten. Bereits 1837 setzte August Siebe mit Erfindung und praktischer Einführung des sogenannten Skaphanders einen Markstein in der Geschichte der Tauchertechnik. Seitdem ist die Ausrüstung zwar verbessert, ihr Prinzip jedoch nicht verändert worden. Mit dem Gerät (80 bis 100 kp Gewicht außerhalb des Wassers) gelingt es, in 10 bis 15 Meter Tiefe etwa fünf Stunden ununterbrochen zu arbeiten – die maximale Einsatztiefe liegt bei 50 Meter.

Mit Einführung des Sättigungstauchens ist der Unterwasseraufenthalt mit halbstarren Panzertauchergeräten so gut wie gegenstandslos geworden. Mit den Geräten vom Typ Neufeld & Kuhnke oder Galeazzi erreichte man Tiefen bis 150 beziehungsweise 200 Meter – eine beachtliche Leistung.

Such- und Bergungsgeräte. Das Absuchen des Gewässergrundes (bei guter Sicht bis zu 15 Meter Tiefe) erfolgt mit einfachen Hilfsmitteln am besten bereits von der Wasseroberfläche aus: Guckkästen (auch »Flundernkieker« genannt) werden vom Boot aus plan auf das Wasser gelegt, so daß man die Unterwasserwelt unverzerrt betrachten kann. Der gleiche Effekt wird mit einem in Luftmatratze (oder Schwimmbrett) eingelassenen Schauglas erzielt. Auch normale Luftmatratzen oder ein Schlauchboot erfüllen den gleichen Zweck, wenn man auf ihnen liegend durch die Maske ins Wasser sieht (Schnorchel benutzen!). Diese Suchmethode bietet gegenüber dem üblichen Schnorcheln zwei Vorteile – man spart Kraft und friert nicht so schnell.

In Abwandlung des Guckkastens werden mitunter größere Fahrzeuge mit Unterwasserbeobachtungsfenster ausgestattet (z. B CALYPSO). Auch die abseilbare Galeazzi-Kammer (Hydrostat) ist im Prinzip nichts anderes als ein großer, allerdings geschlossener »Flundernkieker«: Ein wasserdichter, ungefähr zwei Meter hoher Stahlzylinder mit mehreren Fenstern, der einer Person Platz bietet. Zum Basisschiff führen Haltetrosse, Druckschlauch (Atemluft), E-Kabel (UW-Scheinwerfer) und Telefonleitung. Derartige Unterwasserbeobachtungskammern wurden vor allem bei Wrackbergungen in der ersten Hälfte unseres Jahrhunderts eingesetzt (z. B. zum Dirigieren der Elektromagneten oder Greifer).

Eine andere erfolgversprechende Suchmethode wird mit dem Aquaplan praktiziert. Ein einfaches profiliertes Brett, das von einem Motorboot gezogen wird, dient dem Tauchsportler (mit DTG) als »Flugzeug«. Durch leichtes Verdrehen des Brettes wird die Schwimmrichtung nach Höhe, Tiefe oder Seite verändert. Im Laufe der Zeit wurden aus Aluminium oder Kunststoff torpedoartige offene UW-Gleiter entwickelt, mit denen sich der Taucher dicht über dem Meeresgrund schleppen läßt.

Zum Auffinden nichtmetallischer Wracks, die relativ frei auf dem Meeresgrund liegen, eignet sich vorzüglich ein seitwärts strahlender Sonar (Zielsucher). Das Gerät besteht aus dem geschleppten »Fisch« und dem an Bord des Basisschiffes befindlichen Aufzeichnungsrecorder. Die Übertragungsart ist ähnlich der des Bildfunks. In der Regel schleppt man den »Fisch« im ersten Drittel der Gesamtwassertiefe (z. B. Wassertiefe 90 m, Schlepptiefe 30 m).

Metalldetektor

Stahlwracks (auch gesunkene Holzschiffe, die genügend Eisenteile an Bord haben) werden mit dem Protonenmagnetometer aufgespürt. Das Gerät reagiert auf jede Veränderung des Magnetfeldes. Die einfachste Methode ist, den Detektor (»Fisch«) zu schleppen, ohne auf die Tiefenstabilisierung oder die Distanz zum Meeresboden zu achten. Die Meßdaten registriert der Schreiber (2. Hauptteil des Systems) an Bord des Schleppfahrzeuges.

Der Metalldetektor (Minensuchgerät) ist bei einer systematischen Wrackausgrabung unentbehrlich. Gute Geräte zeigen noch kleinere Gegenstände an, die bis zu einem Meter vom Sand bedeckt sind. Der Detektor wird vom Taucher direkt geführt und dient vor allem dazu, den Wrackplatz abgrenzen zu helfen und metallene Gegenstände zu orten, um sie zielgerichtet freilegen zu können.

Der Spaten des UW-Ausgräbers ist der Air-Lift. Jeder Aquarianer zum Beispiel kennt aus eigener Erfahrung das Arbeitsprinzip: Er entfernt den Mud aus dem Becken mit Hilfe eines Glasröhrchens (Heber). Der

Air-Lift besteht aus einem Saugkopf, an dem ein Schlauch (bis etwa 25 cm im Durchmesser) angeflanscht ist. Das Schlauchende mündet in einen Drahtkorb, um hochgespülte Funde auffangen zu können. In den Saugkopf führt ein Druckluftschlauch, der mit einem Kompressor verbunden ist (schwimmende Arbeitsplattform oder Boot). Sobald Luft in den Saugkopf gedrückt wird, entweicht diese in den großen Schlauch und reißt Wasser und Schlammassen mit.

Kip Wagners Münzfunde. Die von der »Real Eight Corporation« geborgenen Münzen hatte man in vier Münzstätten der Neuen Welt während der letzten Regierungszeit Karls II. von Spanien (1665 bis 1700) und in den ersten vierzehn Jahren der Regierungszeit Philipps V. (1700 bis 1746) geschlagen. Sie stellen eine breite Auswahl spanischer Kolonialmünzen dar und befinden sich – von Ausnahmen abgesehen – in ausgezeichnetem Zustand. Viele Nennwerte und Typen sind dem Historiker unbekannt gewesen. Die meisten Münzen weisen unregelmäßige Formen auf. Sie heißen »cobs« (nach dem spanischen cabo de barra – Stangenende –, weil damals die einzelnen Münzplatten vom Ende einer Metallstange abgeschnitten wurden).

Zur Zeit Philipps V. wurden Silbermünzen im Nennwert von einem halben, einem, zwei, vier und acht Realen geschlagen. Goldmünzen im Werte von sechzehn Realen pro Eskudo prägte man in Ein-, Zwei-, Vier- und Acht-Eskudo-Stücken – letztere war die legendäre Doublone.

Die Münzstätte in Mexico-City begann 1536 zu arbeiten, stellte jedoch erst ab 1679 Goldmünzen her. Die dort geprägten Geldstücke tragen auf der Vorderseite gewöhnlich die Königskrone und auf der Rückseite das Kreuz. Die Umschriften lauten: »Philippus V (oder »Carlos II«) D. G.«

sowie die Jahreszahl (Vorderseite) und »Hispaniarum et Indiarum Rex« (Rückseite).

Die Münzstätte in Lima (Peru) prägte zu jener Zeit Gold- und Silbermünzen im üblichen Nennwert (Vorderseite: Säulen des Herkules und Wellen, Rückseite: Kreuz mit Wappen von Kastilien). Santa Fé de Bogotá schlug während° jener Zeit Gold- und Silbermünzen kleineren Nennwertes als acht Eskudos. Die meisten Stücke sind grob gearbeitet und weisen Fehler auf (zum Beispiel ist die Krone oft seitenverkehrt oder unvollständig).

Potosí prägte bis spät ins 18. Jahrhundert nur Silberstücke und verwendete die gleichen Münzbilder wie Lima.

Die Schlacht in der Bucht von Vigo am 23. Oktober 1702

A. Gesamtstärke der beteiligten Streitkräfte
Engländer/Niederländer:
23 606 Mann und 3115 Geschütze
Spanier/Franzosen:
10 792 Mann und 1514 Geschütze

B. Englische Flotte

Name des Schiffes	Name des Kapitäns (oder Admirals)	Geschütze
ROYAL SOVEREIGN	Sir George Rooke	110
ASSOCIATION	W. Bockenham	90
MONMOUTH	J. Baker	70
ESSEX	J. Hubbard	70
CAMBRIDGE	R. Lestock	70
PRINCE GEORGE	Hopson	?
OXFORD	J. Norris	70
YARMOUTH	?	?
GRAFTON	T. Harlow	70
CUMBERLAND	?	?
LENNOX	?	?
BERWICK	R. Edwards	70

Name des Schiffes	Name des Kapitäns (oder Admirals)	Geschütze
TRIUMPH	Graydon	?
TORBAY	A. Leake	80
PEMBROKE	T. Hardy	60
NORTHUMBERLAND	J. Greenaway	90
BARFLEUR	E. Weyvell	?
STERLING CASTLE	?	?
BURFORD	?	?
SAINT GEORGE	Fayrbone	96
EXPEDITION	?	?
CHICHESTER	?	?
CHREWSBURY	?	?
MARY	E. Hopson	62
SWIFTSURE	R. Wynn	70
KENT	J. Jennings	70
BOYNE	?	?
BEDFORD	H. Haughton	70
RANELAGH	R. Fitzpatrick	80
PLYMOUTH	?	?
EAGLE	?	?
SOMERSET	T. Dilkes	80

C. Niederländische Flotte:

Name des Schiffes	Name des Kapitäns (oder Admirals)	Geschütze
ZEVEN PROVINCIES	J. A. Vandergoes	92
UNIE	?	94
DORDRECHT	B. Vanderpot	72
VELUWE	Van Wassenaar	64
SLOT MUIDEN	Schrijver	72
HOLLAND	?	72
GOUDA	Somelsdijk	64
WAPEN VAN ALKMAAR	Pieterson	72
KATWIJK	Beekman	72
REIGESBERG	Lijnslager	74

Anmerkung: Aufstellung B und C beinhaltet nur die Linienschiffe. Hinzuzurechnen sind die Brander, die Truppentransporter, die Proviantschiffe, vier Lazerettfahrzeuge und zahlreiche Hilfsschiffe. Mit dem Geschwader von Sir Cloudesley Shovel, das bei Kap Finisterre lag, zählte die vereinigte Flotte insgesamt über 140 Schiffe.

D. Französische Flotte

Name des Schiffes	Name des Kapitäns (oder Admirals)	Geschütze
LE FORT	Château-Renault	76
LE PROMPT	de Beaujeu	75
LE FERME	de Boissier	74
L'ESPÉRANCE	de Galissonnière	70
LE SUPERBE	Botteville	70
LE BOURBON	de Montbeau	68
L'ASSURÉ	d'Aligre	66
L'ORIFLAMME	du Fricombault	64
LE PRUDENT	du Grandpré	64
LA SIRÈNE	de Mongon	62
LE SOLIDE	de Champmeslin	56
LE MODĚRĚ	l'Antier	54
LE DAUPHIN	du Plessis	46
LE VOLONTAIRE	Sorel	46
LE TRITON	Bécours	45
L'ENTREPRENANTE	de Polignac	34
LA CHOQUANTE	de Saint Osman	8
L'EMERAUDE	?	8

Anmerkung: Die ersten 15 Fahrzeuge waren Linienschiffe, die letzten drei Fregatten. Dazu kamen ein Brander und ein Aviso.

E. Spanische Flotte

Name des Schiffes	Name des Kapitäns (oder Admirals)	Geschütze
JESUS, MARIA Y JOSÉ	Manuel Velasco de Tejada	44
LA BUFONA	José Chacon	54
ALMIRANTE DE AZOGUEZ	F. Chacon	54
SAN JUAN BAUTISTA	Alonso Lopez	50
NUESTRA SEÑORA DE LAS ANIMAS	?	44
SANTO CHRISTO DE MARACAIBO	Vicente Alvarez	40
SANTO CRISTO DEL BUEN VIAJE	Francisco Blanco	36
SANTA CRUZ	Alonso Iparrere	36

Name des Schiffes	Name des Kapitäns (oder Admirals)	Geschütze
SANTO DOMINGO	Ignacio Asconchueta	30
ADJUAN BEXTA	?	30
NUESTRA SEÑORA DE LOS DOLORES	Antonio Gomez de Utiza	30
NUESTRA SEÑORA DE LA MERCED	Antonio Monteagudo	30
EL TORO	Martin Nogueira	26
NUESTRO SEÑORA DE LAS ANGUSTIAS	Miguel Cano	24
NUESTRO SEÑORA DE LAS MERCEDES	Francisco Barragan	12
SACRA FAMILIA	Fabriciano Bermudez de Vera	12
SAN DIEGO	?	12
FELIPE V.	Martin ?	8
LA TRINIDAD	?	8

Anmerkung: Die ersten drei Fahrzeuge waren Kriegsgaleonen, die nächsten 14 Handelsgaleonen, zuletzt sind zwei Wachschiffe (aber ebenso wie die Galeonen beladen) aufgeführt. Hinzu kommt ein kleineres Hilfsschiff.

F. Schiffsverluste

Während die vereinigte englisch-niederländische Flotte kein einziges Schiff verlor, wurde die gesamte französisch-spanische Schiffseinheit vernichtet: Sechs Galeonen, ein Wachschiff, zwei Fregatten und sechs Linienschiffe wurden aufgebracht, die restlichen Schiffe versenkt (einige brannten zuvor aus).

Das Prinzip der ehemaligen *geheimen deutschen Marinekarte* bestand in der Einteilung aller Seegebiete in Großquadrate. Diese wurden mit 2 Großbuchstaben gekennzeichnet, z. B. AA, AB, AC usw. Das Großquadrat AC hatte etwa folgende nautische Begrenzung:

nördliche Kante: 77° N, südliche Kante: 69° N
westliche Kante: 20° O, östliche Kante: 48° O
AC war in 9 Quadrate von 162 sm Kantenlänge unterteilt. Jedes dieser Quadrate wurde nochmals in 9 Quadrate von 54 sm Kantenlänge zerlegt. Die so entstandenen 81 Quadrate bezeichnete man mit 2 Ziffern, z. B. 53, 54, 55 usw. (also von 11–99, die Ziffer 0 wurde nie verwendet – es gab demnach z. B. keine 10, 20, 30 usw.). Die mit 2 Ziffern versehenen Quadrate wurden abermals in 9 Quadrate mit 18 sm Kantenlänge und diese schließlich jeweils in 9 Quadrate mit 6 sm Kantenlänge unterteilt. Die Bezeichnung des 18- und des 6-sm-Quadrates erfolgte unter Hinzufügung einer dritten bzw. vierten Ziffer zum 54-sm-Quadrat. vgl. Abb. S. 122
Alle Standorte in Quadratkarten wurden demnach mit zwei großen Buchstaben und vier Ziffern angegeben. Wollte man nur das 54-sm-Quadrat nennen, so hieß das z. B. AC 5500, wollte man dagegen das 18-sm-Quadrat bezeichnen, so schrieb man z. B. AC 5510 (hier wurde also die bisher nicht verwendete 0 benutzt).
In dem angeführten Beispiel soll die Position von U 456 am 30. 4. 1942 (16.18 Uhr) verdeutlicht werden. Das markierte 6-sm-Quadrat im ersten 18-sm-Quadrat verrät die letzten beiden Ziffern des Standortes. Unter Hinzufügung von AC 55 ergibt sich die exakte Position: AC 5519.
Zum Vergleich sind in dem Beispiel jetzt ein Längen- und ein Breitengrad angegeben. Die Übereinstimmung der ermittelten Positionen des U 456 und der EDINBURGH ist erkennbar.

Ausgewählte Daten der an den Kampfhandlungen am 1. und 2. Mai 1942 in der Barentssee beteiligten Zerstörer:

	BEAGLE/ BULLDOG	AMAZON	BEVERLY	FORESTER/ FORESIGHT	Z 7	Z 24/Z 25
Stapellauf:	1930	1926	1917	1934	1937	1940
Länge:	98 m	95 m	94 m	99 m	116 m	127 m
Breite:	9,8 m	9,6 m	9,3 m	10,2 m	11,3 m	12 m
Tiefgang:	2,6 m	2,8 m	2,8 m	2,6 m	3,8 m	4,7 m
Geschwindigkeit:	35 kn	37 kn	33 kn	35,5 kn	38,2 kn	36 kn
Besatzung:	138 Mann	138 Mann	122 Mann	145 Mann	325 Mann	332 Mann
Bewaffnung:	5 × 12 cm	4 × 12 cm	4 × 10,2 cm	4 × 12 cm	5 × 12,7 cm	4 × 15 cm
(Flak)	2 × 4 cm	2 × 4 cm	1 × 7,6 cm	8 × 12,7 mm (MG)	4 × 3,7 cm	4 × 3,7 cm
(Torpedorohre)	8 × 53,3 cm (2 × IV)	6 × 53,3 cm (2 × III)	12 × 53,3 cm (4 × III)	8 × 53,3 cm (2 × IV)	8 × 53,3 cm (2 × IV)	8 × 53,3 cm (2 × IV)

Anmerkung: Letzte Spalte (Torpedorohre): 2 × IV = Zwei Vierlingssätze, 2 × III = Zwei Drillingssätze (Bei einigen Schiffen erfolgten später Umbauten, die Daten veränderten sich also.)

Tabellen

Tabelle 1

Von etwa 700 mit wertvoller Gold- und Silberladung untergegangenen Schiffen konnten bisher fast zehn Prozent lokalisiert und die Schätze, beziehungsweise Teile davon, geborgen werden. Die übrigen Wracks warten noch auf ihre Entdecker. Der Schatzsucher besonderes Interesse gilt nachstehend aufgeführten 50 Schiffen, die Millionenwerte mit auf den Meeresgrund nahmen:

Schiffe				Untergang		Ladungswert
Name	Art	Land	Jahr	Ort	Tiefe in in m	in Mio Mark
SERPENT	Galeere	?	852	Themsemündung; Großbritannien	?	4
SANTO DOMINGO	Galeone	Spanien	1540	Encinitas (Kalifornien); USA	60	12
SAN PHILIPP II.	Galeone	Spanien	1591	Flores; Brasilien	?	8
SANTA MARIA	Galeone	Spanien	1591	Flores; Brasilien	?	14
SANTA MARGARITA	Galeone	Spanien	1595	Palm Beach (Florida); USA	52	12
SAN FERNANDO	Galeone	Spanien	1597	Santa Lucia-Insel; Karibik	50	80
SANTA CLARA	Galeone	Spanien	1597	Kap Haitien; Haiti	40	60
BUENO JESUS	Galeone	Spanien	1598	Portobelo; Panama	?	8
SAN PEDRO	Galeone	Spanien	1598	Santa Catalina-Insel (Kalifornien); USA	25	8
SAN GONCALO	Galeone	Portugal	1630	Formosa-Spitze (Plattenberg-Bucht); Südafrika	25	8
HAARLEM II.	Fregatte	Niederlande	1648	Mündung des Salz-Flusses; Südafrika	35	10
SAN JUAN DE SALVAMENTO	Galeone	Spanien	1655	Mandregan-Bucht; Ekuador	9	4
SAN PABLO	Galeone	Spanien	1657	Teneriffa; Kanarische Inseln	?	12
SANTA CRUZ	Galeone	Spanien	1679	Pembroke; Großbritannien	10	48
SAN SEBASTIAN	Galeone	Spanien	1683	Rackams Key-Insel; Jamaika	15	6
DRAECKE	Fregatte	Niederlande	1689	Tiburón-Inseln; Mexiko	18	4
SAN RAFAEL	Galeone	Spanien	1691	Guanal-Insel; Karibik	25	12

Schiffe			Untergang			Ladungswert
Name	Art	Land	Jahr	Ort	Tiefe in m	in Mio Mark
DAGERAAD	Fregatte	Niederlande	1694	Robbeninsel; Südafrika	20	5
HET HUIS TE CRAYENSTEYN	Fregatte	Niederlande	1698	Camps-Bucht; Südafrika	18	5
MERESTEYN	Fregatte	Niederlande	1702	Jutten-Insel; Südafrika	15	4
SANTA CECILIA	Galeone	Spanien	1702	Juan-Fernandes-Inseln; Chile	27	20
SANTO DOMINGO	Galeone	Spanien	1715	Cay Largo; Karibik	25	28
SANTA ELENA	Galeone	Spanien	1719	Bimini-Insel; Bahamas	15	5
SANTO CHRISTO DE BURGOS	Galeone	Spanien	1726	Capul-Insel; Philippinen	30	4
TRES PUENTES	Galeone	Spanien	1733	Lower Matecumbe Key (Florida); USA	35	6
SANTA TERESA	Galeone	Spanien	1734	Puna-Insel; Ekuador	20	8
SAN CHRISTO	Galeone	Spanien	1735	Calentas-Untiefe vor Luzon; Philippinen	15	6
LA TRINIDAD	Galeone	Spanien	1738	Tortala; Virgin Inseln	60	4
SAN JOSE	Galeone	Spanien	1738	Dead Chest-Insel; Virgin Inseln	8	10
SOLEDAD	Galeone	Spanien	1739	Anega-Insel; Virgin Inseln	10	12
SAN JOSE	Galeone	Spanien	1763	Santa Helena-Bucht; Ekuador	25	5
AURORA	Galeone	Spanien	1772	Rio de la Plata-Mündung (Kap Piedras); Argentinien	7	10
SANTISSIMA CONCEPCION	Galeone	Spanien	1775	Margarita-Insel; Venezuela	38	20
HARTWELL	Fregatte	G.-Britannien	1787	Kapverdische Inseln	4	8
SAN VINCENTE	Galeone	Spanien	1789	Sandwich-Bucht; Südafrika	7	8
WATER WITCH	Fregatte	G.-Britannien	1793	Ambergris Cays; nördl. der Dominikanischen Republik	?	7
ATHIENNE	Fregatte	G.-Britannien	1806	Esquerques-Riffe; Tunesien	18	14
POLLUCE (LUCE)	Galeone	Spanien	1806	Livorno; Italien	80	5
ANSON	Fregatte	G.-Britannien	1807	Mounts-Bucht; Großbritannien	10	5
JENNY	Fregatte	G.-Britannien	1809	Lundy-Insel; Großbritannien	7	4
DON CARLOS II.	Galeone	Spanien	1812	Mantanzas-Bucht; Kuba	16	4
LE JEUNE HENRI	Schoner	Frankreich	1820	Oléron-Insel; Frankreich	10	12
L'AMERICANE	Fregatte	Frankreich	1822	Sable-Insel; Kanada	16	4
CATHERINE SHEARER	Fregatte	G.-Britannien	1855	D'Entrecasteaux-Kanal; Tasmanien	20	4
WATER WITCH	Dampfer	G.-Britannien	1855	King-Insel; Tasmanien	28	8
PHANTOM	Dampfer	USA	1862	Danganqundao-Riffe; Hongkong	100	40
GEORGE SAND	Bark	Deutschland	1863	Pratas-Untiefe; Chinesisches Meer	25	52
THUNDERER	Dampfer	G.-Britannien	1867	Hoogly-Mündung (Kalkutta); Indien	?	6
GAMBIA	Dampfer	G.-Britannien	1878	Kap Palmas; Elfenbeinküste	18	6
DOROTHEA	Dampfer	G.-Britannien	1908	Kap Vidal (Natal); Südafrika	12	8

Anmerkung zur 3. Spalte (Land): Zugrunde lag, welche Flagge beim Untergang geführt wurde – ganz gleich, ob es sich um aufgebrachte, gecharterte oder ständig unter der Heimatflagge fahrende Schiffe handelte.

Tabelle 2

Fast drei Viertel aller gesunkenen Schatzschiffe entfallen auf die Zeit von Anfang des 16. bis Ende des 19. Jahrhunderts. Der Übersicht ist zu entnehmen, in welcher Periode die einzelnen Länder vornehmlich Gold, Silber oder Schmuckwaren auf dem Seeweg beförderten. Da die mit den Schiffen verlorengegangenen Millionenwerte nur einen Bruchteil des gesamten Transportgutes ausmachten, läßt sich ungefähr ermessen, welche enormen Schätze einst über die Meere gelangten.

	Spanien		Portugal		Niederlande		Frankreich		Großbritannien		USA		Sonstige		Insgesamt	
	Schiffe	Ladungswert	Schiffe	Ladungswert	Schiffe	Ladungswert	Schiffe	Ladungswert	Schiffe	Ladungswert	Schiffe	Ladungswert	Schiffe	Ladungswert	Schiffe	Ladungswert
16. Jh.	47	334,4	36	486,0	–	–	1	3,4	1	80,0	–	–	3	28,0	88	931,8
17. Jh.	51	306,4	2	10,0	7	39,5	–	–	–	–	–	–	1	6,0	61	361,9
18. Jh.	72	782,5	1	2,8	48	440,4	7	139,2	16	210,2	1	0,8	–	–	145	1575,9
19. Jh.	8	39,4	–	–	–	–	7	36,8	36	161,9	37	172,5	135	440,5	223	851,1
	178	1462,7	39	498,8	55	479,9	15	179,4	53	452,1	38	173,3	139	474,5	517	3720,7

Anmerkung: Ladungswert in Millionen/Mark

Tabelle 3

Die Untergangsregionen der in Tabelle 2 aufgeführten 517 Schatzschiffe gestatten Rückschlüsse auf die Seehandelswege der einzelnen Länder.

Verlustregion	Anzahl der verlorengegangenen Schatzschiffe							
	Spanien	Portugal	Niederlande	Frankreich	Großbritannien	USA	Sonstige	Gesamt
Afrika	5	2	50	2	5	–	–	64
Australien/ Ozeanien	1	–	3	–	11	1	–	16
Asien	2	1	–	1	3	3	4	14
Südamerika	42	35	–	–	3	–	–	80
Mittelamerika	67	–	–	1	–	–	–	68
Nordamerika	33	–	1	5	14	23	–	76
Große Seen (Nordamerika)	–	–	–	2	1	11	2	16
Nordeuropa	12	1	1	–	12	–	–	26
Südeuropa	16	–	–	4	4	–	133	157
Gesamt:	178	39	55	15	53	38	139	517

149

Verwendete Literatur

Cousteau, J.-Y.: Diving for Sunken Treasure, New York 1971

Lanitzki, G.: Amphoren, Wracks, versunkene Städte, Leipzig 1980

Lanitzki, G.: Das Gold der EGYPT, Berlin 1983

Lanitzki, G.: Operation Greyhound, Berlin 1984

Potter, J. S.: The treasure Divers of Vigo Bay, New York 1958

Rieseberg, H. E. und Mikalow, A. A.: Sunken Treasure Ships of the World, New York 1965

Sténuit, R.: Les Épaves de l'Or, Paris 1958

Wagner, K. und Taylor, L. B.: Pieces of Eight, New York 1966

Weltgeschichte in zehn Bänden, Band 4, Berlin 1964

Weltgeschichte in zehn Bänden, Band 5, Berlin 1966

KTB U 456 (Nr. 5) vom 21. 4. bis 4. 5. 1942, Anlage zu Adm. Nordmeer Gkdos 1332/42